教育部人文社会科学研究规划基金项目
"乡村振兴背景下小学教师培养路径研究"
的阶段性成果

山东省本科高校教学改革研究项目
"智慧型教师养成视域下高校学前教育专业本科人才培养方案构建"
的阶段性成果

德州学院学术出版基金资助项目

教学智慧生成研究

王 萍 著

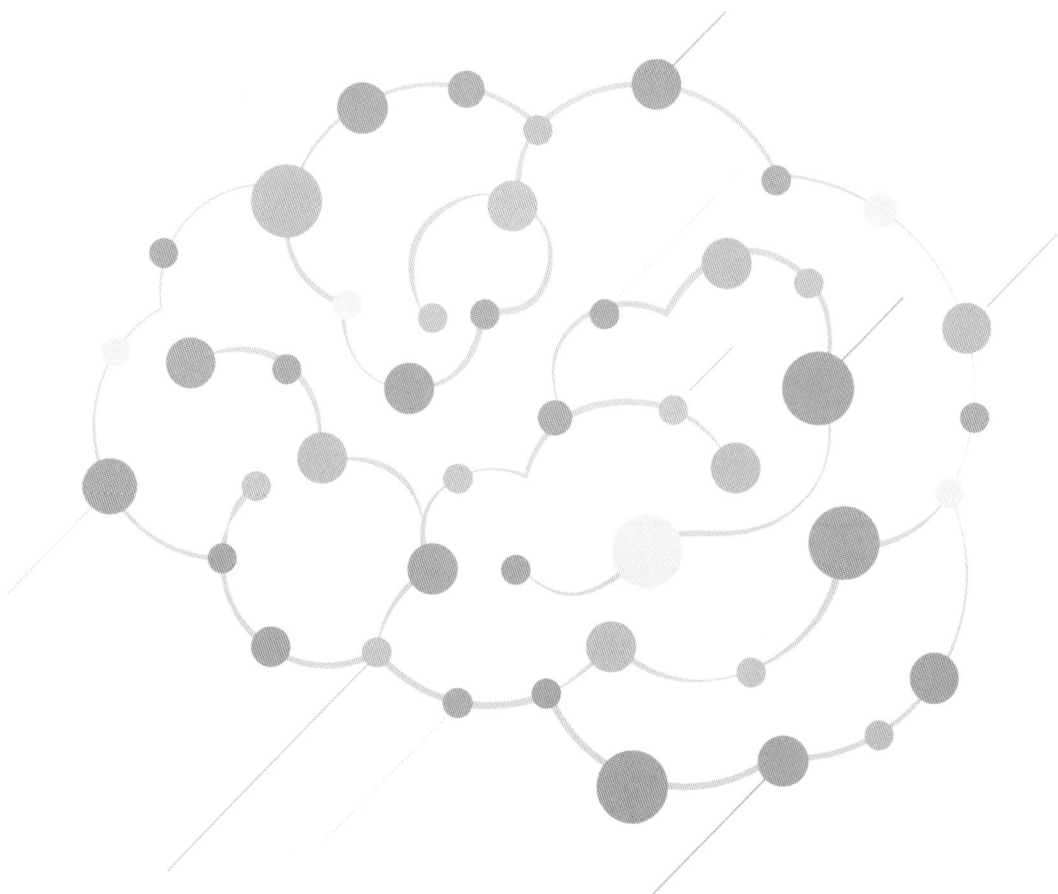

中国社会科学出版社

图书在版编目(CIP)数据

教学智慧生成研究/王萍著.—北京：中国社会科学出版社，2019.9
ISBN 978 - 7 - 5203 - 5335 - 9

Ⅰ.①教… Ⅱ.①王… Ⅲ.①教学研究 Ⅳ.①G420

中国版本图书馆 CIP 数据核字（2019）第 215290 号

出 版 人　赵剑英
责任编辑　张靖晗
责任校对　邓晓春
责任印制　张雪娇

出　　　版　中国社会科学出版社
社　　　址　北京鼓楼西大街甲 158 号
邮　　　编　100720
网　　　址　http://www.csspw.cn
发 行 部　010 - 84083685
门 市 部　010 - 84029450
经　　　销　新华书店及其他书店

印刷装订　北京市十月印刷有限公司
版　　　次　2019 年 9 月第 1 版
印　　　次　2019 年 9 月第 1 次印刷

开　　　本　710×1000　1/16
印　　　张　15.5
插　　　页　2
字　　　数　260 千字
定　　　价　89.00 元

序

田慧生

　　这部著作是王萍在博士学位论文的基础上修订而成的。

　　我们的教育向何处去？学校教育、课堂教学改革的方向在哪里？一个重要的方面就是要关注教育智慧，关注课堂教育智慧的状态，重视智慧型教师的培养。让智慧回归教育，让智慧唤醒课堂，让智慧引领教师专业成长，这是实现学校内涵式发展和提高教育教学品质、质量的必由之路。智慧的教育期待智慧的教师，智慧的教学呼唤智慧的教师，建设一支拥有教学智慧的高素质教师队伍已成为时代赋予教师教育的历史使命。本著作深入探讨了教学智慧的内涵与特征，探求了教学智慧的价值与意义，探究了教学智慧的缺失与根源，分析了教学智慧生成的内部要素、外部环境与形成机制，梳理并提出了教学智慧培养的路径与策略。在研究中，突出了理论与实践的融合，将理论研究与扎根性研究结合起来，其研究成果有着积极的理论价值与实践意义。

　　阅读了这本学术著作，我认为本书有以下特点：

　　第一，研究内容翔实。作者较为深入地探讨了教学智慧的基本含义，分析了教学智慧的基本属性和表现特点，同时，也探讨了教学智慧与教学个性、教学机智、教学艺术、教学技能、教学模式等概念的区别与联系，着重分析了教学智慧对于教师发展、学生成长以及教学活动的价值与意义。对教师教学智慧缺失表现进行了调查、分析与梳理，对教学智慧缺失的根源进行了深入挖掘。从教学智慧生成的本体入手，从认知性要素、知识性要素、技能性要素与情意性要素四个方面展开研究。从影响教师教学智慧生成的外在环境入手，在课堂、学校、社会三个方面进行研究。深入分析了教学智慧生成的横向结构、纵向结构、整体结构及其生成的机理，提出了教学智慧生成的路径与策略，并着重从导正教学智慧生成的价值认同、发展教学智慧生成的素质能力、构建教学智慧生成的生态课堂、创设教学智慧生成的学校环境、优化教学智慧生成的社会环境等方面提出了一系列操作性建议。

第二，研究视角独特。本书立足于系统论视角展开教学智慧生成的要素、外部环境与形成机制等问题的研究。在系统论中，强调整体和联系的观点，把研究对象作为一个整体来分析，系统的存在既是客观的、普遍的，又是多样的对立统一体。从无机界到有机界，从自然到社会，都是既自成系统又互为系统的。本研究立足于系统论视角，从教学智慧生成的本体入手，提出了认知性要素、知识性要素、技能性要素与情意性要素等"四要素说"；从影响教师教学智慧生成的外在环境入手，提出了课堂、学校、社会等"三因素论"；从教学智慧生成的横向结构、纵向结构、整体结构，构建了"内外—纵横"生成模型。

第三，研究方法综合。高质量研究成果的获得，离不开研究方法的正确选择和科学运用，而多种方法的综合运用则是保证研究结果科学化、合理化的重要路径。本研究综合运用了文献研究法、案例研究法、叙事研究法、生活体验研究法与现场研究法，力求做到方法的相互补充，共同支持，以确保研究的观点与结论更加趋于科学性与合理性。本研究力图从哲学、心理学、社会学、人类学、教育学等多学科背景下寻找理论建构的依据。同时，摈弃了大套的空论，既有理论层面的分析，也选取了一些一线的教学案例，进行实践层面的具体分析。

王萍自考取了我的博士研究生以来，我们彼此接触较多，她的谦虚好学、执着进取给我留下了深刻的印象。她开始攻读博士的前一年，已经晋升为正教授，并且担任该校二级学院的主要负责人，教学和管理双肩挑，在繁忙的工作之余，她克服了重重困难，潜心学业，终于如期完成学位论文。我相信凭着她这种执着无畏的精神，在未来的日子里，一定会在学术研究道路上取得更为丰硕的成果。

目　　录

导　论

随着全球化知识经济浪潮与世界信息化社会时代的到来，人们已经进入一个变革的时代。可以说，在这个时代里，唯一不变的就是变革了。我国南宋哲学家、思想家、教育家朱熹曾说："天地之化，往者过，来者续，无一刻之停息。"战国时期的哲学家庄周说："物之生也，若骤若驰，无动而不变，无时而不移。"事物总是处于不断变动之中。① 迈克尔·富兰也认为，"变革是普遍存在的，是持续不懈的，它会经常出现在我们的面前。"② 在如此持续变革和发展的时代境遇下，人们感受到了一种前所未有的兴奋，同时也深知肩上承担着非同寻常的压力。

跻身于世界变革大潮中的教师（本书若无其他特殊说明，均指中小学教师），在面临前所未有发展机遇的同时，也同样面对着更高的要求和更严峻的挑战。时代对学校的人才培养提出了更高的要求，学生不仅要拥有一定的知识储备，更重要的是，还要形成终身学习的方法、习惯，培养终身学习的能力，以便不断进行学习，不断创造发展，来适应持续变化的环境。也就是说，学生要培养自己现在和将来学习、工作与生活的智慧，才能适应不断发展变化的新形势和新要求。

当代中国的发展已经为世人所瞩目，中国文化的世界影响力越来越强大。伏尔泰认为，世界的历史始于中国，中国人是最有理性的人。③ 曾有国际学术界权威人士这样认为，21 世纪将要回归龙文化，而龙文化则被

---

① 鲁洁：《教育社会学》，人民教育出版社 1990 年版，第 319 页。

② ［加拿大］迈克尔·富兰：《教育变革新意义》，赵中建译，教育科学出版社 2005 年版，第 12 页。

③ 章文君：《中国文化的当代意义与世界走向》，中国社会科学出版社 2012 年版，第 156 页。

看成是中华民族智慧的象征。它来源于道家文化，是以轩辕黄帝和老子等为代表的中华先哲集民族智慧而形成的聪慧学、宇宙整体观。这一学说是一门科学，它具有"四两拨千斤"的价值，即用最简单的方法解决最复杂的问题，用最小的投入获得最大的效益。这种回归智慧的文化浪潮也必将会催促人们对教育进行深刻思考。

教育的目的是什么？教师应该树立什么样的教育观念？布卢姆说："教育，是对心灵原始激情的驯化——不是压抑或去除这种激情，那会剥夺心灵的活力；但又把它们塑造和表现为艺术。让心灵中的激情因素与后来发展起来的理性因素和谐一致，这个目标也许不可能达到。但是，没有这种和谐，人永远不会是完整的。"① 只有智慧的教育才能成全完整、和谐、健全的人。在联合国教科文组织任职、亚太地区的教育专家王一兵谈及素质教育的时候讲道：21 世纪要培养有"智慧"的人。怀特海在其重要著作《教育的目的》中说道："我们的目标应该是，要塑造既有广博的文化修养又能在某个特殊方面有专业知识和技能的人才，他们所获得的专业知识是他们将来进步、发展、腾飞的基础，而他们所具有的广博的文化知识和修养，使他们拥有哲学般的深邃，又有艺术般的高雅。"② 的确，教育不应被看作单纯传授知识的工具，它更是开启国民智慧的钥匙。

人是需要教育的唯一生命，人只有通过教育而成其为人……因为人的天赋并非自然而然自行发挥，天赋只有通过教育才能发育。③ 马里坦强调，教育有它自己的本质和目的，这就是"人的形成和精神上的解放"④。对学生而言，教育的真正意义不在于获得一堆知识，而在于个人的发展和作为连续经验的结果得到越来越充分的自我实现，促进潜藏着的、未经开发的天赋萌芽，得以成长，完成命运。教育智慧要充分挖掘人的天性，实现人的生命的目标，即人以智慧的生活方式去获得人生的幸福。

人智慧的种子、芽苗需要在基础教育阶段得到良好的培育。智慧的生成与发展只能在富有智慧的教育环境条件下才能实现，只有智慧性的教育才能培养出智慧型人才，只有智慧型教师才能培养出拥有智慧的学生，培

---

① ［美］艾伦·布卢姆：《美国精神的封闭》，战旭英译，译林出版社 2011 年版，第 28 页。
② ［英］怀特海：《教育的目的》，庄莲平等译，文汇出版社 2012 年版，第 1 页。
③ ［德］伊曼努尔·康德：《论教育学》，赵鹏、何兆武译，上海人民出版社 2005 年版。
④ 华东师范大学教育系、杭州大学教育系：《现代西方资产阶级教育思想流派论著选》，人民教育出版社 1980 年版，第 275 页。

养智慧型学生期待智慧型教师。所以，建设一支拥有智慧的高素质教师队伍已成为时代赋予教师教育的历史使命。"让智慧回归教育，让智慧唤醒课堂，让智慧引领教师专业成长，是时代的呼唤，是教师专业成长的需要，是课堂教学焕发生机与活力的契机，是新时期教育教学改革的重大使命。"① 深入研究教学智慧生成的要素、环境、机制等内容，具有积极的现实意义。

一　研究缘起

（一）研究背景

1. 国际背景

（1）国际教师教育发展形势

21 世纪，世界各国的教育改革不断深入，人们越来越重视教师教育改革在教育改革中的作用。1996 年，联合国教科文组织在日内瓦隆重召开了第 45 届国际教育大会，主题是围绕"加强教师在多变世界中的作用之教育"（Strengthening the Role of Teachers in a Changing World）来展开的，会议一步明确了"教师是发生在所有各级各类学校和课堂中并通过所有教育渠道进行教育变革的关键活动者"，"在提高教师地位的整体政策中，专业化（professionalization）是最有前途的中长期策略"②。联合国教科文组织曾经做出过一项研究报告，总结了教育改革的成功经验，当时就明确指出，教师是决定教育改革成功与否的三个关键因素之一，没有教师的积极支持与热情参与，与教师意愿相悖的教育教学改革从来没有成功过。可以说，重视教师素质的提升已成为国际教育界的共识。

21 世纪初，美国教师教育方案的结果、后果、成效等几乎成为美国政府和各个州关心的关键问题。教师教育研究需要回答的问题不仅是教师教育和教师教学活动之间的关系，也开始转向教师教育和学生之间的关系。③ 美国卡内基教学促进基金会的前任主席厄内斯特·波伊尔（E.

---

① 田慧生：《时代呼唤教育智慧及智慧型教师》，《教育研究》2005 年第 2 期。

② 赵中建等：《全球教育发展的历史轨迹：国际教育大会 60 年建议书》，教育科学出版社 1999 年版，第 522—534 页。

③ Wilson, S. Finding a Canon and Core, "Mediations on the Preparation of Teacher Educator-Researchers", *Journal of Teacher Education*, 2006 (3).

L. Boyer）强调教师的作用时说，教师在教育改革中是"领导者"地位与作用，并指出，归根到底，谁更能了解课堂上的真实情况呢？谁更能鼓励学生的积极性呢？谁更能准确地评价每一位学生在学习与发展方面所取得的进步呢？除了教师之外，还有谁能创造一个真正学习的大家庭呢？毫无疑问，教师是搞好一所学校的关键。① 可见，美国非常重视教师专业发展问题。

为了不断提高在职教师的业务水平，俄罗斯各地均设立了教师进修学院。按照国家教育部的规定，各级各类教师必须每 5 年进修一次，同时，每 5 年要对教师素质进行一次评定，以确定教师是否还能继续担任教育教学工作。因此说，俄罗斯尤其重视职后教师职业能力提升。

进入 21 世纪后的日本，其文部科学省及时制定了《21 世纪教育新生行动计划》，也称为彩虹计划。该计划进一步明确了日本教育教学改革的总方向，也提出了具体实施所依据的方针、措施、课题和时间表，同时，为配合计划的实施，还确定了在法律和财政方面相应的改革目标。这项计划包括 7 个重点战略，其中之一就是培养专家型教师，措施包含：对优秀教师实施特别的晋升，建立教师进修制度，教学组织不力的教师坚决不能上讲台。在 2009 年，日本国会还制定实施了《教育职员资格法修正案》，该修正案引入了教师资格更新制，促进了教师终身学习体系的发展。由此可知，日本非常重视教师素质的终身提升和专家型教师的培养。

（2）国外基础教育改革形势

国外许多国家在基础教育教学改革中，都特别重视对学生智慧的培养。早在 20 世纪五六十年代，来自美国教育界的许多有识之士便呼吁，发展学生的智力关乎美国今后能否在世界上生存下去。到了 20 世纪 90 年代，美国的教育教学改革更是紧锣密鼓地进行着，在教育教学目标中更加重视对学生智慧的培养。众所周知，美国的基础教育特别重视对学生创新能力和动手能力的培养，这实际上也是在培养智慧。美国《教育周刊》中 10 位美国教育专家谈到"21 世纪的学习是什么样"时指出，学习无处不在，要做敢于挑战自己智慧的学习者，培养学习性格，能够洞察人类永

---

① 联合国教科文组织总部：《教育——财富蕴藏其中：由雅克·德洛尔主席的国际 21 世纪教育委员会向联合国教科文组织提交的报告》，教育科学出版社 1996 年版，第 135 页。

恒的处境与难题；养成对学习的热爱，以便正规教育结束后能够继续学习
和提高，在这样一个不断变化、相互联系的复杂世界里，学生们必须发展
出强有力的批判思维和人际交往技能等等。这实际上都是在要求基础教育
应重视学生智慧的培养。

20 世纪 90 年代以来，国际竞争日益加剧，知识经济初见端倪，社会
开始进入信息化和老龄化时代。日本再次确定了基础教育在国家战略发展
过程中的重要地位，重点培养学生的人性、个性和社会性，培养学生作为
日本人，要具有在国际社会中独立生存的自觉意识；培养学生自主思考、
自主学习的能力；在民主、宽松的环境下，让学生掌握基础知识，激励、
发展个性；创办特色学校，开展特色项目教学。战后的日本，每隔 10 年
对基础教育课程要进行一次较大改革，以提高日本公民的整体素养，也为
社会各界培养优秀的精英人才。在 1996 年，日本提出了培养学生"生存
能力"的课题，而生存能力不单单是书本上需要记忆的知识，更重要的
是生存所需要的智慧，学校要从传授知识向培养智慧转变。

（3）全球化人才战略格局

全球化是影响当前学校教育的重要社会背景之一。世界各国都在采取
不同的举措应对全球化对当前学校教育的挑战，实施富有各国特色的人才
争夺战略。如加拿大，为了吸引和挽留一流科学家，增加国家竞争力，设
立了"加拿大讲习教授项目"。日本，准备将外国留学生数量从目前的 12
万人扩大到 30 万人，人数是原来的 2.5 倍。欧盟 28 个成员国，通过实施
"蓝卡"计划，凭借发放有效期为 1 至 4 年的工作或居留许可证，来吸引
国外的高级精英人才。当前，世界各国都已经认识到并格外重视人才在综
合国力竞争中的作用。国外各个国家占领人才高地的这种做法，实际上也
间接地对基础教育提出了要求，人才很重要，如何培养高质量的人才更重
要。处于培养人才中坚学段的基础教育，学生培养重任异常艰巨。中小学
生处于人生发展的黄金阶段，其培养质量关系到国家的未来、前途和命
运。基础教育阶段学生素养培养的优质与否，直接影响到国家建设所需人
才的质量。

2. 国内背景

（1）我国人才培养的困境

说到我国人才培养的困境，从 21 世纪之初的"钱学森之问"便可知
晓。我国著名的科学家钱学森指出，"为什么我们的学校总是培养不出杰

出的人才?"在2005年,时任国务院总理的温家宝去看望钱学森的时候,钱老发出了如此感慨:现在回过头去看看,这么多年培养了这么多学生,没有一个人的学术成就,能与民国时期培养的大师相媲美。钱老还指出,现在中国之所以还没有完全发展起来,其中一个重要的原因就是,没有一所大学能够按照培养科学技术发明创造人才的模式去办学,科学研究缺乏自己独特、创新的东西,杰出人才老是"冒"不出来。钱老于20世纪30年代在美国加州理工学院所接受的教育,是一种崇尚个性与创新的教学模式。他说,在那里,你必须想别人没有想到的东西,说别人没有说过的话。中国之所以发展崛起太慢,根本原因主要还是在教育。学校培养不出杰出人才,国家发展就会受到各方面的制约。

安徽高校的11名教授亲自给教育部部长袁贵仁以及全国教育界发出了一封公开信,那就是一定要直面"钱学森之问"!新课程提出了要加大教学模式与教学方法的改革,先在局部试点,然后再向全国推广开,对学生因材施教,培养学生学思结合、知行统一。让每位学生都能找到适合自己的教育模式。想法是好的,可实施起来困难重重。我国当下的基础教育中广泛存在着教育功利化倾向,学生对教师、书本的依赖、盲从、迷信,使得好奇心、想象力、创造力在逐渐萎缩。学生缺乏个性与主动性,没有批判精神和创新思维,缺乏应有的社会适应力。实际上,学生缺乏智慧,我国学校包括基础教育在内的各个学段都不同程度地处于这样一种人才培养的窘迫困境。

(2)我国教师专业发展的境况

百年大计,教育为本。教育大计,教师为本。国家繁荣、民族振兴、教育发展,均须造就一支师德高尚、业务精湛、充满活力的高素质教师队伍,需要一大批好老师。习近平总书记强调:"做好老师,学识要扎实,知识功底扎实、教学能力过硬、教学态度勤勉、教学方法科学,这都是老师的基本素质,其中的知识是根本基础。好老师应具备学习、处世、生活、育人的智慧,能够在各个方面给学生以帮助和指导。"[①] 教师的专业素养直接关乎学生的成长,教师应该是智慧型教师。我国的《中华人民共和国教育法》明确规定:"教师是履行教育教学职责的专业人员。"专业化应当成为每位教师的发展目标与成长标准。我国于2011年颁布的

---

① 习近平总书记于2014年教师节在北京师范大学视察时的讲话。

《教师专业标准》和《教师教育课程标准（试行）》，其基本理念就是：教师是反思性实践者，要形成个人风格和实践智慧。

学习型社会对人们提出了更高的要求，人们要生存和发展，适应激烈竞争，就必须养成终身学习的习惯，才能不断进步。生活于这样一种环境氛围中的教师，要成为一名符合专业标准的工作者，也需要经过终身不断的学习和实践，丰富专业内涵，扩充专业知识，提升专业技能，以逐步达到专业的日趋成熟。因此，从本质上来说，教师专业化表现出了积累和生长特征，由此便决定了教师专业化过程只有起点而没有终点，终身学习和发展将贯穿于教师整个职业生涯。可以说，教师专业化发展是一个终身学习、不断进步的过程。可事实如何呢？有很多教师不能把教学当作事业来追求，缺乏专业自我发展的内在需求和自主意识，缺乏自觉性和主体性，缺少生命不止、发展不息的专业发展激情和精神。

教师实现专业化的过程就是一个寻求专业发展的过程，这个过程不应该来自于外力强制，而应成为教师内生性的理性自觉。新课程在实施中，以生为本，强调学生的学习生活，关注兴趣、积淀终身必备的知识，为此，增加了活动课程、选修课程和研究性课程等。这对教师拥有跨学科知识提出了要求。也就是说，教师要适应新课程的挑战，不仅要具备精深的学科专业知识，广博的科学文化知识、教育学心理学等教育学类知识，还要有实施新课程的教育教学实践性知识。基于此，教师本身需要不断地认识自我，清楚自身所存在的缺陷，找到适合自己专业成长的途径和空间。教育现实表明，教师们如果缺乏对新课程要求的适应性，就不能为自己的专业成长负责，更不能成为专业成长的主人。

教师培训中，存在着简单化、形式化和理论化倾向。新课程提出了"三维"教学目标，即知识与技能、过程与方法、情感态度与价值观。但被培训的教师很难体会其中真正内涵，难以在自己的教学中实施。培训者多是高校与科研院所的专家学者，他们因没有参加新课改实践而表现出经验不足，从而不能融会贯通地理解理论与实践，照本宣科，讲解理论空洞，使得参训教师听起来似乎明白，有的也似懂非懂，却在教学实践中无法实施。再从培训方式看，一般是脱产集中讲授形式和专家讲座方式，这样的培训可以在短时间内给教师输送大量信息，提高对新课改理论的理解，较为经济实用，但这种方式简单并且有形式化倾向的单向输出知识的培训，不利于教师对教育教学实践中具体存在的问题进行分析、梳理和反思，也不利于教师把新课程理念融入教学实践能力的提高中。

教师专业化，可以说是世界教师教育发展之趋势与潮流，更是我国新课程改革、教师教育改革等教育改革的现实诉求和努力方向。"我国 21 世纪的教师教育，需要以教师专业化为改革取向，比照着教师专业基准的要求，从观念意识、政策体制、教师个体三个层面予以整合策划。"① 我国教师的教育活动已经在一定程度上达到了专业标准的要求，但与真正的教师专业化、与学生成长所需仍存在较大差距，教师需要从"教书匠"向着"智慧型教师"与"教育家"转变，这也是我国教师专业发展的时代呼唤。

（3）我国基础教育改革的境遇

在我国的学校基础教育中，传统的经典教学体系已经沿用多年，形成了学科、课堂、教师"三中心"现象，曾对提高课堂教学效率与质量发挥了积极作用。但是，传统"三中心"教学思想与模式已经形成了强大的惯性张力，教学过程被演绎为教学流程，机械、刻板、单调、乏味，这种程序化、机械化如同流水线一样的教学方式，忽视和漠视了学生的发展特点与个性差异，正阻碍着课程与教学改革的实施进程。教师的教学失去了本有的"人性"，学生的学习丧失了应有的活力，教育的本真意蕴遭受了扭曲，导致了教学的"目中无人"与"薄情寡义"。

教师对新课改所倡导的理念理解不到位，产生了认识上的模糊、困惑和矛盾，继而引起教学实践行为的偏差，使课堂教学出现异化现象。在课堂教学中教师只追求形式到位，较少体现和实践新课程中所蕴含的精神实质。课堂教学虽热闹非凡，学生发言活跃，分组讨论热烈，形式上符合新课改理念的要求，但实质上学生在知识与技能、过程与方法、情感态度和价值观等方面不能很好地达成目标，丧失了教育应有的价值。

教师曲解了教学的真义，他们把对话变成问答，把自主变成自流，表扬不是发自内心的，而是为表扬而表扬，为夸奖而夸奖。合作教学有形式而无实质，活动有过程而无体验，探究活动泛化、神化、肤浅、庸俗，教学目标中的情感、态度、价值观教育沦为形式、点缀和贴标签。教师也误解了教学改革的本义，有的为了应付上级部门的检查而走走过场，有的大搞特搞形式主义，教师的公开课、示范课成了展示教师魅力的教学秀、表

———————

① 刘捷：《专业化：挑战 21 世纪的教师》，教育科学出版社 2007 年版，第 3 页。

演秀，目的是为了应付上级检查与同行参观，不能虚心听取专家同行的批评和建议。

作为课程实施主体的教师，其素质高低在某种程度上决定着教育教学改革的成效。新课改需要的不仅仅是课程内容在技术层面的简单调整，更应是教学全方位范式转换。从当前课程改革实施的总体情况看，教师常常出现认识缺位、理解片面的现象，对教育政策、教育理念、课程理念、教学理念、教学方法等理解不够，甚至一知半解，缺乏恰当的教学方法，缺乏课程教材的处理能力。教师的思维方式有待改变，深层次的观念系统需要调整。可以说，教师素质总体上难以适应课程与教学改革的需要。

从研究主体性的视角看教师，因为过分囿于传统理性的观念思路，教育教学研究往往片面强调主体和客体的二元对立。也就是说，教师已经习惯于把自己当作被专家、学者等他者研究的对象，从而忽视了教师专业的人文关怀、自我发展。新课改呼唤教师的角色重新定位，从传统的"教书匠"蜕变成"研究者"，还原教师教育教学研究的主体地位，这应是教育研究的本性诉求与理性回归。

（二）研究缘由

1. 基于基础教育课程与教学改革成效的思考

笔者给某高校教育学类专业的大一新生教授"课程与教学论"，多年来总会发现同样一个现象，那就是：学生中有绝大多数因没有明确的笔记内容而苦恼，为老师授课内容脱离了教科书而不安。经过交谈发现，学生已经习惯了以教材为蓝本、记笔记的学习方式，对教师、书本的依赖、盲从程度非常严重。这些学生都是伴着基础教育课程与教学改革走过来的，这使得教育教学改革带来的成效不得不让人反思。在接下来的教学实践中笔者还发现，他们的问题意识、批判意识非常淡漠。笔者与其他教师交流，发现其他专业学生也存在同类现象。

经过多年持续性的课程与教学改革，特别是近 10 年来新课程改革的洗礼，可以说，我国中小学课堂教学的整体面貌和状况已经取得了很大改观。各种教育理论、教学思想纷至沓来，许多新的教育教学模式、方法、技术和手段也不断地涌进课堂，因此，课堂教学中曾普遍存在的理论匮乏、技术落后、方法单一的境况已经得到了明显改善。对于当今的课堂教学来说，新理论、新方法与新技术似乎并不缺少。可是，长期以来人们所期待的课堂教学应有的生机和活力在哪里？为什么迟迟不能激发出来？从教师层面看，他们在面对各种新挑战、新问题和复杂多变的教学情境时，常常表现得无所适从；从学生层面看，他们在课堂中的生命活力得不到释放，甚至在日复一日、年复一年的机械刻板的学习中被销蚀和磨灭。[①] 基础教育课程与教学改革的成效为什么不够显著？这个问题的原因不得不引起重视与思考。

2. 基于教师培训现实的思考

教师培训一直是促进教师成长中非常重要的一个环节。没有哪一个时代像今天这样如此重视对教师的"教育"，"国培""省培""骨干教师培训""青年教师培训"等等不一而足。没有哪一个时代像今天这样对教师的"教育"已经发展成为一套制度性的实践，没有哪一个时代像今天这样对教师的"教育"已经打造出一套"精致"的技术与知识体系，也没有哪一个时代像今天的教师教育这样如此悖谬地导致了教师权能的退化。[②] 越是对教师进行"教育"，越背离真正的教师教育。

急功近利的培训，把教师的大脑塞得满满的，使教师缺乏自己的深刻感悟、体验和真正意义上的反思。精致的教师培训剥夺了教师的反思能力，教师的智慧在教师教育的功利主义和技术主义崇拜中被压抑了。教师培训应该有利于教师智慧的生成，改变教师培训中的"知识本位"思想，改变仅仅把教师当成知识传授的"教书匠"，从而单纯地进行知识灌输的传统偏见。单纯的知识灌输片面地夸大知识在教师专业成长中的价值，忽视了教师知识背后的创新能力，忽视了教师教学世界中的宝贵经验，也忽视了教师智慧的培育与引领。

3. 基于教学智慧研究的个人旨趣

智慧之于教育，体现了教育的一种品质、状态和境界。智慧是人类教育的永恒追求与最高目标，智慧型教师是教育智慧的主要体现者和承载者。因此，以智慧来考量、定位教师教育教学的意义和形态，进行教育理论和实践的创新，本身就是一件十分有意义的事情。笔者在近20年的教学生活中，捕捉到了教学智慧的灵感，品尝到了丝丝快乐。幸运的人生又

---

① 田慧生：《时代呼唤教育智慧及智慧型教师》，《教育研究》2005年第2期。
② 高伟：《回归智慧，回归生活：教师教育哲学研究》，教育科学出版社2006年版，第241页。

馈赠了补救自己无知的博士学习机会。导师田慧生先生对教育智慧、智慧型教师的研究也深深地吸引着我。对教师教学智慧生成研究将成为本人生命成长中的一部分，不可或缺，无可替代。对教师教学智慧的向往和对其研究的钟爱，将是本人一生的永恒追求。

二　文献综述

（一）国外研究综述

对于智慧，亚里士多德认为，"智慧并不是来源于个别认识，而是产生于普遍认识。"① 约翰·洛克（John Locke）则将智慧理解为使一个人能干、有远见，不但能够处理好事物也能够对事物专心致志的能力。② 杜威认为，智慧在个人或集体遇到的每一个问题中所肩负的职责就是在旧的习惯、习俗、规矩、信仰与新的情况之间建立有效的联系。③ 加德纳（Gardner）提出了多元智能理论，其中，他认为"智能"指的是个体在实际生活中解决所遭遇问题的能力、提出新问题来进行解决的能力、对自己所属文化进行有价值的创造和服务的能力。④ 斯滕伯格（Robert J. Sternberg）提出，拥有成功智力的人能够将已获得的知识灵活地运用到现实生活中去应对变化的情境，能够使自己采取有效的方式来解决实际问题，这实际上说的就是智慧。⑤ 他的《认知心理学》中也提到了"智慧"（wisdom），该词广义上可定义为非凡洞见、敏锐意识以及不寻常的判断力。⑥ 皮亚杰认为，智慧在本质上是一种主体转变客体的结构性动作，即运算。在其外部功能方面，智慧活动的目的便在于取得主体对自然环境和社会环境的适应，从而达到主体与环境之间的平衡。⑦ 舒尔曼（Shulman）将实践智慧界定为"实践者构建的各种各样的实践推论，也是人们通过

---

① ［古希腊］亚里士多德：《灵魂论及其他》，吴寿彭译，商务印书馆1999年版，第17页。
② ［英］约翰·洛克：《教育漫话》，傅任敢译，教育科学出版社1999年版，第171页。
③ 孙有中：《美国精神的象征——杜威社会思想研究》，上海人民出版社2002年版，第193页。
④ 方明：《缄默知识论》，安徽教育出版社2004年版，第83页。
⑤ 同上书，第86页。
⑥ ［美］罗伯特·斯滕伯格：《认知心理学》，杨炳均等译，中国轻工业出版社2006年版，第440页。
⑦ 王至元：《智慧的本质和机制——皮亚杰发生认识论》，《哲学动态》1983年第3期。

洞察情景特征和推断可能性方案，并做出明智的判断和决策"①。

　　2007 年 9 月，美国芝加哥大学宣布开展为期 3 年零 5 个月（2007 年 9 月—2011 年 1 月）的跨学科研究项目——阿瑞特倡议（Interdisciplinary Programs，Arete Initiative），专门探讨"智慧"这一主题。西方心理学以智慧为主题的研究从 20 世纪 80 年代真正起步，其标志是在德国柏林马克斯·普朗克人类发展研究所巴尔特斯（Paul B. Baltes）的带领下，于 1984 年开始进行柏林智慧范式研究。通过文化历史分析法，柏林智慧范式将智慧定义为"关于基本生活实用学的专家知识系统"②。与教学智慧研究相关的有 Michel Ferrari 等人的 *Teaching for Wisdom* 一书，主要探讨了智慧是否能教的问题。作者认为可以通过培养人的品格、思维能力，向有智慧的人学习等，让学生成为有智慧的人。该书指出："智慧，总的来看，是不能被教的，只能靠自己去找寻，以面对实践的需要和理论的挑战。"③

　　对于教学智慧，伯明翰（Birmingham）提出，教学智慧是教学在道德方面的复杂性，是需要实践智慧去实现道德上的善，从而提升教学的品质，来推进人类繁荣。④ 与教学智慧研究最为相关的莫过于范梅南关于教育机智的研究了。对于教学智慧，范梅南说，智慧与机智是我们通过教学实践而获得的，通过过去积累的经验，再对这些经验进行反思，我们才会得以体现机智。说到教育机智时，他指出，机智表现为一种在意想不到的情况下，教师却马上知道该说什么、该做什么，修正偏差或者重新将课堂引向具有教育意义的方向上来。他还提出，教师的机智是一种教育学上的天赋，它可以使教育者有可能将一个没有成效、没有希望，甚至有危害的教学情境转换成一个具有积极教育意义的事件。教师的教育机智更重要的意义在于教师以爱、关心和体谅的方式，帮助学生渡过成长危机，在学生

　　① Shulman，L. S.，*Practical Wisdom in the Service of Professional Practice*，Educational Researcher，2007（9）．

　　② Paul B.，Baltes，P. B. & Smith J.，*The Psychology of Wisdom and Its Ontogenesis in R. J. Sternberg Wisdom：Its Nature，Origins and Development*，Cambridge：Cambridge University Press，1990，pp. 87 – 120.

　　③ Michel Ferrari & Georges Potworowski，*Teaching for Wisdom：Cross-cultural Perspectives on Fostering Wisdom*，Springer Netherlands，2008，p. 190.

　　④ Carric Birmingham，*Phronesis：A Model for Pedagogical Reflection*，Journal of Teacher Education，2004（5）．

的心灵上留下痕迹，促进孩子独特个性的形成。①

教学智慧与国外教育学界极为关注的教师实践知识（practical knowledge）关系密切。从 20 世纪 80 年代起至今，国外有关教师实践性知识的研究主要来自于艾尔贝兹（Elbaz, E.）、康奈利（F. Connelly）、柯兰蒂宁（Clandinin, D. J.）、贝加德（Beijaard, D.）、威鲁普（Verloop, N.）等学者。其中，威鲁普和贝加德指出，教师的实践性知识是教师专业素质的核心，决定和导引着他们在实践中的正确行为，这类知识一般来源于教师的个人专业经验，以极为复杂的方式在准备和实施教学活动的过程中被运用，它是教师在有目的的教学行为过程中所际遇的课堂情境知识和实践困境知识，通常不易被清晰地表述出来。教师实践性知识是一种高度整合的知识，包括事实或陈述性知识策略、程序性知识信念、行为准则和价值观等。②

从国外研究的总体情况看，对于智慧的研究起步较早，相关文献较多，主要从哲学、心理学两个视角予以研究。对于教师实践性知识相关研究也是比较多的，鉴于教师的实践性知识与教学智慧的研究有某些相通之处，很有借鉴与参考之用。具体对教育智慧、教学智慧的研究则较少。

（二）国内研究综述

1. 研究趋势

基于"中国知网"（CNKI）中的中国期刊全文数据库、中国重要报纸全文数据库、中国重要会议全文数据库、中国优秀硕士学位论文全文数据库与中国博士学位论文全文数据库等数据库，笔者分别以"教育智慧""教师智慧""教学智慧""教学实践智慧""智慧型教师"为题名采取"精确"方式进行检索，时间跨度从 1979 年至 2013 年，共检索到相关文献 2677 篇。本研究具体统计了 1993 年至 2013 年的研究成果数量。

从表 0 – 1 中可以看出，对于"教育智慧""教师智慧""教学智慧""教学实践智慧""智慧型教师"进行的相关研究主要集中于最近 10 年

---

① ［加拿大］马克斯·范梅南：《教育机智——教育智慧的意蕴》，李树英译，教育科学出版社 2001 年版，第 272 页。

② Beijaard, D. & Verloop, N., *Assessing Teachers' Practical Knowledge*, Studies in Educational Evaluation, 1996.

里。自 2005 年起，各项相关研究均呈现出显著的增长之势。纵向比较分析发现，2008 年后，研究与关注的增长速度更快。特别是 2012 年后，相关研究呈现出急剧增长之态势。横向比较分析发现，尤其是在 2012 年、2013 年，教育智慧、教学智慧、教学实践智慧的研究数量较多，增长更快。由此可以说，对教师教育智慧、教学智慧等的相关研究是当下教育学界的研究热点所在。表 0－2 是从教学智慧研究维度，对其从 2004 年至 2013 年近 10 年时间内各年份研究成果进行的统计。

表 0－1　　　　　　　　1993—2013 年教学智慧等研究成果数量　　　　　　单位：篇

时间区间（年）	检索内容				
	教育智慧	教师智慧	教学智慧	教学实践智慧	智慧型教师
1993—1995	4	1	2	0	0
1996—1998	1	1	1	4	0
1999—2001	3	0	4	2	0
2002—2004	49	10	18	17	10
2005—2007	167	38	79	80	32
2008—2010	220	49	172	171	41
2011—2013	251	73	228	176	72

从表 0－2 中可以看出，2004 年至 2013 年，其研究成果数量和学术关注度总体上呈现出逐年增长之势。也不难看出，2010 年至 2013 年，其研究成果数量和学术关注度总体上呈现出显著增加之态势。不言而喻，教育理论与实践界对于教师教学智慧的研究已经成为关注的焦点和热点。

表 0－2　　　　　　　　2004—2013 年教学智慧研究成果数量　　　　　　单位：篇

年份	2004	2005	2006	2007	2008	2009	2010	2011	2012	2013
成果数量	6	12	26	41	51	59	74	65	92	71

另外，笔者对教学智慧研究运用的方法进行了粗略分析。其中有 11 篇硕士论文是有关教学智慧的研究，一篇博士论文是关于教师教学实践智慧的研究。在包括所有期刊文献在内的研究成果中，以经验总结为主的研究占多数，以思辨为主的研究占少数。本研究认为，教学智慧生成的研究

在方法的运用或选择上，应该走向"田野"，扎根于教师实实在在、真实的教学生活中。因为教学智慧生成离不开具体的教学实践世界，实践性是教学智慧的重要特征。教育叙事研究、生活体验研究、案例研究、现场研究等方法扎根于教师教学智慧生成的教学实际，立足于真实、鲜活的生活故事。对教师教学智慧的生成进行探究，应是研究方法运用的合理选择。

2. 研究内容

（1）教学智慧的含义与特点

通过对相关研究文献的分析解读发现，国内学者对教学智慧的内涵分析，一般都沿循着这样一种思路：首先从教学智慧的上位概念"智慧"入手，借助于词源学分析，基于哲学、心理学、社会学等学科的研究成果，对智慧的内涵进行剖析，然后再结合自己的认识和研究对教学智慧的概念、内涵进行梳理与界定。

在对教学智慧含义进行的研究中，部分学者持有教学智慧内涵的知识或能力观。

在我国的《教育大辞典》中，教学智慧被定义为"教师面临复杂教学情境所表现出的一种敏感、迅速、准确的判断能力。如，在处理事前难以预料、必须特殊应对或者对待的问题时，以及对待一时处于激情状态的学生时，教师所表现的能力"[1]。

有的学者指出："教学智慧是一种关于教学践行的知识，并以在具体教学实践活动中的践行为自身的目的。"[2] 有的学者指出："教学智慧是教师面对复杂的教学情景所表现的一种敏感、迅速准确的判断能力。"[3] 有的学者还这样认为，"教学智慧是教师个体在教学实践中，依据自身对教学现象和理论的感悟，深刻洞察、敏锐机智并高效便捷地应对教学情境而生成的一种达到融通共生、自由和美境界的综合能力。"[4]

有的学者在教育智慧里探讨了教学智慧的含义。"教师的教育智慧集中表现在教育、教学实践中：他具有敏锐感受、准确判断生成和变动过程中可能出现的新形势和新问题的能力；具有把握教育时机、转化教育矛盾和冲突的机智；具有根据对象实际和面临的情境及时做出决策和选择、调

---

① 顾明远：《教育大辞典（增订合编本）》，上海教育出版社1998年版，第716页。

② 徐继存：《论教学智慧及其养成》，《西北师范大学学报（社会科学版）》2001年第1期。

③ 王鉴：《教学智慧内涵、特点与类型》，《课程·教材·教法》2006年第6期。

④ 杜萍等：《论教学智慧的内涵、特征与生成要素》，《教育研究》2007年第6期。

节教育行为的魄力；具有使学生积极投入学校生活，热爱学习和创造，愿意与他人进行心灵对话的魅力。教师的教育智慧使他的工作进入到科学和艺术结合的境界，充分展现出个性的独特风格。教育对于他而言，不仅是一种工作，也是一种享受。"①

部分学者持有教学智慧内涵的状态与境界观。同样是在教育智慧里探讨教学智慧的含义，有的学者提出"教育智慧是良好教育的一种内在品质，表现为教育的一种自由、和谐、开放和创造的状态，表现为真正意义上尊重生命、关注个性、崇尚智慧、追求人生幸福的教育境界"②。也有的学者这样认为，"教师教育智慧是教师的一种教育境界，即教育真、教育善、教育美三者合一的教育境界，是教师对教育世界和教育人生的真理性的认识，表现为应对复杂教育情境的综合素养，同时也是教师追求美好幸福教育生活的生存方式。"③

对于教学智慧特点的研究，比较有代表性的观点主要来自于二位学者。其中有学者这样认为，"教学智慧具有实践性、个性化、集成性、创新性、高效性和动态性等五个基本特征。"④ 有学者这样认为，"教学智慧的特点表现为个体性、艺术性、缄默性、创造性、实践性。"⑤ 也有学者这样认为，"教学智慧具有内隐性、独创性、动态生成性、行动实效性等特点。"⑥ 有研究指出，教学智慧的特点还表现为情境性。⑦

总之，对于教学智慧含义的研究仍然不够系统与全面，对于概念的定义都稍存偏颇之处。对教学智慧的特点虽然不乏研究，但还需要进一步明晰。

（2）教学智慧的类型与表现

目前，对于教学智慧类型的研究，有学者认为，教学智慧有两类：一种属于较低的层次，是基于教师的教育教学经验和聪明机智的反应就可以掌握和展现的；另一种较高层次的教学智慧是教师能在不断变化的教育情

---

① 叶澜：《新世纪教师专业素养初探》，《教育研究与实验》1998 年第 1 期。
② 田慧生：《时代呼唤教育智慧及智慧型教师》，《教育研究》2005 年第 2 期。
③ 韩大林等：《教师教育智慧的含义与基本要素》，《内蒙古师范大学学报（教育科学版）》2007 年第 4 期。
④ 吴德芳：《论教师的实践智慧》，《教育理论与实践》2003 年第 4 期。
⑤ 赵瑞情等：《实践智慧与教师专业发展》，《教育导刊》2006 年第 7 期。
⑥ 靖国平：《论智慧的涵义及其特征》，《湖南师范大学教育科学学报》2004 年第 2 期。
⑦ 王鉴：《教学智慧：内涵、特点与类型》，《课程·教材·教法》2006 年第 6 期。

境中随机应变的综合素质，是内化于教师自身信念、价值与方法之中的实践能力。[①] 有的学者认为，从教学智慧存在的方式来看，教学智慧分为显性和隐性两种类型。[②]

对于教师教学智慧表现的研究，有的学者认为，尽管教师的教学智慧是在教学实践中生成和发展起来的，但是教学智慧的表现形式却不是唯一的，它的样态是通过外显和内化两种形式表现出来的。教学智慧在教学实践中的外显表现为如下几种：一是教师善于抓住有利的教学时机；二是教师与学生之间的关系和谐；三是教师教学工作低耗高效；四是教师勇于探新，具有开拓创新精神。除了以上可以通过教学行为以外显的形式表现出来的教学智慧之外，还可以以内化的形式，借助教师个体的性格特征而表现出来：一是教师想象力丰富；二是教师主观幸福感强；三是教师表现为优良的反思品质。[③]

可以看出，对于教师教学智慧类型和表现的研究数量较少，研究有待进一步深入。而且，在已有的研究中，对教学智慧分类视角的整体性关注不足，更多的是集中于某一侧面。

（3）教学智慧的价值与缺失

对于教学智慧价值的相关研究，学者们分别从教学活动的特殊性、理论与实践的连接、课堂教学的需要、教师专业发展等角度指出，教学智慧的研究可以使教师从容面对教学活动的复杂的、人为的和为人的特性，丰富教学智慧的理论和实践，从而更好地连接教学活动的理论和实践，使得理论能更好地指导实践。教学智慧研究有助于提升教师智慧，让课堂充满生命的活力，促进教师个体专业发展，提高教学质量，促进学生发展，改革现有弊端，促进新课程改革实施。[④]

对于教学智慧缺失的研究，有学者认为，当前教师教学实践智慧缺失，"其原因在于教师责任缺位、敏感缺乏、反思缺席与写作缺少。"[⑤] 有的学者认为，目前青年教师教学实践智慧缺失表现为"教学实践经验缺

---

① 王鉴：《教学智慧：内涵、特点与类型》，《课程·教材·教法》2006 年第 6 期。

② 闫艳：《对教学智慧的再认识》，《教育发展研究》2008 年第 10 期。

③ 席梅红：《论教师教学智慧的具体表现》，《内蒙古师范大学学报（教育科学版）》2008 年第 4 期。

④ 金心红：《教学智慧：过去与未来》，《现代教育科学》2012 年第 2 期。

⑤ 王萍：《教师教学实践智慧的缺失与培育》，《当代教育科学》2012 年第 4 期。

乏、教学反思能力不足、课堂管理能力薄弱、教育机智欠缺、教学设计能力低"①。

　　总体来看，对于教师教学智慧价值的研究，目前还没有形成比较有代表性的观点，只有零星、散乱的认识存在，也多集中于教学智慧研究的价值，对于教学智慧的本体价值探讨较少，研究有待开展。究竟教学智慧的价值表现在哪些方面？对于教师、学生以及教学来说，教学智慧的价值意义何在？这都是本研究需要明晰的问题所在。对于教学智慧缺失的研究，研究数量较少，同时也缺乏相应的系统性与学理性。

　　（4）教学智慧生成的要素与机制

　　目前，对于教学智慧的生成要素，较有代表性的观点有如下几种：有学者认为，"教学经验、教学思维力和教学执行力是生成教师教学智慧的基本要素，三者的高度发展与融合，成就了高水平的教学智慧。"② 有学者指出，教学智慧应该是"理论修养"（包括"学科修养"）、"教学经验""德性"三个方面在实践中的综合表现，它们是一个完整的整体，缺少其中的任一方面都可能算不上是教学智慧。"理论修养"能提供教学中所需要的对实践事态的教育判断能力，"学科修养"能提供教学中所需要的对实践事态的学科判断能力，"教学经验"能提供教学中所需要的对实践事态的辨别能力，"德性"能提供教学中所需要的对实践事态的反思能力。③ 教学主体的自我批判精神和超越意识是教学智慧发展的内在保证，也是教学智慧构成的重要因素。从其显在的构成体来看，它整合着人文智慧、个性智慧、行为智慧等多种因素，但从它生成与发展的基础层次来看，它主要包括智力智慧、道德智慧、情感智慧等要素。④

　　对于教师教学智慧生成机制的相关研究，有的学者认为，教学智慧的生成是通过挣脱教学惯习的桎梏，保持高度的敏感性，开展教学研究与教学反思，关注教学经验，改善思维方式，提高教学的创造性水平，厚积知识素养，实现的"转识成智"⑤。也有学者认为，教学主体通过自身教学

①　武云英：《新教师实践智慧的缺失研究》，《天津市教科院学报》2011 年第 2 期。
②　杜萍等：《论教学智慧的内涵、特征与生成要素》，《教育研究》2007 年第 6 期。
③　程广文等：《论教学智慧》，《教育研究》2006 年第 9 期。
④　曹明海：《论语文教育智慧的生成》，《山东师范大学学报（人文社会科学版）》2001 年第 6 期。
⑤　秦万山：《论教学智慧的生成》，《当代教育科学》2008 年第 11 期。

经验的内化与扩张，显性的与潜在的、自主性的与非自主性的、直觉的与非直觉的相互融合，从而形成复杂的张力，这就是主体教学智慧得以生成与发展的自身原因。教学智慧是多维因素的复合体，它呈现出来的是一种动态性的生成结构，教学智慧的生成结构是多层次、立体性的。在教学实践活动中，创造性教学行为是这种动态性生成结构得以展开和最终实现的直接途径。①

有学者认为，教学智慧的生成，离不开来源于教师的教学实践，教学实践是教学智慧的营养之源与发展之基。教学智慧可以通过教师感悟教育现象，细心体察，反思实践，注意从实践中积累、总结、消化和吸收有益的东西，来充实和丰富自身的智慧。② 有的学者指出，教学智慧生成的来源要依靠教师的教学反思与研究。教师的教学智慧既不是与生俱来的，也不仅仅是通过理论学习，或者进行机械的教学实践就可以获得的，教学智慧的生成离不开教师的实践研究和研究反思。③

也有学者指出，教学智慧的生成，需要进行教育教学研究。教育教学研究不只要依靠教育科学、心理学，还要充分依靠哲学、社会学、文化学等多种学科，基于多角度、多层面进行研究。教师应该进行理论研究和教育实践研究，并且通过研究形成属于自己的思想和理论。有些研究者认为，教师专业化和优秀人格是形成教学智慧的基本保证。教师应该成为教育教学的研究者、实践者和创新者。④

对于教师教学智慧的生成阶段，比较有代表性的观点有如下两种：有学者指出，教学智慧的生成大致经历 3 个阶段，即技能熟练且能恰当运用、机智应对教学突发情景、融通共生的自由和美境界⑤；也有学者认为，教学智慧的生成大致要经历下面 4 个阶段：模仿阶段、独立阶段、创造阶段、形成艺术风格阶段⑥。

综上所述，教师教学智慧生成要素的研究，虽然有一定数量的成果，但缺乏全面性和系统性，有的观点存在明显偏颇之处，有的把培养的路径

---

① 曹明海：《论语文教育智慧的生成》，《山东师范大学学报（人文社会科学版）》2001 年第 6 期。

② 罗树华：《教师发展论》，山东教育出版社 2002 年版，第 79 页。

③ 林存华：《人种志研究与教师智慧的生成》，《教育理论与实践》2006 年第 8 期。

④ 李巧林等：《论教师的教育智慧》，《合肥工业大学学报（社会科学版）》2004 年第 3 期。

⑤ 杜萍等：《论教学智慧的内涵、特征与生成要素》，《教育研究》2007 年第 6 期。

⑥ 谢利民：《论有效课堂教学的教师素质》，《课程·教材·教法》2009 年第 5 期。

与策略看成是生成要素，不够清晰。

（5）教学智慧生成的路径与策略

关于教学智慧生成的路径与策略，有的学者认为，教学智慧的养成，第一，要提升教师的思维品质，突出教师问题意识的培养；第二，要把从构建教师教、学、研结合互动中寻求教师智慧生成的在职教育为基本抓手。[①] 有研究指出，可以在教学对话、教学案例研究、教学反思中促进教学智慧的生成。[②] 也有研究认为，教学智慧须在具体的教学实际情景中去探索，进行有意识的系统训练，不能通过机械传授、模仿学习而生成。[③] 还有研究者指出，教学智慧是教师自己在教学中不断实践和解决问题的过程中生成和发展起来的，这使得教师得以从传统意义上被研究的"他者"地位中解放出来，由教学活动被动的实施者转变为教学活动的主体。[④]

有研究者认为，要培养教学智慧，不仅需要改造已有的传统教学观念，还要进行实实在在的教学实践与反思，把教学观念改造和反思教学实践相统一于教师具体的教学实践活动。[⑤] 有研究者指出，教学智慧是依靠反思来获得的。教师首先要对深层的指导自己教学活动的价值观、教学理念、教育目标等进行反思；同时，也要对自己的教学实践进行反思，不但要反思教师的教，还要反思学生的学和他人的实践。教师应该对自身进行深刻反省，对自己和他人教育教学理念、态度、行为进行考察。[⑥]

还有研究者认为，教学智慧生成应主要从 3 个方面去努力：其一，要深刻理解教学艺术的创造性内涵；其二，要重视教师缄默性的实践知识；其三，要提高教师的教学研究素质。[⑦] 也有研究者这样指出，教学中的教育机会不是一种专门的教学设计，也不遵循固定不变的程序，而是渗透于教学过程中的最有灵性和最灵活的素养和智慧，这种智慧和素养的形成，关键在于教师教育观的改变和内在精神的提升。[⑧]

① 杜萍：《教师教学智慧的养成策略》，《当代教育科学》2006 年第 8 期。
② 周智慧：《论教师教学智慧的培养策略》，《内蒙古师范大学学报（教育科学版）》2007 年第 10 期。
③ 杜萍等：《论教学智慧的内涵、特征与生成要素》，《教育研究》2007 年第 6 期。
④ 刘旭东：《问题意识与教师教学智慧的生成》，《课程·教材·教法》2010 年第 5 期。
⑤ 徐继存：《论教学智慧及其养成》，《西北师范大学学报（社会科学版）》2001 年第 1 期。
⑥ 闫艳：《对教学智慧的再认识》，《教育发展研究》2008 年第 10 期。
⑦ 王鉴：《教学智慧：内涵、特点与类型》，《课程·教材·教法》2006 年第 6 期。
⑧ 孙俊三：《教育机会的把握与教育智慧的生成》，《教育研究与实验》2004 年第 1 期。

综上所述，对于教学智慧生成的路径与策略研究相对其他方面研究来说数量较多，观点较多，但也存在操作性、系统性、具体性、针对性等不够的情形。

三　研究目的与意义

（一）研究目的

本研究的目的在于通过理论探究和实践探索，在揭示教学智慧内涵、特征与价值，了解教学智慧缺失的现状，并挖掘其根源的基础上，探讨教学智慧生成的要素、条件与机制，并提出相应的策略，以达到建构理论与指导实践的目的。

（二）研究意义

1. 理论意义

（1）有利于丰富发展教学理论体系

对教师教学智慧的研究有利于教学理论体系的发展。本研究将继续沿着前辈关于智慧、教育智慧、教学智慧、智慧型教师等相关研究的足迹，对教师教学智慧及生成的根本问题进行深入探讨。对教学智慧内涵的理解，对教学智慧本质与特点的把握，对教学智慧价值的廓清，对教学智慧缺失现状的分析，对教学智慧生成的内部要素和环境条件的认识，对教学智慧生成机制的剖析，对教学智慧生成策略的研究等，这一系列教学智慧的相关探讨，无疑会进一步丰富其有关领域的理论研究，同时也可拓宽教学论研究的问题域。

（2）有助于构建新型的教师专业发展理念

教师的教学智慧研究有助于构建新型教师专业发展理念。当前我国基础教育的普及九年制义务教育任务已经完成，基础教育的工作重心已从数量达标转向质量的提升。实现基础教育工作重心转移的关键，在于切实提高教育质量和建设高素质专业化的教师队伍。这需要以适切的教育理论为指导，特别是教师专业化时代，究竟以怎样的理论为背景来建构教师教育的新理念是一个必须解决的问题。教师教学智慧的生成研究是试图解决该项问题的切入点之一，有助于揭示教师教学智慧的核心内涵、表现特征与实践操作样态，探索教师专业发展的支撑性理论，解决教师专业发展的深层理论问题。在"国培""省培"计划实施期间，本研究对在职教师教育将会有一定的理论启发。

（3）有益于教学论研究范式的转型

教师的教学智慧研究为教学论研究提供了新的研究视角。长期以来，教学论研究以科学主义、实证主义研究范式为主导，主张以自然科学的定量化、形式化标准来衡量教学实践，以"价值中立"或"排除先见"将事实成分与价值成分区别开来。然而教学问题是一个价值性问题，这种研究范式的偏执，导致了科学理性的僭越和价值理性的式微，忽视了真实、具体、鲜活的教师现实和教学现实，教学理论也被教学实践者视为"故弄玄虚"或者"书斋里的学问"。在工具理性的主导下，研究者往往只重视"如何教学"等技术层面的研究，忽视了"为什么教学""怎样才能教得更好"等可以让教师安身立命的价值层面、意义层面、精神层面的探究。

现场研究、案例研究、叙事研究、生活体验研究能够深入到具体教育教学情境中，还教育事件以本来面目。在此基础上形成的理论，是一种基于实践上的理论，所增强的是教育实践者对教育事件本身的理解，它是关于"事"的整体的理论，故能引起教育实践者的共鸣，并反哺于具体的教育实践。将理论研究与扎根性研究结合起来，建立教育理论研究者与教育实践工作者之间融通的话语系统，打破传统的、单向度的以思辨为主的研究范式，主要开展动态的、探索性研究，在研究中发现课堂教学重建及教师素质提高的新理论和新方法。

2. 实践意义

（1）为中小学教育教学改革提供方法论借鉴

教师教学智慧的研究能为中小学教育教学改革和教师教育的整体发展与规划提供方法论借鉴。当下，教师队伍的现状令人担忧，在新课程改革的背景下，广大中小学教师存在着诸多困惑与不适应，许多教师不堪重负，教师的身心健康面临严峻挑战。作为教育教学生活中的人，教师"教"得机械，"活"得倦怠；学生"学"得被动，"过"得单调，当今学校教育和课堂教学普遍缺少智慧。[1] 激活教师的工作激情，让教师在职业生涯中体验自己生命的意义与价值，享受职业创造的快乐，让学校、课

---

[1] 王萍：《教师教学实践智慧的缺失与培育》，《当代教育科学》2012 年第 4 期。

堂成为教师创造自己幸福人生的福祉领地。

（2）为促进教师专业成长提供实践路径参照

关于教学智慧生成的研究可以有效地为促进教师专业成长提供实践路径参照。教学智慧生成的研究，需要研究者深入到具体的教学实践活动中，与被研究者一道共同实践于教学，发展于教学，应用于教学。案例研究、生活体验研究、现场研究、教育叙事研究克服了传统教育研究方法的弊端，研究不再是袖手旁观地站在事件的外部，进行所谓的观察与抽象分析，而是通过借助于现场，对教育教学事实与境况进行亲身体验与深刻反思，研究者也须以参与者的身份深入到教育生活实践中去。对一线教师来说，通过专业研究者介入性地对教学智慧生成进行研究，可以促进教师专业发展水平的提升。教师教学智慧的提升直接作用于课堂教学，带来了学生智慧的提升，即"教"更好地促进了"学"。从扎根性实践研究中得出的结论，更容易使一线教师信服和理解。

（3）为中小学教学管理提供方法论借鉴

关于教学智慧生成的研究，也可以为中小学一线的教学管理提供方法论借鉴。一直以来，受科学主义、行为主义等理论的影响，对于人发展的研究过多地强调行为与观念的可塑性，试图通过机械操练来建立起意念与反射的联结，从而去改变人的行为方式和习惯。因此，一提到教师成长或者发展，最直接的反应就是可以通过单向的教师培训等方式，向教师灌输先进的教学理论，并通过制度规约或者物质刺激来确保新理论的践行，这已经成为我国主流的教师管理和教育教学管理模式。教师教学智慧生成的研究从内部要素、环境条件及其相互关系角度做了深入的梳理和探寻，将有助于学校在教学管理中以教师为本，启发教师成长的内在激情和内发动力，也将有助于学校对政策制度、校园环境、管理方式等进行全方位思考，从而促进学校管理的良性发展。

四　研究内容与框架

本书共由九部分组成：导论；教学智慧的阐释；教学智慧的价值；教学智慧的缺失；教学智慧生成的内部要素；教学智慧生成的环境因素；教学智慧生成的机制；教学智慧生成的策略；结语。这是本书的基本框架，其中对教学智慧生成的内部要素、环境因素和机制的研究是核心内容。具体而言，本研究内容在书中共分为7个章节：

第一章是教学智慧的阐释。本章探讨了教学智慧的基本含义，分析了教学智慧的本质属性和表现特点，同时，也探讨了教学智慧与教学个性、教学机智、教学艺术、教学技能和教学模式等概念的区别与联系。

第二章是教学智慧的价值。本章着重分析了教学智慧对于教师本人、学生成长、教学活动和社会发展的价值与意义，以期引起教师及相关人员广泛的内在认同。

第三章是教学智慧的缺失。本章对教师教学智慧缺失的表现进行了调查、分析与梳理，对教学智慧缺失的根源进行深入挖掘，以便对教学智慧生成研究提供现实依据。

第四章是教学智慧生成的内部要素。本章立足于系统论视角，从教学智慧生成的本体入手，从认知性要素、知识性要素、技能性要素与情意性要素4个方面展开研究。

第五章是教学智慧生成的环境因素。本章立足于系统论视角，从影响教师教学智慧生成的外在环境入手，从课堂环境、学校环境、社会环境3个方面进行研究。

第六章是教学智慧生成的机制。本章基于系统论视域，从教学智慧生成的横向结构、纵向结构和整体结构分析生成的机理。

第七章是教学智慧生成的策略。本章依据对教学智慧的价值、缺失原因、生成的内部要素、环境条件与生成机制的分析，提出了教学智慧生成的路径与策略，着重从导正教学智慧生成的价值认同、发展教学智慧生成的素质能力、构建教学智慧生成的生态课堂、创设教学智慧生成的学校环境、优化教学智慧生成的社会环境等方面进行分析。

五　研究思路与方法

本研究突出理论与实践的融合，打破传统的、单向度的、纯粹的理论思辨研究范式，将理论研究与扎根性研究嫁接起来，建立教育理论研究者与教育实践工作者融通的话语系统，在理论思维的指导下思考与解决实践问题，在实践探索的基础上进行理论的提升与概括。本研究注重追踪被誉为"师德表率、育人楷模、教学专家"的中小学特级教师，以及山东本地的"齐鲁教学名师""山东教学能手"等教师成长的轨迹，从他们的表现特征、实践样态与成长规律中探究教学智慧的生成。

（一）研究思路

基于对研究缘起、目的与意义等问题的思考，在对已有文献清晰梳理的基础上，本研究将主要按照以下思路展开：

其一，弄清教学智慧"是什么"。以教学智慧的理论探究为主，以学校实践中教学智慧生成的典型案例为辅，对教学智慧的内涵等予以阐释，以明晰教学智慧的基本概貌。

其二，弄清教学智慧"有什么用"。从生命哲学、学生成长规律、社会发展特点、课程本质、教学活动实质等视角，以理论研究为主，探究教学智慧的价值，以激发中小学教师及相关人员的内在价值认同。

其三，弄清教学智慧缺失的"现实如何"，"原因在哪儿"。以运用现场研究法为主，对当前中小学教师教学智慧缺失的现状进行深入的考察与分析，摸清中小学教师在教学智慧生成方面存在的问题，依据内因与外因辩证关系理论揭示教师教学智慧缺失的根源。

其四，厘清教学智慧生成的"内因何在"。基于系统科学理论的视野，根据教师专业素质结构理论，结合教学智慧的本质特点，依据对教学智慧缺失根源的分析，运用哲学、心理学、社会学、教育学等理论，梳理出教学智慧生成的内部各层次要素，通过实施理论研究与叙事研究、生活体验研究、案例研究予以证实。

其五，厘清教学智慧生成的"外因何在"。基于系统科学理论的视野，从哲学、心理学等理论视角，结合尤·布朗芬布伦纳（U. Bronfenbrenner）的社会生态学理论，以理论研究为主，兼以叙事研究、生活体验研究和案例研究，找出人与环境之间的内在逻辑关系，得出教学智慧生成的外部环境条件。

其六，厘清教学智慧生成的"机制如何"。基于系统科学理论，结合前面提出的教学智慧生成的内部要素与外部环境生成条件的基础上，以理论研究为主，从横向结构、纵向结构和整体结构3个视角，剖析了教学智慧的生成的原因，并尝试构建了教学智慧生成的结构机制模型。

其七，提出教学智慧生成的"策略是什么"。主要依据教学智慧的本质与特征，教学智慧生成的价值、缺失分析、内部要素、环境因素以及内部机制，予以理论思考与实践探索，分析并提出了教学智慧生成的策略。

（二）研究方法

高质量研究成果的获得，离不开研究方法的正确选择和科学运用，而多种方法的综合运用则是保证研究方法科学化、合理化的重要路径，这是世界教育研究方法发展的主要趋势。本研究对于教学智慧的探究，注重运用质的研究方法。具体来说，本研究运用了文献研究法、案例研究法、叙事研究法、生活体验研究法与现场研究法。几种研究方法之间相互融合，力求做到方法的相互补充，以确保研究的观点与结论更加趋于科学性与合理性。

1. 文献研究法

文献研究法，是本研究应用最基本、最广泛、最重要的研究方法。它是专门对所收集的文献进行查阅、分析、整理并力图找寻事物本质属性的一种研究方法。教学智慧的生成是综合的，所以本研究须在哲学、心理学、社会学、人类学、教育学等多学科背景下寻找理论建构的依据。本研究基于哲学的大学科背景，从系统论、认识论、生命哲学、现象学等多个维度来确立研究的理论根基和思考生长点；基于心理学的大学科背景，从毕生发展心理学、认知心理学、关于智慧形成的心理学流派等不同维度确立研究的理论视域和思考路径；基于教育学的大学科背景，从我国教育先贤孔子、我国教育前辈陶行知、苏联教育家苏霍姆林斯基、美国教育家杜威等人的教育思想出发，也从教育、教学、课程、教师专业发展、有效教学、教师素质结构等相关理论出发，努力夯实研究的理论基础，汲取精华，拓展研究思路；基于社会学的大学科背景，从结构功能主义理论、冲突理论、符号互动理论等不同的角度来启发研究的理论思考。

通过"教学智慧"文献检索分析完成的文献综述奠定了本研究的起点与创新的基础，对教学智慧的概念梳理、观点提炼、分析论证都离不开对相关文献的吸收与借鉴。通过查找文献资料，了解教师的教学智慧本质与特点、教学智慧的生成、教学智慧的培养等已有的研究成果，可知晓前人足迹，减少简单重复性的无效劳动。本研究参阅了智慧、智慧型教师、教育智慧、教学实践智慧等直接相关文献，基于对相关信息的分析、筛选和比较，为教学智慧的研究提供理论视野。本研究还参阅了教学机智、教学艺术等相关研究文献，从中开拓了思路。

因无法亲身体验前人的生活，也不可能一一去拜访每位研究者和被研究者以便了解他们的思想和观点，文献研究能够突破时间、空间与经费等条件的限制。除了前面提到的从中国知网上收录的大量期刊、硕博士论文、重要学术会议等研究成果之外，研究中所需要的关于智慧型教师成长、教师教学智慧生成、教师教学智慧的精彩表现等资料也可以在互联网上获取，如李吉林情境教育网、窦桂梅的玫瑰小语、李怀源教育博客、各地的教师教育网等，还包括名师的授课视频、音频、讲座录像资料等。

2. 案例研究法

教师教学智慧的生成具体体现在智慧型教师的成长过程中。本研究首先选取李吉林、窦桂梅、于漪等多位著名智慧型教师作为案例，捕捉他们成长的足迹和智慧的火花。其次，也选取了齐鲁教学名师、山东省优秀教师李本禄、李怀源、于莉、张志军等作为案例，探讨教学智慧的生成。搜集的个案资料，其内容包括个体的基本资料、个体成长资料等。资料有的来自于研究者对研究对象本身的观察、访谈和调查，有的由被研究对象自己提供，还有的来自于与研究对象相关的个人或机构。本研究基本达到了资料收集的全面、深度、广度和真实。收集到的个案资料包括两类：一是主体资料，即研究对象自传、日记、随笔、文章、著作和写给别人的信等；二是客体资料，即个人档案、社团或学校、机关的记录、录音以及家人、同事、学生等提供的材料。

3. 叙事研究法

叙事研究法，是以叙事、讲故事的方式表达对教育现象的解释和理解，揭示教育故事内涵的价值和意义。它是"对有意识地促进人的身心健康的教育活动中富有价值的教育事件和具有教育意义的教育故事的讲述与揭示，又称为教育故事研究"①。本研究对教学智慧的探究，实施教育叙事研究，基于叙事内容，包括教师教育教学的片段叙事、教学生活的叙事和传记体叙事；基于叙事主体，有他传体叙事和自传体叙事。本研究中相关"故事"的来源，除了研究者叙写和被研究者叙写（包括教师和学生叙事），还有从文献中搜集整理而来的，本研究中的案例故事也包括笔

---

① 王枬：《教育叙事研究的兴起、推广及争辩》，《教育研究》2006 年第 10 期。

者自身的"生活史"回顾。故事有的进行了裁剪，但以不断章取义、有悖原意为原则。

4. 生活体验研究法

现象学研究的是现象的本质，即事物的共核，这种共核或本质只能通过生活经验来直觉把握。生活体验研究，是一种解释现象学的人文科学研究方法。在教学智慧生成研究中，对生活体验描述的材料，一般取自于文本。文本是对真实体验的记录。有的生活体验材料来源于被研究者的随笔、日记、札记、传记和专著等文本，尤其是不加修饰的日记、随笔等文本，往往忠实地描述了被研究者当时当地的体验。这些文本有的是纸质的，有的是网上电子版的，如博客以及其他相关网页等。有的生活体验材料来源于视频、图片、影像等广义上的文本。

5. 现场研究法

现场研究法是研究者深入到事件发生的真实环境，进入现场进行研究的一种方法。有时研究者需要成为参与者，与被研究者活动或者生活在一起，在这个过程中进行研究。本研究选取了德州一中、德州二中、德州九中、德州十中、德州学院附属小学、德州市德开小学、德州实验小学等7所学校作为本研究的现场，从实践的视角透视教学智慧生成研究中的相关问题，如教师对教学智慧的认识、教学智慧生成的现状、教学智慧的缺失、教学智慧的生成等。在本研究中，研究者深入到课堂听课共50节，观察与参与教学活动共30次，观察教师10人次，访谈20人次，讲座2场次，参加其他活动（如教师读书会、听评课等）共5次。进入现场后，注意从不同的维度收集各种不同的信息，收集了与本研究有关的教师录音、视频、随笔等资料若干，完成了描述性的实地札记，梳理并形成了自己的体验和想法。

第一章

教学智慧的阐释

人的生存就是人的生活，教师的生活不仅需要智力，更需要智慧。"智慧是生命的觉解状态，热爱生命必然追求智慧。"① 可以说，当今时代的教育变革不仅使传统的教师角色发生了根本性变化，而且对"智慧"中所蕴藏的创造价值与生命意义的认识日益凸显，教师教学智慧成为教师专业成长的重要内涵。

对于教师专业发展，佩里（Perry，P.）指出，一是就其中性意义来说，它意味着教师个人在专业生活中的成长，包括信心增强、知识增多、技能提高，对所任教学科的知识结构不断更新、深化与拓宽，以及在课堂上如此做的原因意识的强化；二是就其最积极意义来说，教师专业发展包含着更为丰富的内容，它意味着教师已经超出了技能的范围，而表现出了艺术化，他们把工作提升为专业，努力将专业知识和能力转化为权威。② 霍伊尔（Hoyle，E.）对此曾经提出，"在教师职业生涯的每一阶段，教师掌握良好的专业实践所必备的知识和技能的过程，就是教师专业发展的过程"③。由此可见，教学智慧的生成，便意味着教学生活里充满了艺术和生命力，这是教师专业成长的重要标志。

卢梭认为，"教育必须激起那些人类内部的满足其自身自然需求的力量"④。教育所要培养的人，绝不是单一的、契合于既定模式、驯服的存在，而总是有着可能性和自由维度的人。教育教学需要在有无之间、秘密

---

① 张立文：《和合哲学论》，人民出版社2004年版，第26页。
② 叶澜等：《教师角色与教师发展新探》，教育科学出版社2001年版，第223页。
③ 同上书，第222页。
④ ［德］克里斯托夫·武尔夫：《教育人类学》，张志坤译，教育科学出版社2009年版，第21页。

与公开之间、诗性与理性之间、教与养之间保持必要的张力，教学是需要智慧的。对于教学智慧生成的研究，首先要面对的问题是，教学智慧是什么？本部分对诸多相关内容予以研究。

一　教学智慧的含义

（一）"智"与"慧"

从中国古代汉字的意蕴看，"智"最早出现在殷商时期的甲骨文中，它的本义是指在战争之中，通过讨论来谋划战略的智谋。"慧"，拆分为"彗"和"心"，其篆文意思是指清扫自己心中的偏见和杂念，以便明心净性，向内发展自知的品性，更新自我的观念，进而形成广阔的视野和深刻的洞察力，向外探究宇宙万物的运转规律。由此可知，智是偏重于智慧的外部，指处理事物的筹划智谋；慧则是偏重于指向智慧的内部，向外通晓万事万物的事理，向内明心净性以形成相应的道德立场和德性修养。

从中国辞典解释看，"智"在《高级汉语大词典》中解释为会意兼形声字，从日、从知，知亦声，"知"的后起字，本义为"聪明、智力强"。在《辞海》中解释为聪明、智慧、智谋，通"知"，知道。在《新华小字典》中解释为"对事物能迅速、灵活、正确地理解和解决的能力"①。"慧"在《高级汉语大词典》中解释为形声字，从心，彗声，本义为"聪明、有才智"。在《说文解字》中，"慧"字，儇也，精明之义。

由此，本研究认为，"智"与"慧"的含义基本一致，都有"聪明"之义，但也有侧重，"智"主要说的是智力，是由人的脑部来决定的；"慧"主要说的是慧心，是由人的内心来决定的。罗素说，中国人不长于科学和工业，但人们能够在中国找到智慧，美丽的人生乐趣和沉思恬静的心境。这就是说，智慧来自心灵的富足，生命的滋养，不单单是人的脑力与智力。智慧的生成，不但用脑，而且用心，只有心脑并用才有智慧的生成。

---

① 《新华小字典》编委会：《新华小字典》，商务印书馆国际有限公司2004年版，第626页。

(二) 智慧

智慧，在我国古代，两个字连在一起最早出现在《孟子·公孙丑》中，"虽有知慧，不如乘势"。这里的"知慧"就是指智慧。在《墨子·尚贤中》有"若此之使治国家，则此使不智慧者治国家也，国家之乱，既可得而知已"。"智慧"一词大都表示"聪明才智"。在《现代汉语词典》中解释为"智慧是指辨析判断、发明创造的能力"①。

据《大不列颠百科全书》介绍，"智慧"这个概念在古埃及文字中也已经有了记载。智慧的希腊文是"sophia"，拉丁文为"sapientia"，它们均指向经验、技能和品位，与洞见、知识有关。在希腊神话中，雅典娜是智慧女神，以聪明才智著称。"智慧"相当于英语中的"intelligence"，其英文解释为"ability to think and understand instead of doing thing by instinct or automatically"②。翻译成汉语意思是"有能力去思考和理解，而不是凭本能或下意识行事"。在英语中，"智慧"为"wisdom"，是 wise（聪明的）＋dom（表示"性质或状态"）。wisdom 的英文解释为，"the ability to use your experience and knowledge in order to make sensible decisions or judgments"③。翻译成汉语意思为"运用你的经验和知识做出明智决定或判断的能力"。

一些论著和译著中，将"智慧"等同于"智力、智能"，如美国心理学家加德纳（Gardner）提出的"moral intelligence"译为"道德智慧"；瑞士心理学家皮亚杰（Jean Piaget）的"psychology of intelligence"译为"智慧心理学"。

对于智慧，孔子说："知者乐水，仁者乐山。知者动，仁者静。知者乐，仁者寿。"他用极具韵律的文字，形象地告诉后人，智者喜水，是活泼的、快乐的、幸福的。老子提出的"道""大道至简"等，就是一种智慧。智慧是应用已知的去明确地指导人生事物之能力。智慧的生成受到知

---

① 中国社会科学院语言研究所词典编辑室：《现代汉语词典》（第7版），商务印书馆2006年版，第1692页。

② ［英］威廉·柯林斯父子公司：《柯林斯精选英语词典》，中国对外翻译出版公司1989年版，第412页。

③ 同上书，第923页。

识、经验等多因素的影响，智慧是一种综合能力。① 冯契认为，智慧是"以道观之"，由知识到智慧，就要求达到天人合一的境界，即"天地与我并生，万物与我为一"的境界。② 从前贤生动的描述、深刻的感悟与评说中可以看出，智慧是一种综合能力，是至高境界，智慧的生成需要物我为一的精神，智慧的生成受知识与经验、理性与非理性、智力与非智力因素的影响。

对于智慧，苏格拉底说："一切其他的事物都系于灵魂，而灵魂本身的东西，如果它们想要成为美的，那么这都系于智慧，因此如此推论下来，智慧就是使人有益的东西。"色诺芬有过这样的表述："智慧就是最大的善。"亚里士多德认为，"智慧不是从个别认识得来，而是由普遍认识产生，是有关某些原理与原因的知识。"③ 他也对智慧与德行的关系作了专门的论述，在《尼各马科伦理学》中说道："智慧是就那些对人类有益或有害的事情采取行动的真实的、伴随着理性的能力状态。"他还形象地说："人们啊，惟有像苏格拉底那样知道自己的智慧实际上是毫无价值的人，才是最有智慧的人。"④ 怀特海指出，"智慧是掌握知识的一种方式，它涉及对知识的处理，确定有关问题时对知识的选择，以及通过运用知识使我们的直觉经验更有价值与意义。这种对知识的掌握就是智慧，智慧可以获得最本质的自由。"⑤ 洛克说："智慧是一种善良的天性、心灵的努力和经验结合而成的产物。"⑥ 从哲学家探究与思考的结晶来看，智慧是最大的真、最大的善、最大的美。

对于智慧及生成，从心理学视角看，智慧就是适应，是有机体对于环境的作用与环境对于有机体的作用之间所达到的一种平衡。智慧具有逻辑性，"运算"（operation）是智慧发展的外在表现形式，智慧最终成为多种因素相联系、相融合、有组织、有结构的心智系统整体。巴特斯（P. B. Baltes）等心理学专家与学者开展的柏林智慧模式（The Berlin model of wisdom）的研究，认为智慧是一种关于基本实际生活的专家知识、行

① ［美］杜威：《人的问题》，傅统先等译，江苏教育出版社 2006 年版，第 4 页。
② 冯契：《认识世界与认识自己》，华东师范大学出版社 1996 年版，第 418—419 页。
③ ［古希腊］亚里士多德：《形而上学》，吴寿彭译，商务印书馆 1959 年版，第 2 页。
④ ［英］罗素：《西方哲学史（上）》，何兆武等译，商务印书馆 1963 年版，第 122 页。
⑤ ［英］怀特海：《教育的目的》，庄莲平等译，文汇出版社 2012 年版，第 54 页。
⑥ ［英］洛克：《教育漫话》，傅任敢译，教育科学出版社 1999 年版，第 117 页。

为结构系统。这种专家知识系统包括对不确定的、复杂的人类生活情境的杰出的、出人意料的直觉判断和总体建议。也可以说，智慧是个体在其智力与知识的基础上，经由经验与练习习得的一种德才兼备的综合心理素质，包括聪明才智与良好品德两大成分。智慧与年龄、性别、文化、教育、人格、思维方式、智力等存在重要关联。① 由此可知，智慧是有机体与环境之间的平衡，是一种有组织的心智结构，对不确定因素的直觉与判断能力，它的形成受很多因素影响，如人格、文化环境、阅历、智力等，是一种综合心理素质和能力。

对于智慧及生成，从社会学或者综合的多学科视角来看，智慧作为个体生命活力的象征，它是个体在一定的社会文化心理背景条件下，基于知识、经验习得的基础上，在知性、理性、实践、情感等多个层面上生发和成长，在人生历练和教育过程中形成应对人生、社会、自然等复杂情境的一种综合能力系统。从智慧生成结果来看，它是一种知性、理性、情感、实践等要素构成的综合能力系统。钱学森认为，人的智慧由两大部分组成：量智和性智，缺一不成智慧。教育现象学家马克斯·范梅南认为，智慧是一种内部的状态。因此，智慧是由知性、理性、情感、实践等多个要素构成的。

本书认为，在社会和个体生活中，智慧是个体生命活力的象征，是个体在一定的社会文化心理背景条件下，在知识、能力、经验等习得的基础上，在认知、知识、技能、情意等多个层面上生发，在教育过程和人生历练中形成的应对人生、社会、自然的一种综合能力系统，是一个人在人生中求真、求善、求美形成的。

（三）教学智慧

对于教育智慧，"从小处讲，它主要表现为教师对于教育教学工作的规律性把握、敏锐反应、深刻洞悉、创造性驾驭、灵活与机智应对的综合能力。从大处讲，教育智慧是良好教育的一种品质，表现为自由、和谐、开放和创造的生态，表现为真正意义上尊重生命、尊重个性、崇尚智慧、追求幸福人生的理想教育境界。作为教育的一种重要的内在品质，教育智

---

① 陈浩彬等：《智慧：结构、类型、测量及与相关变量的关系》，《心理科学进展》2013年第1期。

慧渗透、内化于教育活动的方方面面，内化于教育价值、教育目的、教育过程、教育管理、教育环境等在内的教育的所有方面"①。马克斯·范梅南认为，教育智慧和机智可以被看作是教育学的本质和优秀性，如果说智慧构成了教育学的内在方面的话，那么机智则构成了教育学的外在方面。因此，智慧是教育的一种内在品质、状态，是教育的理想境界，是教育的真义和本性所在。

对于教学智慧，在《教育大辞典》中这样定义："教师面临复杂教学情境所表现出的一种敏感、迅速、准确的判断能力。"② 教学智慧，它集中表现于教学活动实践中，它是教学的智慧，或者说是智慧的教学。叶澜认为，教学智慧是在具体的教学情境中，教师拥有敏锐的感受力、准确判断力，能够积极、有效应对在教学生成和情形变动过程中可能出现的新问题和新形势，能够有力地把握教学时机，有效地转化教学冲突和矛盾，具有教学机智，能够根据对象实际和面临的情境及时进行选择和决策，具有有效调节教学行为的魄力。教师能够使学生积极投入课堂学习生活，热爱学习，喜欢创造，愿意与他人进行心灵对话。可以说，教学智慧使工作进入了科学与艺术相互融合的境界，充分展现了教师的个性风格，教学不仅是一种工作或者职业，更是一种享受。③

综上所述，通过对智、慧、智慧、教育智慧内涵的探究和梳理，结合教学智慧含义已有的研究，基于对教学活动本质的认识和思考，本研究提出了教学智慧的含义。教学智慧是指教师在与学生交往促进彼此发展的课堂教学活动过程中，对教学本质的把握；是教师所表现出的聪明才智；是教师在教学中表现出的深刻洞悉、敏锐反应、机智应对、善于创造、正确解决教学问题的综合能力；是教师实施合理教学、实现高效教学的一种品质；是师生教学生活的一种自由、和谐、开放、创造的生态；是教师真正尊重师生生命、热爱教学生活的状态；是教师教学中求真、求善、求美的生活方式；是师生共同幸福成长的境界。教学智慧的终极指向是学生智慧的发展。下面是一位小学语文特级教师上课时的情景：

① 田慧生：《时代呼唤教育智慧和智慧型教师》，《教育研究》2005 年第 2 期。
② 顾明远：《教育大辞典》（增订合编本），上海教育出版社 1998 年版，第 716 页。
③ 叶澜：《新世纪教师专业素养初探》，《教育研究与实验》1998 年第 1 期。

师：你们听，河那边传来了什么声音？

生：河那边传来一阵笑声。

师：你们听，河那边传来一阵谁的笑声？

生：河那边传来了一阵姑娘的笑声。

师：你听到一阵什么样的笑声？

生：我听到一阵咯咯的笑声。

生：我听到一阵欢乐的笑声。

生：我听到一阵清脆的笑声。

师：这笑声如果不用"清脆的""欢乐的"，打个比方说，会吗？

生：那笑声有点像小铃铛。

生：那笑声像小鸟的歌声一样快乐。

生：那笑声就像小河的水在流。

师：姑娘为什么这样开心？

生：因为今年粮食丰收了。（材料来源：人民教育出版社出版的《李吉林文集》）

李老师把课堂挪到了郊外，当孩子们听到小河对面传来一阵笑声时，李老师便迅速抓住这一生活情境，开始了有趣的师生对话，对学生的思维进行了启发，对学生的语言进行了训练。在课堂组织、教学方法的选择、教学资源的捕捉上，在提问的字里行间里都可以领略到李老师的教学智慧，师生共同享受教学生活的幸福与快乐。

二　教学智慧的本质属性

在对教学智慧概念有了基本了解之后，还需要进一步从教学智慧的本质属性再加以澄清，以消除理论上的迷惑和实践中的偏差。本研究对于教学智慧本质属性的分析，一方面，是基于对教学智慧内涵的理性认识，另一方面，也立足于教学智慧生成与表现的实践样态。

（一）主体性

主体性，它表达的是人对世界的能动关系，凸显了人的主体地位，是人作为主体的根据和条件。主体是相对于客体而言的，主体和客体是一对在与对方的相互关系中获得自身相对规定性的哲学范畴，在无限物质世界的系统整体中，每一有限的物质存在物都与周围其他存在物发生作用，其中，作用的主动发出者是主体，相应的，作用的被动接受者就成为客体。马克思说："正是通过对对象世界的改造，人才实际上确证自己是类的存在物。"① 人类的理性文明才得以发展和延续，人类自身也才得以不断地丰富和完善。人作为活动主体在与客体相互作用过程中得到发展的自主、自觉、选择和创造的特性，这就是人主体性的充分彰显。

人只有真正的主体性，才会有真正的智慧，才会有真正的生活。马克思认为，一个种的类特性与种的整体特性就是生命活动的本质，进行自由而又有意识的活动，恰恰就是人的类特性，而生活本身仅仅作为生活的手段。对于主体性，亚里士多德指出，"智慧的人不应该接受命令，而应该发出命令，而且他不应服从别人，相反，较少智慧的人应当服从他。"② 对此，冯契论述到，人既不能在自然面前处于被动的奴隶地位，应该通过斗争认识自然来支配自然，也不能与自然为敌，不能破坏自己的内在自然，更不能摧残人与自然之间的平衡，理应在社会实践的基础上，通过人性和天道的交互作用，达到天人合一。他认为这才是真正的主体性。人只有具备了真正的主体性，才会有真正的智慧。

教学智慧的生成同样体现了人的主体性。教师发挥自己在教学中作为人的主体作用，意识到"我"的存在，彰显"我"的地位，才会有真正教学的发生。只有教师本人真正成为教学与课程实施的主体，不能仅仅成为教学计划的实施者、学科知识的传递者，而应该在发现学生不同需要、不同兴趣、不同个性的基础上，用自己已经形成的观念信念、理想信仰、经验意识和德性情操等，有效发挥自己的主体性，组织管理好教学过程，让学生习得知识经验，培养素质能力，化育德性人格，这才是富有生气、色彩斑斓的属于人的智慧的教育教学。

从根本上讲，教学智慧的主体性表现为教师的主观能动性，它既是教学智慧发展水平的重要标志，也是教学智慧存在和发展的基础。智慧型教师往往具有独立的个性和自主的人格，他们通常表现得很有特点。教学智

---

① ［德］马克思：《1844年经济学—哲学手稿》，人民出版社1979年版，第60页。
② ［古希腊］亚里士多德：《形而上学》，李真译，上海世纪出版集团2005年版，第18页。

慧是教师的教学思维力、批判力、创造力、实践经验等方面在教学中的集中反映，这些都离不开人的个性，个性便是主体性最好的见证。因此，教学智慧在本质上体现了人的主体性，体现了人的自由自觉的特性、主观能动性与个性。

（二）实践性

实践性，是人改造客观世界以满足自身需要的自由自觉的活动，同时它也包括人对自身的改造。实践是主体对象化的活动，是思维转化为存在的活动，是理论指导下的实践，是目的与规律的统一，因此，实践是有目的的，也是自觉的，同时符合客观规律。从此意义上说，不能将实践片面地或者简单地理解为技术活动和实际操作，它是在理论指导下的自觉活动，真正的实践是理论与实践的融合与统一，这就是实践性。

教学智慧体现为教师主体的一种实践理性。教学智慧的根基是现实的、生活的，教学智慧常常表现在具体的教学实践中。而且，任何理性智慧、情感智慧、价值智慧、审美智慧等都是需要与实践智慧发生有机联系，才能够成为有效果的、有意义的、真实的、真正的智慧。因此，教学智慧的哲学是一种现实的哲学、行动的哲学、实践的哲学。教学智慧生成必须通过教师个体实践感悟、经验积累、教学反思等获得。总之，教学智慧一定是在实践中体现，在实践中生成，在实践中发展。[①] 当然，教学智慧应是理性的，但体现为教师主体的一种实践理性，只有理性的教学实践，即智慧的教学，才符合道德的实践性要求，才是人类教育应该向往和追求的方向。

教学是实践的，智慧是实践的，那么，教学智慧就是具有实践性的。对于教学智慧的实践性，一方面来说，教学智慧首先是"教学"的智慧，教学本身是一种实践活动，因此，属于"教学"的智慧理应是实践的。另一方面来说，智慧本身总是直面现实问题的，杜威说，智慧最大特点是在行动中。[②] 由此，教学智慧直面的是教学现实中的疑惑、矛盾、问题、冲突和困难等现实状况，教学智慧的生成只有在这样的问题情境或环境条

---

① 杜萍等：《论教学智慧的内涵、特征与生成要素》，《教育研究》2007 年第 6 期。

② ［英］杜威：《确定性的寻求：关于知行关系的研究》，傅统先译，上海人民出版社 2005 年版，第 29 页。

件中才能获得，具有实践性和行动性。实践证明，在某种特定情境下才能产生教学智慧，教学智慧又在教学实践中发挥作用，教学智慧产生的根本动力是突遇实践问题，教学智慧再改善实践、反哺于实践。在一定的教学实践场景下，教学智慧也表现为教师现场的直觉反应能力和现场的教学行为水平。可以说，没有教学现场，就没有教学智慧。① 实践出真知，真知实际上就是智慧。

（三）创造性

对于创造性，在《普通心理学》中解释为，创造性指的是个体运用独特新颖的方式解决问题，并能够产生有社会价值的新产品的心理过程、状态或者能力。② 林崇德指出，创造性是根据一定的目的，运用一切已知信息，在独特地、新颖地、具有价值地（或恰当地）产生某种产品的过程中，表现出来的智能品质或能力。俞国良研究提出，创造性是一种品质，它是依据一定目的和任务，利用一切已知信息，开展能动的思维活动，产生出了某种独特、新颖、有社会价值、或有个人价值的产品，这是一种智力品质。③ 美国心理学家斯腾伯格（Sternberg）的"三维模型理论"认为，创造性是由智力维度、认知思维风格和人格维度，并与鲁巴特（Lubart）共同提出了"创造性多因素理论"。总的来说，创造性表现出了人的一种心理过程、一种能力、一种品质、一种状态，产生了新颖、独特、有价值的产品，事实上，它展现了人的综合素质能力和整体精神品质。

没有创造，就没有智慧，创造是智慧生成的核心。从教学智慧内涵的学理性视角分析，教学智慧是在面临复杂的教学情境中，教师所表现的一种敏感、迅速、准确的判断能力。不难发现，这种敏感、迅速与准确的判断就是教师的创造性。教师在教学智慧中所表现出的尊重生命、融通共生、自由和美、追求幸福的教学生活状态和理想境界，更离不开教师的高创造性。创造性与个体的自我实现高度相关，教师的创造性不仅包括认知成分，还应当从个体的人性、个性、独特性、完整性等角度来诠释，也就

---

① 王鉴：《教学智慧：内涵、特点与类型》，《课程·教材·教法》2006 年第 6 期。
② 彭聃龄：《普通心理学》，北京师范大学出版社 2003 年版，第 278 页。
③ 俞国良：《创造力心理学》，浙江人民出版社 1996 年版，第 14 页。

是指人的自我实现过程。叶澜教授提出，"把创造还给教师，使教育成为充满智慧的事业。"① 创造与智慧高度一致，没有教师的创造性，就没有教学智慧。

教学的创造性就是教师教学智慧的表现，没有教师教学创造性，就没有教师教学智慧的生成，教学智慧的生成需要教师教学的创造性。从教学智慧生成的课堂实践看，教师在教学活动中，根据一定的目的和任务，运用已知信息，开展能动的思维活动，在多种因素的综合作用下，产生出新颖、独特的"教学产品"，如教学模式、教学思想、教学策略、教学方法等。教学活动中充满着复杂性、混沌性、偶然性和不可预见性，职业规范较为模糊，难以明晰。有研究指出，教师在 45 分钟的课堂里，至少要做出 30 个与教学有关的决定。面对这种不确定的、即时生成的课堂情境，教师需要瞬间做出合适的决定，这就需要教师教学的创造性，创造性是教师教学智慧的本质属性。研究者观摩了杨老师课堂教学视频后有如下体会：

> 杨老师讲授的是《原电池的原理及其应用》，在他的课堂上处处闪动着智慧，在整堂课中都能感受到他的创造性。杨老师在课的导入环节，用西红柿和两枚铜钥匙做成的"原电池"导入，新颖富有创意，学生探究兴趣高涨。课堂上，教师的问题设计得富有启发性，体现了教师的创造性。教师能够"察言观色"，根据学情进行适时的点拨。教师语言幽默，不断地生成"小笑话"，笑声不断。教学富有节奏感，独到的设计，收效很好。一节化学课教师教得有味道，学生学得有乐趣。对教学中学生偶然提出的"问题"，杨老师给予了耐心细致的解答，学生不时地点点头，可以看到教师渊博的化学知识。教师的脸上一直洋溢着微笑，让人感觉到他对教学生活的热爱，享受着教学的幸福。（材料来源：研究者对山东省教学能手授课视频的观摩）

智慧是创造之物，教学智慧的生成离不开创造，创造本身也是教师教学智慧的表现。杨老师在师生互动的课堂上，能够整合协调多种因素，正确处理复杂与多元中的变化与未知，突出了教学的主体性，带来了课堂教

---

① 叶澜：《在学校改革实践中造就新型教师》，《中国教育学刊》2000 年第 4 期。

学的生机、活力、高效、愉悦与幸福，他教学智慧的生成是创造性的有力确证。

（四）个性化

在心理学上，个性是指一个人独特的、稳定的和本质的心理倾向和心理特征的总和。从一般意义上说，有个性的人是指能独立思考、具有独特行为的人。在哲学上，个性有时也被认为是个体的主体性特征，有时被界定为人的本质的特殊表现，有时被认定为个人的特殊性，有时被说成是社会及社会关系的个别存在形式，有时被断定为个人对社会环境的态度和行为的积极特征，如自主性、能动性、创造性等。基本上来讲，人的个性范畴大致包括两种含义：首先是指人的主体性，它体现了人的开放性、自觉性、可选择性与可完善性，这是与自然性相对立的方面，它们都是个体自由自觉活动的具体体现；其次是指作为个体的人在内在本质、外部存在上所表现出的特异性，即体现为个体的独特性、唯一性与不可取代性。①

智慧具有个性化特点。从智慧生成的历程来看，智慧集聚了人类对宇宙和人生的某种洞见，它和个体人性自由发展存在着内在密切联系。智慧的发展是人的发展，人的发展也是智慧的发展；智慧决定了人生的命运，随着智慧的发展，人性会逐渐趋于解放与展开。冯友兰说："人各有其性，各有所能。圣智之所以为圣智，亦不过顺其性，展其能而已。"② 这就是说，具有智慧的人一定是发挥了自己个性的，因而智慧便是个性化的。智慧生成必然意味着个体对所从事活动规律的洞悉，是个体人性的自由发展，其个性也因此而绽放，从而带来了智慧的独特性，使得智慧表现出了个性化。可以说，个体的智慧在本质上是高度个性化的，人与人之间不存在完全相同的智慧，每个个体的智慧均深深地打上了自己鲜明而又独特的烙印。

教学智慧表现出了个性化特征。从生命的成长看，人是双重生命的统一体，是种生命和类生命的统一，无论哪一种生命都具有成长的独一无二性特点。人所具有的自我选择、自我调整、自我校正、自我主宰自己个体行为的能力，应当最大限度地发挥自我生命的这一能力，这便是智慧的特

---

① 李德林：《教学个性研究》，博士学位论文，山东师范大学，2010 年。
② 冯友兰：《中国哲学史》，重庆出版集团 2009 年版，第 110 页。

征。教学智慧的生成，意味着教师生命的不断健康成长，个性张扬最能体现教师生命健康成长，由此，教师教学智慧自然而然会有其个性的印记。对教师个体而言，因其在遗传素质、成长历程、学习履历、工作经历、思维特点和行为方式等方面存在诸多差异，因此教学的感悟、理解与行为方式都会不同，这样，他们在应对教学问题时的表现内容、表现方式和表现水平也必然不同，会彰显出教师教学精妙与得当的水平差异，表现出个性化的教学智慧。

教学智慧之生成及其外显，同时也受时、空、人等诸多因素交错影响，显示出了独一无二性，这也使得教学智慧具有鲜明的个性色彩。以语文教学实践为例，于漪的教学智慧体现于"情美语文"；钱梦龙的教学智慧体现于"导读语文"；李吉林的教学智慧体现于"情境教育"；宁鸿彬的教学智慧体现于"轻简语文"；韩军的教学智慧体现于"新语文教育"；窦桂梅的语文教育体现于"主题教学"；等等。教学智慧的生成与外显都表现出了鲜明的个性化特点。

（五）系统性

事物由多元素构成，系统性是指元素与元素之间相互联系、相互依存、相互影响而形成的整体。"系统"一词最早见于斯多葛派哲学家的理论著作之中，他们从本体论意义出发来解释系统这一概念，把它看作是一个世界秩序。[①] 一个系统由许多个元素组成，系统是整体，元素只是整体中的一个成分。系统与元素相互依存，系统与元素是一个密不可分的整体。每一个系统对于更大一级的系统来说它是一个元素，而每一个系统的每一个元素又各自构成一个系统，因此，元素又称"子系统"。贝塔朗菲（Ludwig Von Bertalanffy）认为，"一切有机体都是一个整体，都是一个系统。"[②] 系统具有包摄性，涵盖多个不同的子系统。

教学的系统性决定了教学智慧的系统性。对于教学智慧本质的系统属性，一方面，从教学活动分析看，教学是由教师、学生、教学内容等多种要素组成，由多重环节展开并受诸多因素制约的复杂系统，具有复杂性、

---

① 孙小礼：《科学方法——自然科学哲学问题译丛》，知识出版社 1983 年版，第 156—157 页。

② ［奥地利］贝塔朗菲：《一般系统论》，袁嘉新译，社会科学文献出版社 1987 年版，第 45 页。

多样性与不确定性等特征。教师个体无论是在教学过程中，还是在面对教学复杂因素，或者解决疑难问题，甚至驾驭动态局面的过程中，总会集成自身的多种认知、多种经验、多种能力、多种素质来顺利有效地完成教学任务。从这个意义上不难理解，教师由此而形成的教学整体认识能力，其中所表现出的教学智慧必然是一种知识、素质、能力等整合与集合状态，具有系统性。

智慧的系统性决定了教学智慧的系统性。周国平说："智慧是一种整体的东西，不可能把它分解成若干定理，一条一条地讲解和掌握。"①中国古代哲学把智慧称为一种人生的境界，这也说明了智慧的综合性、整体性与系统性。从哲学、心理学、社会学的视角看，智慧概念均具有很强的统领性、兼容性和包摄性，或者说具有全局性和总体性。智慧包含了智力、能力、聪明、机智等一系列相关概念，这些概念都成为智慧的下位概念。相应的，教学智慧概念也同样具有较强的包摄性、统领性和总体性，它包含着教学思维力、教学知识、教学能力、教学机智、教学技能等一系列相关概念，这均是教学智慧的下位概念，表现了其系统性。

从教学智慧的生成过程看，教学智慧具有系统性。教学智慧是教师对各种教学信息进行高度综合、分析、判断、选择并付诸教学实践的结晶与产物，是教师综合各种要素及其联系，进行不断选择与整合的结果，因此，教学智慧是一种集教学信仰、教学理念、教学思想、教学技能、教学艺术、教学经验、教学能力等高度综合化的整体。或者说，教学智慧是教师能够驾驭教学的客观世界和主观世界的才智、德性与艺术的统一体，是教师的一种综合素质，是教师的一种高级形态的教学生活的本领、生活的状态和境界，是综合的、整合的，因而具有系统性。

三　教学智慧的表现特点

在对教学智慧概念形成了基本认识之后，虽然已经澄清了教学智慧的本质属性，但还需要进一步对教学智慧的表现特点进行探究，其研究目的与方法同教学智慧本质属性的探寻理路基本一致。

---

① 周国平：《精神的故乡》，中国人民大学出版社 2009 年版，第 126 页。

（一）情境性

情境，从心理学视角来分析，指的是对个体产生直接刺激作用，具有生物学意义、社会学意义的具体环境。[①] 从社会学视角来分析，情境指的是个体在进行某种行动时所处的社会环境，是个体社会行为赖以产生的具体条件。因此，情境是在一定时间内各种情况相对或结合的境况，能引发其情感反应的特定氛围环境。那么，教学情境就是指作用于教师和学生主体，产生一定情感反应的主客观环境。

教学智慧的生成总是发生在一定的情境中。教学智慧的发生有其特定的因果逻辑，有其特定的时间、空间等背景特征，具有情境制约性。换句话说，智慧的生成需要特定情境的诱发或者激发。特定情境主要是指师生互动过程中，未曾预设或者始料不及的问题情境。教师从容应对、转危为安、化险为夷，需要教师与学生这两类主体之间的互动、交流与合作，需要教师以知识、经验与技能等为基础，对特定的问题情境予以积极应对。即使教师有深厚的理论知识和丰富的实践经验，若没有这样的教学情境，就很难促成教师教学智慧的生成，这是教学智慧生成的"机遇"。教师需要重视和利用好教学过程中的"机遇"。其中也蕴含着挑战，处理得当与否，直接影响着教学的效果。德开小学的李老师讲述了这样一则故事：

> 在一次小学数学测验中，我一时疏忽，将一个填空题批改错了。面对这样一个情境，我没有把一张张试卷改过来，而是将试卷发给同学们，并给同学们说："老师故意将一个填空题批错了，看同学们能找出来吗？这个知识点非常重要啊！"学生们个个皱起了眉头，认真查找，接着，纷纷举起了手，那种欣喜若狂的样子我至今还记得。通过这样一个"应急"的处理方式，学生们对知识的理解会更加深刻和透彻，那一堂课学生的学习积极性特别高。（材料来源：德开小学的教师访谈）

李老师若没有遇到这样一种"批错"的境遇，也就不可能创造下面

[①] 杨清主：《简明心理学词典》，吉林人民出版社1985年版，第307页。

"改错"的机遇。教师灵机一动，恰当处理，既解决了问题，又提高了教学效果，这说明了教学情境促成了教师教学智慧的生成。

（二）缄默性

缄默性，是指事物处于一种不能系统表述，难以明确意识与清楚表达，只可意会不可言传的状态。在 1958 年，英国的波兰尼（M. Polanyi）第一次提出了缄默性知识，他在著作《人的研究》中指出："人类通常有两类知识，一般所说的知识，是指通过书面文字、地图、数学公式等来表述的，这只是其中的一种知识表述形式。还存在另一种知识，它不能被系统地表述出来，如个体关于自己行为的某种知识。这样说来，若把前一类知识称为显性知识的话，那么就将另外一种知识作为缄默知识。"[①] 教学智慧的缄默性，是指教学智慧在存在方式上，不能以语言的方式加以传递、陈述，同时也难以反思，以隐蔽的形式存在于教师头脑中的认知结构中。

智慧具有缄默性特点。美国的心理学家斯滕伯格，曾对缄默知识做出这样的解释：缄默知识是行动定向的知识，可以在没有他人直接帮助下获得，事实上是一种"实践智慧"[②]。因此，在斯滕伯格看来，缄默性知识就是一种实践智慧，这足以说明智慧的缄默性特点。人类从自身的创造、发展和成就中，分明感觉到自己是拥有智慧的，然而却难以说明智慧究竟意味着什么。这不仅仅是因为人类活动是多重的、难以一言以概之，更重要的是，智慧作为个体生命能力的表征，个体凭借智慧、学习、实践、研究并获得各种素质，成就事业，发展自己，然而智慧本身却隐藏在不可见的地方，保持缄默，但仍能指导人生和生活。毋庸置疑，智慧是值得热爱与追寻的，虽然始终隐而不显，但却能使人类创造出美妙的生活和丰富的意义。

教学智慧具有缄默性。在教学实践中，教师已经智慧地解决了某个问题，但如果问起教师为什么这样做，或者追问教师某一智慧的教学行为背后的理论解释时，他们常常不能进行有效的说明甚至无言以对。[③] 事实

---

① M. Polanyi, *The Study of Man*, Routledge & Kegan Paul, 1957, p. 12.

② Sternberg. R. J. & Horvath. J. A., *Tacit Knowledge in Professional Practice：Researcher and Practitioner Perspectives*, Lawrence erlbaum associates, 1999, p. 236.

③ 庞丽娟等：《论教师的缄默性个人教育观念及其外显化》，《教育研究》2005 年第 7 期。

上，教师已经综合考虑了问题出现的各种因素，结合教学理论、教学经验、教学情境等有效地解决了问题，这是教学智慧存在的缄默性。正是因为智慧的缄默性，才使得它不能通过语言传递给其他教师，不可复制和模仿，使得它具有独一无二性。学习借鉴优秀教师的教学智慧，需要从中得到某方面的启发，再不断地实践和体悟，最终生成自己的教学智慧。智慧是不能被教的，说的也是这个道理。

（三）动态性

动态，是事物运动、变化、发展的状态，与"静态"相对，表现出了非预定性、生动活泼、丰富多样的特征，具有"生成"的含义，具有过程性、开放性和发展性意义，呈现了事物的生命活力。因此，动态性可以理解为运动性、变化性、发展性、过程性、开放性、阶段性、未完成性、生成性等。教学智慧的动态性，是指教学智慧的生成总是处于运动、发展、变化过程中，处于过程中，具有未完成性，即使指向终点，但绝不会有终点。

教学智慧系统处于永不停息的动态整合协调中。从教学智慧的内涵与本质属性中可以得出，智慧是由诸多要素构成的系统，但凡系统总是趋于完善、整合与协调中。教师教学智慧的生成，意味着各要素、诸因素之间暂时达到了一个动态的平衡。随着教学活动的发展变化，新情境不断出现，新问题不断产生，教师教学智慧系统又会出现不协调状态，随着教学问题的解决和教学情境的积极应对，又会有教学智慧的生成，如此往复，螺旋上升，处于永恒的发展过程中。

教学智慧始终处于发展变动不居中。教学智慧从较低层次的能力水平到较高水平层次的融通共生、自由和美的状态境界，说明了教学智慧的生成不仅是一种存在状态，更是一种发展状态。教学智慧的生成是一个动态发展的过程，它不可能停留在某种确定的状态，也不可能通过一个毕其功于一役的活动完成，它处于无止境的发展过程中。齐鲁教学名师于老师讲述了她的成长故事：

> 我从教已经有 20 多年了。我觉得刚上讲台时，没有任何经验，就是对职业的一腔热情，对学生的喜欢，对知识的追求，我还没有真正融入课堂，没有什么教学智慧可言。大概经过了五六年的时间，觉

得自己能融入课堂了，有时游刃有余，课也比较受学生喜欢，自己也开始写点东西，主动思考如何有效施教等。现在，我逐渐探索形成了自己的语文教学方法，积累了丰富的经验，觉得乐在其中。（材料来源：德州学院附属小学的教师访谈）

从于老师的成长叙事中可以看出，教学智慧的生成是一个从初级到高级逐步积累的过程，智慧型教师的成长过程也是发展变化的，智慧的生成是日积月累的结果。

（四）审美性

审美，是人类掌握世界的一种特殊形式。审美性是个体与社会、自然所形成一种形象的、情感的、无功利的关系状态，它表现出了艺术性、创造性、纯真性、形象性、情感性等特点。从教学智慧的含义来看，无论是顿悟、直觉与创造力，还是高层次的状态和境界，都具有审美性。柏拉图在《亚尔西巴德》中指出，智慧是使人完善化者。人是由理智和意志构成的实在，智慧的功能便是要完成和实现人的这两部分。[①] 人在逐步完善过程中，走向自我实现，体验生命价值实现而带来的幸福与愉悦。这表明，智慧是审美的。夸美纽斯认为，"教育是把一切事物教给一切人类的艺术。"[②] 教学既是科学的，又是艺术的，教学智慧也就应该既是科学的，也是艺术的，它所表现出的艺术性、创造性、情感性、个性化等特点，就是说明了审美性的存在。

教学是审美的，智慧是审美的，教学智慧就是审美的。王蒙说："在文学里头，智慧往往也是以一种美的形式出现的。"[③] 事实上，不但是文学，各领域行当中的智慧皆为审美性之存在。冯契先生在《智慧的探索》中指出，不论儒家、道家，还是玄学、佛学、理学、心学，都认为本体论和智慧学说是统一的。此外，他还把智慧学说与境界、自由等问题联系起来加以考察。教师追求教学智慧，实质上是寻求教学之"道"，教学智慧的生成，教师常常能体会到教学的一种自由和谐、愉快和美、幸福实现的

---

① ［意］维柯：《新科学（上）》，朱光潜译，商务印书馆1989年版，第173页。
② 转引自张华《课程与教学论》，上海教育出版社2000年版，第30页。
③ 蔺春华：《王蒙文化人格论》，中国社会科学出版社2010年版，第146页。

境界与状态，这是一种"天人合一"与"物我相忘"的境界。而且，在教学中，教师通过智慧地呈现美的教学内容、选择美的教学手段、运用美的教学语言、表现美的教学仪态，会让师生感受到教学过程中的美无处不在，这其中包含着教师的创造、愉悦与情感。

（五）向善性

向善性，是指引人向上，趋向吉祥、美好，养善心、有善行。它具有深刻的哲学和伦理学内涵，人发展的伦理本性是向善性，而非向利性。康德说："善良意志是善良的，原因在于它所完成的工作和所取得的成就，却不是因为它易于达到了某个预期之目的，只是因为它善良的意愿，在于善良的意志。"① 可见，善良首先是出自于某种行为的动机。康德还曾这样说："借助于理性而通过纯然概念使人喜欢的东西就是善的。"② 因此，个体只有拥有了一个关于该对象的概念，才会理解某种东西为什么是善的。

教学具有向善性。《说文解字》中写道："教，上所施，下所效也；育，养子使作善也。"《礼记·学记》写道："教也者，长善而救其失者也。"我国古代教育的本义内蕴着使人从善的伦理本性。"为了实施教育而选择一定是向善的。这种善是一种超越个人私利的大善，而不是囿于自我的小善。"③ 教师教学中缺乏了善，就不会有对学生的尊重与爱，也没有对自己生活生命的敬畏和珍惜。

教学智慧具有向善性。对于智慧，哲学家冯契这样指出，它在认识论上总是离不开"整个的人"的，个体的认识以求真为目的，这一点不假，固然如此，智慧却离不开善和美。可以说，理性虽被认为是人的本质力量，但"理性不是干燥的光"，理性从来不是"孤独者"，单独起作用，它必须与感性世界不断地保持着密切的联系。无论怎样言说智慧，总是认为智慧是好的，是值得追求的。教学智慧总是有利于教学活动的发展和优化，为了教学之美好，即教得好、学得好、过程好、结果好、理念好、方法好，等等，这一切均指向学生发展得好。试想一下，教师的人性之中若

---

① 王南湜等：《后主体性哲学的视域：马克思唯物主义的当代阐释》，中国人民大学出版社2004年版，第229页。

② ［德］康德：《判断力批判》，李秋零译，中国人民大学出版社2010年版，第37页。

③ 张洪生：《教育选择论》，山东人民出版社2008年版，第148页。

没有进取的、健康的、美好的善心、善行，也就永远没有教学智慧的达成。

四 教学智慧相关概念辨析

在人们的日常理解、教学实践活动与教学研究中，教学智慧与其他几个相关概念、相似概念或者相近概念，如教学个性、教学机智、教学艺术、教学技能与教学模式等，经常出现被混用的情况，因此，为了更好地认识教学智慧是什么，非常有必要在教学智慧与这些概念之间进行辨析，明确清晰彼此之间的边界和联系，从而形成对教学智慧的准确理解和把握。

（一）教学智慧与教学个性

教学个性，表现为教学的一种自由、自主、自觉和创新的状态，这是教师所表现出的良好教学的一种内在品性，教学个性常常表现为教师真正意义上尊重生命、崇尚生命自由、关注个性和智慧，追求教学生活价值、潜能的自我实现、人生幸福愉悦的教学境界。① 作为教学的一种内在品格，教学个性体现于教师和学生共同开展的教学活动中，主要是以具体的教学活动和教学行为呈现。教学个性的精神内核是创新性。教学个性的产生、形成、实现或发展，都会不可避免地受到当下教学条件的限制和学校环境因素的制约。教学个性具有唯一性、独特性、不可取代性与不可重复性，是独一无二的，是不可复制和模仿的。

教学智慧与教学个性相比，其内在精神具有某种内在的一致性。教学智慧充分展示了教师的教学个性，没有教师的教学个性也就不会有教学智慧的生成，其中个性化是教学智慧的重要特点，教学个性和教学智慧均表现出了创新性特点，都是不可重复和模仿的，它们的产生都会受其外部条件的影响。教学智慧更具有情境性、动态性与综合性，而教学个性则更强调个人性和稳定性。教师个性研究是教学智慧研究的重要内容之一。

---

① 李德林:《教学个性研究》，博士学位论文，山东师范大学，2010 年。

（二）教学智慧与教学机智

对于教学机智中的"机智"，其英文解释为"quick-witted；resource-ful"。汉语词典解释为脑筋灵活，能够随机应变，且作形容词用。现在所说的教学机智是不合适的，因为无论是汉语理解，还是英语理解，它都是以形容词的形式出现的，因此只能说机智的教育，或者教学，但人们通常称为教育机智或者教学机智。有研究指出，教学机智是教师在一定的理论修养的前提下，经过长期实践、感悟、体验，积累了丰富的实践经验，在理论启发和实践思考的基础上所形成的一种出类拔萃、超乎寻常的临场应急发挥能力。它表现了教师对教学现场快速反应的能力、敏锐捕捉的能力和得体合理的应对能力。[①] 对教学机智，范梅南将其定义为"教师瞬间知道怎样做，这是一种与他人相处的临场才艺和智慧"[②]。实践证明，教学机智具有实践性、创造性、情境性、高效性等特点。

教学智慧与教学机智相比，两者最容易引起混淆，甚至混用。事实上，教学智慧的内涵要比教学机智丰富，教学机智应是教学智慧的一种重要表现形式，教学智慧包含了教学机智，教学机智也是教学智慧不可缺少的重要组成部分。教学智慧所表现出的实践性、创造性和情境性等特点，与教学机智是相同的。教学智慧是一种品质、状态和境界，而教学机智则表现为一种行动，有时也说成是一种能力。

（三）教学智慧与教学艺术

对于教学艺术，有研究指出，它是指教师按照教学规律，娴熟地、综合地运用教学的技能技巧，按照美的规律而进行的独创性的教学实践活动。[③] 课堂教学中的教学艺术，是教师在遵照教学原理和美学原理，充分发挥教学情感的功能的基础上，灵活运用语言、动作、表情、图像组织、心理活动、认知调控等方法或手段，发挥个性、创造性，实施独具风格的教学活动，使学生学习富有成效。教学艺术表现为审美性，如教学设计美、教学语言美、教态美、教学意境美、教学过程美、教师人格美、教学

---

① 田慧生：《时代呼唤教育智慧与智慧型教师》，《教育研究》2005 年第 2 期。

② ［加拿大］马克斯·范梅南：《教学机智——教育智慧的意蕴》，李树英译，教育科学出版社 2001 年版，第 166 页。

③ 李如密：《教学艺术论》，山东教育出版社 1995 年版，第 85 页。

个性美等；教学艺术具有创造性，教学过程是一种独具特色的艺术创作过程；教学艺术也表现为情感性，它注重师生双方教学活动的情感交流与心灵碰撞。同时，教学艺术还表现为新颖性、灵活性等特点。

教学智慧与教学艺术也是一对较为相近的概念。两者相比，因为艺术与智慧的本质均表现为"创造"品性，因此，它们都具有创造性特点。教学智慧具有审美性特点，教学艺术的本质也是审美的，因此，"审美性"是教学智慧与教学艺术的又一共同点。教学艺术是个性化的，教学智慧也表现出了"个性化"特点，这也是它们的共同之处。另外，两者也都具有情感性特点。可以说，教学智慧离不开教学艺术，教学艺术也离不开教学智慧。两者虽然联系密切，但还是存在区别的，教学智慧是对教学"真善美"的追求，是其合金，而教学艺术更多地以追求"美"为主，教学智慧包含教学艺术，教学艺术研究是教学智慧研究的重要内容之一。

（四）教学智慧与教学技能

教学技能，指的是教师在运用已有的教学理论知识的基础上，经过多次练习而形成的复杂、稳固的教学行为系统。教学技能是中小学教师进行课堂教学必须具备的基本功和基本技能，它是教师教学素养的重要组成部分。教学技能一般包括两个层次：一是教师基于教学理论基础，依照一定的方式方法进行反复练习，或者通过模仿而形成的初级教学技能；二是教师在理解教学理论的基础上通过多次练习而形成的、已经达到了自动化水平的高级教学技能，或称教学技巧。而且，在这两个层次之间还存在着中间水平的教学技能，从初级教学技能向教学技巧的过渡环节。教学技能对良好教学效果的取得，实现教学创新，具有积极的促进作用。

与教学技能相比，教学智慧的生成不能简单地依靠学习、练习和模仿，需要经过自己在理论、实践等多个层面内生而发。教学技能则可以通过模仿、练习、实践得到巩固、发展和掌握。教学技能在本质上是一系列行为方式，而教学智慧是综合能力系统。教学智慧的养成需要教师的教学技能，没有教学技能基本功做基础，教师的教学智慧难以形成。智慧型教师往往具有较强的教学技能。

（五）教学智慧与教学模式

教学模式，指的是以一定的教学思想为指导，以教学活动中的某一主题为中心，所形成的理论化、系统化、较为稳定的教学范式。教学模式一般表现出了稳定性、典型性、便学性、易教性等特点。① 若从动态来考察，教学模式表现为一种教学程序，或者说，它是教学各部分、各环节的编排和实施的流程，因此，教学模式经常用流程图来表示；若从静态来考察，教学模式是一种相对较为完整的教学结构，它包含了多个部分、各个要素，各部分或各要素的不同功能定位，以及各部分、各要素之间的关系。事实上，教学模式作为一种实践方式，是根据教育教学的科学理论在教学实践中的具体应用，也是教学实践的一种提炼和概括。因此，相对于教育教学理论，教学模式是低于理论的，是一种派生，较为具体、形象；相对于教学实践，教学模式是高于实践的，是一种升华，较为规范和概括。因此可以说，教学模式是教师将教育理论转化为教学实践的桥梁，是教学实践工作者用理论指导实践或由实践上升为理论的媒介。

教学智慧与教学模式相比，一方面，没有教学智慧的生成、运用与参与，就很难有教学模式的形成。教师通过理论思考和实践探索，生成自己独特的教学模式，是其教学智慧的重要体现，教学模式具有一定的智慧含量，教学模式也是教学智慧的实践表现样态。另一方面，如果教师一味地进行"模式化"教学，不能再进行创新，就不会再形成自己独特的风格，这就说明缺乏教学智慧，或者说，有时，过度地依赖教学模式，会影响教学智慧的生成。教学智慧是教师的一种能力、状态和境界，是上位的，是较为抽象的；教学模式则是教师组织教学的一种教学形式、样式，是下位的，是较为具体的，但两者的产生都离不开理论与实践，它们都是理论和实践相结合的产物。

---

① 顾明远：《中国教育大百科全书》，上海教育出版社 2012 年版，第 635 页。

第二章

教学智慧的价值

我国古代诸子百家关于人生的哲学都是智慧的哲学。庄子提出了"安命""体道""无为""养生"说，人生要符合自然天道，强行妄为只会损坏生命的自然本性。老子提出"无为而无不为""独与天地精神往来"，将小我提升为宇宙大我，体会生命的完美和充盈，这是一种大自由，主张通过"心养""心斋""坐忘"等静以养身。实际上，古人先贤是在告诉后人，人是智慧的生活者，人应该过一种有智慧的生活。

从老子、孔子、苏格拉底、柏拉图、亚里士多德开始，两千多年来，东西方众多哲学家、思想家、科学家、教育家都在探索着智慧的奥妙。智慧的魅力究竟何在？夸美纽斯说："我们应该寻找智慧，因为智慧创造了万物，智慧教授一切。"① 同时，他还认为，教育智慧的价值表现为，"它能使儿童学会用自己的眼睛去观察世界，用自己的智慧去理解事实，它使教师可以少教，但学生却能多学，它使学校可以少些厌恶、喧嚣和无益的劳苦，多一些闲暇，多一些快乐和坚实，它还可以让社会减少黑暗，降低烦恼和倾轧，多一些光明、宁静与和平"②。智慧对于人生来说是必需的，同时，教育智慧对于教师和学生的教学生活来说也是必需的。

特别是对学校、教师、相关部门和社会，需要高度重视和认识教学智慧的意义与价值，养成对教学智慧价值的内在认同，这不但是教师专业发展的需要，更是新时期教育教学改革的重大使命。教学智慧作为教师教学的一种综合的能力、状态和境界，其最终指向是促进学生综合素质的健康发展。在促进学生发展的过程中，教学智慧的价值并不是中立的，也不是

---

① 单中惠：《西方教育思想史》，山西人民出版社1996年版，第159页。

② ［捷克］夸美纽斯：《大教学论》，傅任敢译，人民教育出版社1984年版，第2页。

唯一的，而是多元价值负载的。针对教学生活世界里的不同主体和对象，教学智慧价值的具体体现也不同。

一 构筑教师的美好生活

人生就是生活。以人为本，就是以生命、生活为本。生活和生命的终极价值在于对幸福的向往与追求，而且，幸福是人所从事的一切活动的终极指向。人从事经济活动，目的就在于通过改善人的生存条件，从而成就人的幸福祈愿；人从事政治活动，目的就在于通过改善人的社会关系，从而成就人的幸福祈愿；人从事文化活动，目的就在于通过改善人的精神世界，从而成就人的幸福祈愿。人类所有的活动和生活概莫能外。[①] 人性是开放的，人的本质只能在人的实践活动中，通过智慧实践创造自我，实现自我。

教师生活决定着教师的人生。教师生活，是教师在特定的时空环境中，为了生命的发展与完善，提升生命质量，实现生命价值所进行的各种生命活动。相对于自然世界中的其他类生命而言，人是一种永不满足于现实存在的"另类"，在本质上是一种具有高度自省性、创新性和超越性的物种。马克思指出，个人是如何来表现自己的生活，他们自己就如何。因此说，个人是什么样的，这与他们的生产是相一致的，既与他们生产什么相互一致，也与他们如何生产相互一致。[②]

智慧能引领好教师和学生的教学生活。斯宾诺莎认为，人是有理性的、有智慧的，完全有可能过一种有理性、有智慧的生活。作为"人"的教师与学生，理应过一种智慧的生活，享受人生的幸福。"对于教师来说，再也没有比时常结识具有高尚性格的青年人，借以充分地了解他们富有接受教育的特点，更使他感到幸福的了。"[③] 在赫尔巴特看来，智慧生活是精神的，是精神的呼吸与敞开。教学智慧的追求与培养，可以使教师体验到人生的价值与意义，提升教师的生命境界，促进教师专业成长，使教师享受到职业美好所带来的幸福与愉悦。

---

① 孟建伟：《教育与幸福——关于幸福教育的哲学思考》，《教育研究》2010 年第 2 期。

② 中共中央马克思恩格斯列宁斯大林著作编译局：《马克思恩格斯选集》（第一卷），人民出版社 1995 年版，第 67—68 页。

③ ［德］赫尔巴特：《普通教育学》，李其龙译，人民教育出版社 1989 年版，第 110 页。

（一）教师体验人生意义

人生的意义，是人们必须面对、无法回避且经常思考的问题。旷宇长宙，漫无际涯，人生如一叶小舟，将停泊何处？人生之向往处，即人生命之理想，也即人生的真实意义与价值之所在。在人类思考的所有问题中，人生的价值与意义是一个起点。人类所有的高级思想，无不起源于对生命价值所作的深深思考与苦苦求索。人生的意义若是别人强加给你的，无论它在别人看来多么正确，它也不会进入你的心理结构而变成有意义的单元，它就永远是异己的身外之物。正如冯友兰说："人生是有意义的，但人生的意义常因个人的见解不同，而各有差异。"① 教师也会经常叩问人生的意义，也在不断寻找生命的价值。

智慧为人生所需。人生的意义，全凭我们对于人生的了解。② 迷则为凡，悟则为圣。人人都可以生成智慧，都有可能成为圣贤。对于人生的意义，别人强加给的意义，无论它多么正确，如果它不曾进入一个人的心理结构，它就永远是身外之物。董仲舒在《春秋繁露》中强调了智慧对于人生的重要意义，"莫近于仁，莫急于智"。没有智慧，人生就没有正确的方向和原则，人的种种才能如遇"邪狂之心"的话，"适足大其非而甚其恶耳"。人仅有仁心还不够，还必须要有是非判断的能力，也就是"智"，才能爱其当爱。显然，智慧被看作是判断善恶是非的能力，正是有了判断是非善恶的能力，人生才不至于迷惑，浑噩度日。

智慧就是得道，人只有从得道中才能不断悟到人生的意义。智慧是正确行为的指导，经过智慧规划的行为，才会有好的结果。智慧不是一般的聪明才智，而是一种整体的综合实践能力，它融合对事物吉凶利害的预见，对事情前因后果的洞察，行事得当。董仲舒认为，"智者见祸福远，其知利害蚤，物动而知其化，事兴而知其归，见始而知其终，言之而无敢哗，立之而不可废，取之而不可舍。其言寡而足，约而喻，简而达，省而具，少而不可益，多而不可损，其动中伦，其言常务。如是者，谓之智"③。可以说，智慧就是得道，得生活实践之道，不能得道，便难以真

---

① 冯友兰：《冯友兰追问人生》，新世界出版社 2012 年版，第 69 页。
② 同上书，第 75 页。
③ （汉）董仲舒著，袁长江校：《春秋繁露·必仁且智》，学苑出版社 2003 年版，第 202 页。

正体验人生的意义。

教师可以在追寻教学智慧中体验到人生的意义。教学智慧是教师在对教育世界、教学生活和教育人生理解的基础上所达到的一种理想境界，这是教师安身立命、直面教育生活的一种品质和状态，表现为真正意义上的尊重生命。教师的教学智慧是师生教学生活的一种自由、和谐、开放、创造的生态，是一种教师真正尊重师生生命、热爱教学生活的状态，也是教师教学中求真、求善、求美的生活方式。"一箪食，一瓢饮，在陋巷，人不堪其忧，回也不改其乐，贤哉回也！"这便是体验到了人生意义之写照。

教师在培养教学智慧过程中，逐步实现人生的价值。只有勇敢地直面混沌无解问题的教学世界，建构自己的教学生活，生命之"存在"才得以绽放。教师追寻教学智慧，会真正感悟生命的成长，一次次聆听到了生命的拔节与抽穗，体验生命成长与价值实现。教师追寻教学智慧的过程，是一个真正尊重生命的过程，是一个找寻并实现人生意义的过程，是一个能够逐步体验到人生价值的过程，这事实上就是一个"宁静致远"的过程。教学智慧内在地导引着教师去热爱、去追寻、去创造，体现了教师专业成长中的主体价值。这是属于"我"的，"我"会真正成为生命的主角，谁也代替不了"我"，教师在自主性彰显与生命的高度自觉中实现并体验人生的意义。

（二）提升教师生命境界

对于生命境界，在中国文化语境中，通常有三种不同的含义，一指的是个体学问或事业发展的阶段与相应的品位；二指的是个体形神合一、情理交融、相对完整独立的审美层次和水平；三指的是个体在寻求安身立命过程中，所形成、达到的一种精神状态、精神修养的层次和水平。哲学家冯友兰说："人与其他动物的不同，在于人做某事时，他了解他在做什么，并且自觉地在做。正是这种觉解，使他正在做的事对于他有了意义。他做各种事，有各种意义，各种意义合成一个整体，就构成他的人生境界。"[1] 人生的境界不是自然而然就达成的，需要磨砺形成。

智慧是与人生境界联系在一起的。境界，是人对于宇宙人生真相的觉

---

[1]　冯友兰：《冯友兰追问人生》，新世界出版社 2012 年版，第 1 页。

解，以及因此觉解所产生的对待宇宙人生的态度与相应的意义世界。① 人有觉解，知道和了解自己之所为。这种了解构成了其所为的意义所在，以内在的精神境界为依据，生命呈现出相应的外在气象。具有某种境界的人，几乎必然会有相应的言行举止，有相应的气质、禀性和素养等，他人也可以通过其外在言行去判断其具有怎样的内在个人境界。在古希腊，有智慧的人被称为"智者"；在我国古代，有智慧的人也被称为"仁者""君子""圣人"。这些说的都是有境界的人。

我国传统的学问之道往往和人生纠缠在一起。孔子是大儒、人哲，在《论语》中，作为智慧、聪明含义的"知"，共出现 25 次。人本是宇宙的一分子、社会的一分子。有智慧的人，常体验到"虚若太空，明如秋月，寂若夜半，定如山岳"的心体的本然状态，这是人的至高境界。具有至高境界的人，知己知人知天，穷理尽性以至于命，个人存在与整个宇宙的整体融合为一。一个有智慧的人是"究天人之际，观古今之变"，对天道、人道都有深刻的了解和清醒的自觉。因此，"一个智慧之人绝不是有点小聪明，而是有人生大气象和高境界的人"②。

具有较高精神境界的人，不但其自身体验到生命的恬美，这种精神气象也会深深感染周围的人，这就是智慧之美。在《二程遗书》（卷五）中有如此论说："仲尼，元气也；颜子，春生也；孟子并秋杀尽见。仲尼无所不包，颜子示不违如愚之学于后世，有自然之和气，不言而化者也。孟子则露其才，盖亦实然而已。仲尼，天地也。颜子，和风庆云也。孟子，泰山岩岩之气象也。观其言皆可以见之矣。"从一个人外在的气象可以感受到其内在的生命境界。

教师的精神修养与生命境界集中展现了教师的教学生活质量，决定着教师的专业化水平，也会影响教育教学的质量和效果。教师教学智慧生成的过程，是个体逐步走向过好自己人生、善待他人生命的过程，是构建自由与和谐环境、营造开放与创造氛围的过程，是尊重自己本性、关注学生个性的过程，是教师愉悦工作、学生快乐学习的过程。教师逐步走向事业品位与教学审美提升，以达到教学生活的幸福状态。

教师需要提升自己的生命境界，也需要借其来影响学生的生命境界。

---

① 陈新汉：《哲学与智慧》，上海大学出版社 2006 年版，第 68 页。
② 肖群忠：《追寻智慧》，《中国教育报》2012 年 4 月 13 日。

在一定的社会背景下，教师基于个人成长经历、教育理论、教育信念、教学实践等构筑形成的自己教育事业的阶段与品位、对教学的审美层次和从事教学的精神状态，这就是教师生命的精神境界。可以通过追求教学智慧、形成教学智慧来提升生命境界。教学智慧表现了教师教学的一种个性、自由、和谐、创造和生态，它是优质、高效、合理、良好教学的一种品格，是师生共同成长的幸福状态，这也深深地影响着学生的生命境界。

教师追寻教学智慧的过程，是一个精神境界不断提升的过程。思想会使人们所做的一切有一种自觉的追求，从而使生命挺立着，铸就一种把酒临风的潇洒和旷达。① 教师的真正生命和教学的真正灵魂是教育思想，教育教学思想才是教师的处境，体现了教师的创造。教师通过追寻教学智慧，不断获得对教育教学的正确信念，形成自己独到的思想，渐渐远离机械、单调、呆板与缺乏生机的"搬运工"式的生活，而是享受一种思考、探究、创造与充满活力的"研究者"式的生活。

（三）促进教师专业成长

教师专业成长，已经成为 21 世纪世界各国中小学教师队伍建设发展的逻辑起点。可以说，教师生命质量得不到提升，优质的教育教学质量就不会产生，没有教师的主动发展，就不会有学生的主动发展，教师精神世界得不到解放，学生的精神世界就不会解放，教师缺乏创造的激情，学生的创造精神就不会得到开启。因此，教师的从教能力和教学素质是教育的最核心问题。"从事教师者，非受充分之训练，难望其胜任愉快；换言之，未受训练者即不应成为教师。"② 培育教师的专业素养非常关键。对教师专业成长来说，教学智慧的培育可以作为对教师专业素养、整体境界的总体要求，这会从客观上对教师的理论素养、实践能力、综合学养、教师品质等提出更加全面的要求。换句话讲，培育教师的教学智慧，培养智慧型教师，则会使教师专业成长更为全面、完整和协调。也可以说，培育教学智慧是促进教师专业成长的有效路径。

教师的真正发展从根本上也应取决于自由意志，不是外部硬性强加的，而应是自由内生的。萨特说："首先是人的存在、露面、出场，后来

---

① 肖川：《成为有智慧的教师》，岳麓书社 2012 年版，第 152 页。
② 许椿生等：《李建勋教育论著选》，人民教育出版社 1993 年版，第 327 页。

才说明自身。"① 站在存在主义哲学的立场，"人"不仅是他自己所设想的那个"人"，而且还是在他投入"存在"之后，自己志愿变成的这个"人"。人的本质，也就是人在存在中成为的样子，要由他自己负责，自己选择。人的发展是出自个人的自由选择，选择具有最高价值，人必须对自己的选择负责。人的发展就是朝着自己所设定的目标不断选择和为选择负起责任的过程，这个过程不受外界力量支配，个人在这个过程中具有充分能动性。人的发展在根本上取决于人的自由意志。② 对于教师专业发展，"自主发展""自主专业发展""专业自我"和"自我更新教师"已经成为核心命题。

教师教学智慧培养的过程，就是教师专业自我提升的过程。是"走上工作岗位的新教师逐渐成为专家型教师的过程"③。具体来说，教师在教育教学工作中，经由不断实践、学习、研究、反省、思考等过程，在专业素养、专业能力、专业态度等方面不断提升，使教育教学工作更加趋于有效与合理，教育教学质量不断提高，最终使学生培养质量得到提升。教师是一门专业化职业，没有教师的专业发展，就不会有学生的正常与健康成长，教师专业发展的质量决定着人才培养的质量。教师做有智慧的教育者，"就必须养成德性，培养感情，训练思维，积极地提升自己的教育知识、教育思维、教学经验、教学情感和教学艺术"④。

教学智慧的生成是教师专业素养提升的核心，教学智慧生成的层次和水平是教师专业成长阶段和水平的重要标志。教学智慧的生成，意味着教师对教学内在本质的深度理解，对教学活动的规律性把握，体现了教师灵活机智应对的综合素养，也表现了教师的洞悉能力。实践证明，一位拥有教学智慧的教师，讲授知识生动透彻，讲解道理简明易懂，教学的方式方法采用恰当，有效增强学生的学习动力，均展现出教师的从容与自如。拥有教学智慧的教师还能准确判断恰当的教学时机，在尴尬情境中化解矛盾，甚至转而达到意想不到的教学效果，使学生在愉悦中快乐成长。这就是教师创造性驾驭和深刻洞悉、敏锐反应以及灵活机智应对的综合能力和素养。教师只有在追寻教学智慧、生成教学智慧中才能真正地实现自我专

---

① 李元:《加缪的新人本主义哲学》，上海社会科学院出版社 2007 年版，第 169 页。
② 顾明远:《中国教育大百科全书》，上海教育出版社 2013 年版，第 996 页。
③ 同上书，第 596 页。
④ 同上书，第 1082 页。

业成长。

（四）教师享受职业幸福

职业幸福，是人生的最终极价值。"幸福即是合于德性的现实活动。"① 人们在物质生活和精神生活上获得自由和解放本身仍不是最终目的，其最终目的是在物质生活和精神生活上获得满足，亦即幸福。幸福是指个体心理机能的一种良好状态，它表现为个体的自我实现、自我成就、自我完善，是个体自我潜能的完美实现。从积极心理学的视角探讨发现，幸福是个体目的行为与自觉行为的联结，作为人生生命质量的一种价值追求，表现了个体对美好生活向往与追求的幸福感，关系到了生命的意义，关乎现实生活、理想、需要的情感体验，因此，幸福是主观与客观的统一，既基于个体，也依存于社会。幸福感的获得充分表现了个体物质需求与精神需要两者皆得到满足时的心理和谐愉悦感，它也是个体人格充盈完满、精神健康和谐的状态。幸福是一种物质生活满足和精神生活富足的统一体；是快乐与意义的统一体；是创造和享受的统一体；是个人意义实现和社会价值成就的统一体。②

幸福是人生的主题和根本问题，是所有人的需要和追求。从本源上讲，人是世界的主体，世界是以人为本的，发展从应然意义上也是以人为本的，但是在世界的发展过程中，人们对发展的认识却走过了从经济、社会再到人的过程，这是发展本性的回归，以人为本的新发展观是在经济发展观、社会发展观基础上进一步形成的新型发展观。人人都有创造幸福和享受幸福的权利，幸福是个体生活的目的和权利，意义恒久且常新。马克思说："人们只有为同时代人的完美，为他们的幸福而工作，才能使自己也达到完美。"③ 马克思主义价值观认为人生的价值就在于对社会发展的贡献，那么，它就必然把为社会的发展、增进他人和社会最大多数人的幸福而奉献视为人生的幸福。因此，真正的幸福必然是将个人的幸福与他人和社会的幸福统一起来所获得的内心愉悦体验。

教师职业幸福更重要的是一种精神意义上的幸福。实践创造了人，也

① ［古希腊］亚里士多德：《尼各马科伦理学》，苗力田译，中国社会科学出版社 1990 年版，第 14 页。

② 苗元江：《心理学视野中的幸福》，天津人民出版社 2009 年版，第 97—103 页。

③ ［德］马克思：《马克思恩格斯全集》（第四十卷），人民出版社 1982 年版，第 7 页。

创造了人的生活和生活世界。"人就是他自身生活建构的结果。"① 人在社会生活中总要以自己所从事的职业为依托，人生大多数的时间里需要从事自己的职业，因此，人的职业幸福是人生幸福的来源。"一切含灵之物，本性都有寻求幸福的趋向。"② 教师的职业幸福感是教师在遵循教育教学规律的前提下，追求并实现着自己的职业理想，体会人生价值与意义，获得了精神发展，从而形成的一种愉悦状态。教师虽在通过各种各样的方式来追求人生的幸福，但职业幸福应该作为教师的本真追求。

教师追求教学智慧的过程，是一个享受幸福的过程。教学智慧是教师追求真、善、美的生存方式，教师追寻教学智慧的过程，是一个求真的过程，是一个不断认识教育本质、寻找教育规律、追求教育真理的过程。这会使教师渐渐远离功利主义思想的束缚，培养"真"兴趣，提升"真"能力。教师追寻教学智慧的过程，是一个求善的过程，是一个承担责任、实施博爱的过程。教师追寻教学智慧的过程，也是一个求美的过程，教师在追寻教学智慧中努力展现自己的生命本质力量，表现出一种蓬勃向上的生气和朝气、生机和活力。教师在求真、求善、求美中获得一种职业幸福。

李吉林老师是我国智慧型教师中的典型代表。她说，在情境教育、情境教学、情境课程中，她就是美美地想、乐乐地做，每天都有收获。深感教师在奉献的同时，也获得了快乐与崇高的享受，她通过实践和研究，凝结出了情境教学的相关理论，是长期思考、探究的结果，是高水平、高层次教学智慧的结晶。真正的快乐是与智慧相联系的，因为智慧能够使人在面对艰难困苦时坦然相对，使人变得更加喜爱和谐、优美和真理。李老师在追求、收获教学智慧中，体验到了人生的欢喜，实现了自己的人生价值，辛勤地耕耘换来了自己专业的成长，品尝了幸福与快乐，达到了人生的至高境界。对教师而言，怀揣着追寻教学智慧的憧憬是美好的，体味追寻教学智慧的过程是充实的，追寻到教学智慧的果实是欣慰的。

二　引领学生的健康成长

学生成长，是指学生素质全面、完整地发展。哲学家罗素（Russell，

---

① 鲁洁：《道德教育的根本行为：引导生活的建构》，《教育研究》2010 年第 6 期。

② ［英］洛克：《人类理解论》，关文运译，商务印书馆 1981 年版，第 236 页。

B. A. W.）在谈到教育目的时指出，"活力""勇敢""敏感"和"智慧"的结合，便可奠定理想品格的根基。① 他所强调的智慧主要是指人求知的好奇心和能力，智力生活的自然基础是好奇心，智力需要机敏的好奇心。可见，智慧是一种高于知识的综合素养。苏格拉底认为，"教学不是给学习者传授知识、技能，而是教授'无知之知'，通过对话斟酌学习者自身的偏见与教条，教育他们热爱智慧"②。教学活动的最终目的是促进学生智慧的成长，最终衡量教学活动的优劣还是要看是否有效地促进了学生发展。发展的本义应是全面、完整的发展，涵括学生知识与技能的发展，情感、态度与价值观的发展，个性、实践能力与创新能力等诸素质的发展，即学生综合素质的提升。

学生的发展是基于个体成长可能性的个性素质发展。学生是具有丰富人性、思想感情和生命活力的个体，他们有独立的人格和尊严，有自己的需要和愿望，每位学生又都是有个性的人，有自己独特的内心世界，具有自身的独特性，每个人的素质表现不同。"学生是具有内在潜能、需要培育的生命，这是对学生最核心的理解。"③ 要用发展的观点认识和对待学生，关注学生身上所具有的自我提高和完善的内在需要和自然倾向。要对学生的天性保持乐观态度，坚信学生都能够积极发展。教育教学的作用就是要使他们成长的可能性变成现实。

学生的身心发展具有连续性和阶段性，同时，不同学生的发展具有相对稳定性和差异性。脑科学研究已经证明，儿童、青少年的可塑性空间很大。教育就是一个使受教育者和教育者均变得更加完善的职业，并且，作为教育者只有当自己自觉地对自己进行完善时，才能更有利于受教育者的完善和发展。④ 对学生发展规律的认识是教师的重要必修课。教师在教学中，要真正做到"育人为本"，遵循学生的发展规律，充分开启每位学生的潜能，为每个学生的发展创造空间和机会。学生的整体素质发展、个性潜质发展以及学生发展的规律性特点，都需要教师的教学智慧。

---

① ［英］罗素：《教育与美好生活》，杨汉麟译，河北人民出版社1999年版，第39—40页。
② ［日］佐藤学：《课程与教师》，钟启泉译，教育科学出版社2003年版，第324页。
③ 顾明远：《中国教育大百科全书》，上海教育出版社2013年版，第2005页。
④ 叶澜：《教师角色与教师发展新探》，教育科学出版社2001年版，第3页。

（一）促进学生认知发展

认知，是指个体对依据感觉而接收来的信息进行分类与分析，以探明事物性质的过程。① 可以用一句话来概括，认知的过程就是个体信息加工过程。认知发展，是指毕生中伴随着生理发育（成熟）和经验增长（学习）的各种思维变化。② 斯滕伯格说："如果你正在训练自己成为一名教师或研究者，或者如果你只是希望理解学生甚至成人是如何学习的，你们了解认知发展的基础知识是极为必要的。"③ 作为一个心理过程，个体认知的具体表现方式是由注意、感知、记忆和思维四个环节组成的，其中，注意是整个认知过程的开端；感知是认知过程的基础；思维是人脑对感知信息的加工过程；记忆则是对已有思维与认知的存储和提取。

学生的认知发展是学校肩负的培养任务中最为重要的方面，它是学生其他素质能力发展的基础，是学生智育的核心。"智育是人的全面发展的最重要因素，因为在掌握科学基本知识的过程中，思维、记忆和想象的能力发展起来；在这个过程中，科学概念的体系形成起来，儿童、少年、青年人的整个内部精神世界丰富起来。"④ 认知发展可以通过成熟、学习或者两者的结合得以发生，教师的教学就要研究如何促进学生认知的发展，教学智慧能够促进学生认知发展的有效性。

皮亚杰把认知的发展就看成是智慧的发展。他说："知识既不属于客观的东西，也不属于主观的东西，而是个体与环境在交互作用过程中逐渐建构积累的结果。个体的智慧和认识是通过与环境相互作用而得到生长和发展的，智慧，就像其他有生命力的系统一样，也是适应环境的过程，换言之，智慧被看作是生物适应的延伸。"⑤ 认知发展得以发生的主要机制被称为平衡（equilibration），是指认知结构与环境之间需要达到平衡。平衡可以通过两种过程获得，那就是同化（assimilation）和顺应（accommodation）。拥有教学智慧的教师通常能提供一种"最近发展区"的教学，

---

① 仲执：《认知教学均衡理论》，教育科学出版社 2001 年版，第 1 页。
② ［美］罗伯特·斯滕伯格：《认知心理学》，杨炳钧等译，中国轻工业出版社 2006 年版，第 425 页。
③ ［美］斯滕伯格、威廉姆斯：《教育心理学》，张厚粲译，中国轻工业出版社 2003 年版，第 37 页。
④ ［苏］凯洛夫：《教育学》，人民教育出版社 1957 年版，第 24 页。
⑤ 施良方：《学习论》，人民教育出版社 2003 年版，第 168 页。

稍微高于学生现有认知发展水平，注重学生认知过程的同化、顺应与平衡，帮助学生发展已有的认知结构与图示，创立并构建新的认知结构与图示。

教师教学智慧的生成，意味着遵循了认知规律，会有效促进学生的认知。布鲁纳认为，认知发展是形成表征系统的过程。[①] 在格式塔心理学派看来，顿悟会成为学生知识与技能学习中的永久部分，也可以以现代认知信息加工心理学的理解来表述，"顿悟的内容常常能够进入长时记忆，会永远存留在学习者的头脑里"[②]。奥苏伯尔提出了有意义的学习，学生有意义学习的结果是形成认知结构。学生头脑中已有的认知结构是学生学习的重要影响因素。有智慧的教师能够熟知学生的认知形成规律，有效权衡各种要素促进学生的学习，发挥直觉思维的作用，注重激发内在学习动机，注重已有的认知结构，使学生的学习成为有意义的，而不是机械的。

教师的教学智慧便表现为能够有效调动学生情绪，从而促进学生的认知发展。越来越多的心理学研究表明，认知和情绪的心理加工过程不仅彼此交互，而且两者的神经机制也存在着功能整合，共同影响并构成了个体行为活动的基础。情绪的意义就在于能够为个体提供关于"好与坏"价值判断的具体信息，并借助这种形式和方式，支配着个体的认知态度和思考风格。在认知心理学研究领域有一项重要成果，"记忆的心境一致性效应"，它表明了情绪不但能在记忆编码、提取阶段对记忆绩效产生重要影响，还能够在回忆阶段起重要作用。并且，大量强有力的证据也表明，除记忆之外，情绪在信息加工的知觉、注意、执行、控制、管理、组织和决策中作用也非常关键。[③] 智慧型教师往往特别注重情绪对学生认知的作用。一位小学信息技术教师在课后反思中写道：

> 关于我执教的公开课——《贺卡》，分析一下这次教学为什么会取得如此好的教学效果？一是学生的兴趣高涨。兴趣是最好的老师，在整个过程中学生都奔着漂亮的贺卡而去。二是在教学中我并不是演示一步，让学生做一步。而是让学生先自己尝试去做，发现问题了，

---

① 张承芬：《教育心理学》，山东教育出版社 2006 年版，第 76 页。
② 施良方：《学习论》，人民教育出版社 2003 年版，第 142—145 页。
③ 刘烨等：《认知与情绪的交互作用》，《科学通报》2009 年第 18 期。

有了探究的心理，我再让会的同学来帮助解决问题，而不是立刻亲自演示一番。三是我把任务驱动用另一种形式融入了我的教学中，不是说一个一个任务的形式出现，而是让学生自己生成一个一个的任务，自己想要完成的任务，不是老师要强加给你的任务，这样学生完成任务后的成就感就越大，其实到最后我的教学任务也完成了，教学目标也达到了。（材料来源：南通教育博客，http：//blog. ntjy. net/my_blogs）

这位教师之所以取得了理想的教学效果，是很好地利用和遵循了学生的认知特点和规律，增加了知识学习的趣味性，因为他激发了学生的积极性和主动性，以此来促进学生的认知发展，这不能不归功于教师的教学智慧。

（二）涵养学生德性养成

德性，同德行，是指道德和品行。[①] 德行，在中国传统伦理文化当中使用广泛。董仲舒在其《春秋繁露》里提到"人之德行，化天理而义"。东汉经学大师郑玄曾对德行作过论述，"德行，内外之称，在心为德，施之为行"。国外先哲也提出了对德性的诸多观点。亚里士多德曾经提出，"德性，是因为人们先运用它们而后才会拥有它们，因此来说，德性因为何种原因和手段而养成的，也就因何种原因和手段而丧毁"[②]。对此他还说，"德性作为一种获得性的人类品质，对德性的具备与践行能够使人们获得那些内在于实践的利益，而缺少了这种品质就会严重妨碍人们获得诸如此类的任何利益"[③]。中西方德性伦理思想的真谛就是强调做一个有德性的人，即有德之人。德性是做人的根基，德性伦理的目标就是要培养有德性的人，这样，人才能够通达幸福。

如果说学生的认知发展是一种智能意义上的发展，那么涵养德性则是学生的一种人之为人的根本要求。从个体的成长层面讲，德性是人心灵秩

[①] 中国社会科学院语言研究所：《现代汉语词典》（第7版），商务印书馆2018年版，第272页。

[②] ［古希腊］亚里士多德：《尼各马可伦理学》，廖申白译，商务印书馆2003年版，第35—36页。

[③] ［英］麦金太尔：《追寻美德》，宋继杰译，译林出版社2003年版，第242页。

序的维系者和看护者，德性会促使人的灵与肉、心与物、理与欲、神与形等诸多方面更加协调，它还能够使人身有所适，心有所安，灵有所寄，魂有所系；再从个体的社会发展层面看，德性之力便在于让人自觉地履行社会责任，有助于协调好人与自然的关系、个人价值与社会利益之间的冲突，有利于使人达到身心、群己、人际、物人、天人等两两之间的和谐。孔子把"仁"作为一个普遍的德性观念，仁是统摄一切德性表现和道德创造的根源，是最高的、核心的德性，其首要含义是爱人。王阳明把"好善恶恶"看作是德性。亚里士多德认为，德性的目的在于达到幸福，他将幸福规定为至善，最好的生活即是幸福的生活。

学生德性的养成是教育的重要担当。作为人培养与发展的目标与内容，"德、智、体、美、劳"，德置于首位。"学者第一要看德器，德器深厚，所就必大，德器浅薄，虽成亦小。"[①] 人之德性在人的发展中作用甚大。《墨子·修身》中写道："志不强者智不达，言不信者行不果。"具有教学智慧的教师追求教学生活的真善美，一定也能启发学生的真善美。智慧型教师通过一种有价值、有意义的教学生活，为学生带来一种幸福的、愉悦的学习生活。智慧型教师通过在教学目标的重构、教学内容的活化、教学方法的选择，所体现出来的教学智慧，为学生创设了一种有"德性"的环境，对学生的知、情、意、行等都会有熏染和陶养。智慧型教师往往表现出的德性令学生终身受益，学生收获的不仅是知识，还能亲身感受到老师身上所散发出的人性与德性的光辉、积极进取的人生态度，能体会到师生关系的民主和谐、得到尊重与赏识时的愉悦，个性绽放的快乐，等等，学生的德性只有在这种富含德性的环境中才可能自然而然养成。

（三）滋养学生智慧生长

智慧生长，是学生素质培养的核心。东方智慧源于孔子的大儒、庄子的大道。大儒笃信，大道无形。而儒与道能将社会的个体塑造成大写的人。这个大写的人就是智慧的人。人的本质是精神，人生冷暖是外像，添进精神内质便拥有了无边的诗意。梭罗在《瓦尔登湖》中富有激情地写道，"如果你欢快地迎来了白天和黑夜，你所过的生活就像鲜花和青草一

---

① 邱学华：《教育名言启示录》，北京师范大学出版社 2011 年版，第 50 页。

样芳香，而且更有弹性，更有繁星，更加不朽——这就是你的成功"①。这才是人所过的生活，这种精神的幸福与愉悦来自于人的激情与智慧。教育就是造就对社会有用，人性得到充分发展，会品尝人生幸福，具有智慧的个人。学校必须教育学生不但追求外部世界的知识，而且还要追求属于自己的幸福生活，这需要智慧。

在古老的教育传统中，教育都是教人去追寻智慧的。孔子通过与弟子们日常对话，一步一步来启迪引导学生，获得的是方法、能力和智慧。苏格拉底运用"产婆术"，通过提问，灵活机智地来引导交谈者认识到自身所存在的缺陷，从而追寻一种真正的智慧。孔子与苏格拉底，他们在教育教学方法上所遵循的道理是一致的，都力图在规避强制性的灌输和规范控制，而去引导和寻求智慧的获得。"如果把人看作一个个体，那么教育应该为使人获得幸福而做出贡献。幸福感不是来自外部环境，它是一种心理状态，是一种内部和外部世界相和谐的意识；它把欲望限制在适当的范围内，它为人的才能确立了最高的目标。"② 教育在本质上蕴含着智慧品性，真正意义上的教育是培养智慧人，而不是知识人、技能人、工具人。人的本性是精神的，而不是工具的、物质的、机械的，精神与心灵是需要用智慧去养育的。

在个体的智慧生成与发展过程中，学校教育发挥着不可替代的重要作用，但教育对智慧培育的作用并不是自然而然就发生的。学生的智慧只有在富有智慧的学校教育环境下才能生长，或者换句话说，不好的教育环境有可能压抑、束缚、限制，甚至摧残学生智慧的生长，只有优质的教育环境才会有利于智慧的生长，因此，智慧的人的产生离不开智慧的教育，智慧学生的培养还要有智慧型教师和教师的教学智慧。学生智慧的火花需要教师的教学智慧点燃，学生智慧的人生需要教师教学智慧的开启，学生智慧的萌芽需要教师小心翼翼予以呵护。教师不可能将智慧像知识一样直接传授给学生，它只能通过教师在引导学生获取知识、经验的过程中，在教师的细心呵护下，才不断得到开启、发展和丰富。在一种机械、呆板、枯燥、异己的缺乏智慧的教学活动里，学生的智慧只能是慢慢枯萎。

---

① ［美］梭罗：《瓦尔登湖》，徐迟译，上海译文出版社 2009 年版，第 241 页。
② ［瑞］裴斯泰洛齐：《裴斯泰洛齐教育论著选》，夏之莲等译，人民教育出版社 2001 年版，第 30 页。

（四）润泽学生生命成长

学生生命成长，指的是学生的"种生命"与"类生命"这双重生命的成长，但更重要的还是"类生命"的成长。人是双重生命的存在，个体，既表现了与其他生物所共同拥有的种生命的特征，也表现了类生命的独特性，种生命是自然生命，是物种先在设定的本能生命，是每一个生命个体所承载的，是自在的生命。与此相比，类生命则是自为生命，它能够使生命活动变成自我意志之对象，是由人创生的，个体会超越生命本能的支配，主宰自己的生命活动。因此可以说，类生命属于价值之生命、思想之生命、精神之生命，即智慧之生命。马克思曾把人与动物作比较，他说，动物与其生命活动是直接统一的、自然的、本能的，动物并不把自己与其生命活动相区别，这就是动物的生命活动特点。与此相对照，人则会依托自己的意志，有意识地经营自己的生命活动，人的生命活动是有意识的、自觉的、自由的、自主的。

智慧的教育教学是生命与生命的倾听、对话和交流，赋予生命健康、幸福、温暖，让生命保持一种向上的力量。对于教育，雅斯贝尔斯曾深刻指出："教育是一种培养人的活动，真正的教育是人的灵魂的教育，而不是理智认识和知识的堆积。无论是谁，若是将自己单纯地局限在认知和学习上，即使这个人的学习能力非常强，他的灵魂也将是不健全的、匮乏的。"① 的确，"教育的本真意义就在于，它是直面人的生命、通过人的生命、为了人生命质量的提升而进行的社会活动，是以人为本的社会中最能体现生命关怀的一项事业"②。真正的课程一定是来自于教师和学生心灵深处的一段段刻骨铭心的故事，这种智慧的教育与教学才会有意义，才是有效的。

智慧的教学是回归生命原点的教学。英国教育家赫斯特认为，"教"不像"跑步""骑自行车"那样是一种单一的活动。"教"就是像"工作"或"园艺"那样是一组活动。"学"是要达到一种心灵状态，如新的态度、知识、技能、信念等。教学活动，是建立在教师和学生生命基础之

---

① ［德］雅斯贝尔斯：《什么是教育》，邹进译，生活·读书·新知三联书店1991年版，第4页。

② 叶澜等：《教育理论与学校实践》，高等教育出版社2000年版，第136页。

上的，它是人培养人、人启发人的一种活动，这种活动，若是离开了生命，就会失去它存在的价值和意义，偏离它的原点，失去它的原意，扭曲它的本真。教师只有将教学活动还原到生命的原点状态，回归到教学的本源境地，才能够很好地理解、实施作为生命表达的教学。

师生在智慧教学的环境里，彰显生命的蓬勃生机。教学智慧是教师追求生命的状态和境界，充满着理想与信念、激情与创造。教学智慧的主体是作为人的教师，人的本质是精神，教学智慧是教师的一种精神追求与生命寄托。实践证明，学生在富有教学智慧的环境条件下，习得了知识，升华了情感，导正了态度，收获了幸福与愉悦，享受到了意想不到的创造的精彩与生命的灵动，学生的生命成长呈现出活泼、昂扬、健康的生态。正如梭罗所说："我要生活得深深地把生命的精髓都吸到，要生活得稳稳当当。"① 教师就是要教学生热爱生命、热爱生活，享受生命、生活之美好。教学智慧呈现出了师教与生学的生机勃勃的状态，这正是生命力量的确证和展现。一位高中生讲述了他对初中老师的感恩故事：

> 初中三年，我一直沐浴在王老师的关怀中，她和我交朋友，经常和我谈心，像师长、像姐姐，上课爱提问我，风趣幽默，激情四射，下课也常关心我的学习和生活，常家访，曾把我请到家里吃饭。在我一生中遇到了王老师是我的幸运，虽说初中毕业两年了，她仍在影响着我。我时刻想起老师无私的师爱，我的性格不再孤僻，幸福地生活着，快乐地学习着，我长大要回报她。（材料来源：对德州二中学生的访谈）

三　促进教学的有效实施

教育，从根本上讲，不是各种抽象的概念、理论的集合与演绎，而是一种真实的生活与存在，它涉及宏观和微观的各种关系。因此，在教育实践中处理各种复杂多样的关系时，便亟需一种智慧。教学，绝不仅仅是单纯地传递知识与掌握知识的过程，更是教师和学生双方借助于理性所进行的一次次探险，一次次旅行，他们会不断地凭借于理性将思想与认识的触

---

① ［美］梭罗：《瓦尔登湖》，徐迟译，上海译文出版社 2009 年版，第 100 页。

角伸向远方，不断超越自我，渐渐探索到林林总总的未知世界，增长了智慧，在这个探究、成长的过程中，获得了亚里士多德所说的那种理智的愉悦。① 这就是智慧的教学，教学不是概念与命题知识的识记与掌握，而是智慧训练的素材或工具，是学生智慧发展的阶梯，智慧是教育发生和教学活动的题中应有之义。

教学智慧体现的是教学活动的一种良好状态和品质，富含智慧的教学既是合乎理性的，也是符合人性的。教学实践表明，我国基础教育教学改革已经进入了攻坚时期，教学工作呈现出了前所未有的复杂性、挑战性与艰巨性，教学活动中表现出了多变性、特异性和不确定性，教师如何洞悉复杂的局势，把握这复杂的局面，应对这复杂的挑战？这是关系教学改革成功与否的关键所在。对这一系列问题的解决和困境的干预，都需要教师的教学智慧，也就是说，这都对教师的智慧水平和智慧品质提出了更高的要求。教学智慧对于教学活动的重要价值，主要体现了它能够回应教学的本真目的，应对教学的复杂品性，顺应教学的生成特性。

（一）回应教学的本真目的

教育的真谛在于启迪智慧。陆九渊强调教育所要达到的最终目的是"明理、立心、做人"，事实上，其中蕴含着教育对智慧的培养。怀特海对于学生智慧的培养强调得更加突出与明显，他非常希望人们铭记于心的是，"虽然传授知识是智力教育的一个主要目的，但智力教育还有另一个要素，虽然看起来比较模糊却是非常伟大的，因而也具有极其重要的意义，古人把它称为智慧"②。教育不在于使人获得多少有用的知识或技能，而在于发展求知能力，不在于学习，而在于达成理解，不在于获得信息，而在于完成智慧。③ 教育应该是一种探索，使人理解人生的意义和目的，找到正确、适合的生活方式。教育教学不单单是一种知识性的存在方式，更是一种智慧性的存在方式。缺少智慧的知识是肤浅、平庸甚至无用的，缺少智慧的教育是跛足、病态甚至扭曲的。

课堂教学是教育责任与使命的承载，是智慧生长的载体。教学是师生

---

① 石中英：《教育哲学导论》，北京师范大学出版社 2004 年版，第 205 页。
② ［英］怀特海：《教育的目的》，徐汝舟译，生活·读书·新知三联书店 2002 年版，第 52 页。
③ 金生鈜：《理解与教育》，教育科学出版社 1997 年版，第 162 页。

之间交流沟通的社会实践活动。① 对于教学活动的本质进行考察，发现它寓于教育性教学之中，教育性教学是"教育性"的教学，它是一种尊重学生自由意志，尊重学生理性思维能力，把学生作为独立思考和行动的主体的一种教学方式。教育性教学方式的最终目的是要达成个体智慧潜能的发展（其中包含知识的掌握与智能的发展），陶冶学生的道德品性，使每个个体的潜能得到充分挖掘，都达到自己的最佳水平。② 因此，教学的本真目的就在于启迪学生智慧、发展学生智慧。在教学过程中，教师只有打破对书本知识的迷信，鼓励学生在学习书本知识的同时，还要善于放下书本，从周围生活中去汲取知识信息，善于寻找未思、未闻、未见的东西，才能找到适合自己个性的学习方法，真正成为有智慧的学生。

教师只有追求、拥有教学智慧才能回应教学的本真目的。陆九渊认为，教学的基本任务是启发学生对"本心"的体认，若一味地向外求知求理，就会迷失方向。③ 可以说，现代教育的基本使命，就在于促进人的整体素质的发展。这在本质上是符合人的主体性发展的，也契合了马克思主义关于人的自由解放精神和人的全面发展的思想。教育的最崇高目的也在于促成人性的觉醒，使混沌的人生变得清澈，使人彻底领悟人生，使沉睡的智慧潜能逐步觉醒、萌发，从而使人逐步走向了追求有价值的人生理想的境界。教学的目的存在于教育的目的里，教学的真谛存在于教育的真谛里，因此，智慧的唤醒与培养成为教学的本真目的，教师的教学智慧能够使教学活动回归本真意义世界。

（二）应对教学的复杂品性

教学活动，被作为一个系统来看待，这是现代教学的一个重要思想。教学被视为由若干相互关联的要素组成的具有特定功能的复合体，表现出一种复杂品性。学生、教师、教学内容是构成教学系统的三个基本要素。教学活动的主体是教师和学生，因此，活动是人为的，同时也是为人的，人是自然的存在，同时也是社会性存在，教学活动领域因此便具有双重属性，可以说，它既是自然的又是属人的，既是客体性的又是观念性的，既

---

① 钟启泉：《教学活动理论的考察》，《教育研究》2005 年第 5 期。
② 夏正江：《重考教学活动的本质》，《教育研究》2000 年第 7 期。
③ 顾明远：《中国教育大百科全书》，上海教育出版社 2013 年版，第 1305 页。

是因果性的又是目的性的，既是必然性的又是自由的。教学活动除了包括教师和学生主体因素外，还有教学内容、教学方法、教学媒体、教学环境等诸多客体要素。由此可知，教学系统的复杂性是客观存在的，只有智慧才会应对这种复杂性。

教学活动的组织与开展是复杂的，需要教师的教学智慧。现代教学活动具有复杂多变、多样化特征。人永远是一种生命未完成之存在，人只有通过坚持不懈的学习才能完善自身。学生的潜能和素质具有未完成性，正处于发展期，需要开发，需要保护，才能健康成长。教师需要的教学技能也是多方面的，书写、表达、演讲，等等。面对如此复杂的教学实践活动，教学理论不可能像数学那样精确，单纯的教学技能远远不够。教学活动的有效组织与实施，不是依靠教学技能的简单叠加，也不是依靠教学理论的机械应用，多重视角、多个维度去观察教学活动的过程，也可以看出教学活动开展的复杂性。只有智慧的教学才会应对这种复杂性。

教学智慧是在一个给定的教学情境中，将规律的普遍性和感觉的特殊性结合起来，它所照应的不是普遍相同的东西，而是特殊不定的东西，它需要教学实践经验，也需要教学理论知识。教学方法与手段的多样性正是教学智慧的生动体现。而且，教学的复杂性还表现为，教学本身既是科学的，又是艺术的。亨德森（E. N. Henderson）认为，"教育学（peda-gogue）通常被理解为教的科学和艺术。"① 总之，教师只有运用教学智慧，才能对教学复杂性予以有效应对。

（三）顺应教学的生成特性

教学活动的组织与实施，没有计划的预设不行，但同时机械遵守计划，却解决不了没有料到的生成问题。美国教师教育专家克里克山克（D. R. Cruick-shank）说过两句教育名言，其中一句话是，"好的计划会避免在你工作中可能出现的无数问题"②。另一句话是，"老鼠和人类的最好计划也常常会走入歧途"。这是他借用的苏格兰诗人罗伯特·伯恩斯的一句名言。显然，这两句话是相互矛盾的，但它们相互补充却旨在说明这样

---

① 瞿葆奎：《教育与教育学》，人民教育出版社 1991 年版，第 295 页。
② ［美］唐纳德·R. 克里克山克：《教学行为指导》，时绮等译，中国轻工业出版社 2003 年版，第 107 页。

一个事实和规律：教育计划有时有用有时无用。因为教学活动既是一种预设性过程，同时也是一种生成性过程。教学活动是预设与生成的统一，预设需要智慧，生成更需要智慧。有效的教学是教师精心预设和精彩生成的统一。

教学智慧使得具有生成特性的教学活动更加有效与合理。教学活动过程这种即时、动态的生成性，是偶然的，也是不可控制的、不可预测的，但又是必然存在的。若从复杂性思维的视角来看，教师对教学活动的结果和过程都是无法预先确定，也因此而无法完全预设。在教学过程的组织、实施与开展中，会存在多种不可预知的可能性，基于多种可能性，教学活动在整个进程中对其方向、内容、方式与状态不断地进行选择和调整，教学活动的完成与实现，是一个不断生成的结果。鉴于教学活动的这种生成性特性，课程不仅仅是预先设定好的内容，教学也不仅仅是一种科学预设的活动，而是师生在特定教学情境里通过倾听、互动、对话等，伴随着教学过程的一步步展开，自然而然地生成了活动本身。教师在面对突发情景所表现出的智慧便是应对课程中生成性的最佳策略。

教学的生成性表现了非预定、变化、生动活泼等特征，而正是因为有生成性的存在，才体现出教学活动的真实与自然和师生共同成长的生命活力。真正意义上的课堂教学不是单向度的灌输、无意义的呈现、机械化的训练、强迫性的教学，从后现代主义的课程与教学观来看，教师的教学关注的不仅是学生知识和能力的提升，更注重师生在教学过程中生命活力的彰显和创造力的展现。在具体的教学活动中，教师只有不断修正、超越预设，充分挖掘各种内外潜力，才能将教学过程的组织与效果引向最优。

四　推动社会的良性发展

社会发展，是教育的基本功能之一。教育既要促进人自身的实现，也要促进社会发展。教育依附于社会，受社会制约，但又服务于社会的整体利益，履行自己的社会职责。教育能够促进社会发展，是人类社会延续、发展必不可少的工具，起着"扩大再生产"的作用。[①] 教师担当着教育的重任，"教师的社会功能是教育进入社会各个领域所发挥的多种积极的促

---

① 叶澜：《教育概论》，人民教育出版社 1999 年版，第 33 页。

进和服务的作用，主要表现为教师使个体社会化和促使社会交流两种功能"[1]。教育通过教育过程将自然人转化为社会人，使之形成共同的价值观念和行为规范，以适应社会生活的需要。教学工作是学校教育的核心，课堂教学是培养人才的主阵地，教学智慧的社会发展价值最终还要依靠教师的课堂教学来体现。

（一）培养智慧型人才

毋庸置疑，人才问题一直是关系国家发展的关键问题，特别是当今世界，人才质量问题成为一个国家最为关心的问题之一。在国家发展中，人才不可替代的重要地位越来越得到人们的普遍认同。如何培养人才？人才的标准是什么？都是值得深入思考的问题。

社会的进步和发展需要智慧型人才。智慧型人才往往具有渊博的知识和解决实际问题的能力，有全局发展理念和超前思维，不受本本主义和教条主义思想束缚，具有高层次的生活状态和精神境界。而且，他们也能够认识到自己所肩负的重任，总是怀有一种时不我待的紧迫感，保持一种奋发向上、坚韧不拔的良好精神状态。智慧型人才也常常具有高度的自主性和独立性，旺盛的求知欲，刻苦的钻研精神，强烈的好奇心，较强的观察力，广泛的兴趣等。

学校理应是启迪智慧的殿堂，教师理应是智慧的化身，教学理应是智慧的活动，学生理应是智慧的学习者。古希腊，人们称教师为"智者"，中国古代，教师必须具备"智"和"仁"，教师是人类智慧的师者、是智慧的化身。雅斯贝尔斯在《什么是教育》中指出，教育本身就意味着一棵树摇动另一棵树，一朵云推动另一朵云，一个灵魂唤醒另一个灵魂。只有智慧型的教师才能培养出智慧型人才。社会的发展，民族的振兴，科学的进步都离不开智慧型人才，学校课堂是我国人才培养主阵地，教师的教学智慧至关重要。

智慧型人才的培养需要在中小学阶段打下坚实的"智慧"之基。对一个人来说，他的小学阶段与中学阶段，一般有十二年之久，这十几年的时间，处于人生最为宝贵的青春年华。在这个学段里学生智慧的发展，无论对个人，还是对社会都非常重要。如果教师缺乏教学智慧，冷冰冰缺乏

---

[1]　顾明远：《中国教育大百科全书》，上海教育出版社 2013 年版，第 735 页。

情趣的教学就不会真正激发学生学习的兴趣与热情，学生的求知欲便退化，本应是人才成长的摇篮却成为扼杀人才的牢笼。只有教师的教学智慧才能真正唤起智慧型课堂，营造智慧型环境，培养智慧型人才。

（二）构建智慧型社会

智慧型社会，是社会具有的一种良好的发展状态，智慧型社会包括智慧型个体和赖以生存的智慧型组织。构建智慧型社会就要从培养智慧型个体和打造智慧型组织做起。

智慧型个体，或者是智慧型个人、智慧型公民，是指社会中的个体是智慧的。人具备了智慧的能力、状态和境界，便养成了追求真善美的生活方式，才能提高生活质量和幸福指数，从而能够体验到人生的意义与价值。而且，在当今世界，科技进步和知识更新加快，时代瞬息万变，而不确定因素也加速了世界政治、文化、经济、生态环境等的变化，人类若能在这样的社会中生存，需要智慧才能应对，因为智慧是个体所具有的对事物的一种迅速、灵活、机智、正确理解和解决能力，一种高级生活的状态和境界。大多数人会为人父、为人母，孩子的教育同样需要智慧型父母，人的智慧需要学校教育的智慧陶养。

有研究指出，智慧型组织能够更快、更好地预见并适应环境变化，能够持续学习，透彻了解并预测组织中的各种关系，而且还能够根据组织所在环境的动态变化，来适时且有效地调整自身与环境之间关系，及时做出正确的应对对策，以保证顺利而高效地实现组织目标。智慧型组织的结构形态往往是多样化的，它可以根据不同部门的不同特点，灵活采用不同的组织形式，来提高组织自身的环境适应力。构建智慧型组织，需要智慧型个体，也需要智慧型理念，更需要智慧型氛围，这同样需要学校教育的智慧启蒙。

构建智慧型社会是学校应该担承的重要社会责任。柏拉图在《理想国》中说："任何人凡能在私人生活或公共生活中行事合乎理性的，必定是看见了善的理念的。"① 得到智慧陶养的个人，其行为也将是智慧的，这样的一个民族、一个国家，它的生命也将是欣欣向荣的。孔子说，"君君、臣臣、父父、子子"，每个人都要做符合自己身份的事，要对得起自

---

① ［古希腊］柏拉图：《理想国》，黄颖译，中国华侨出版社 2012 年版，第 196 页。

己的职位，为别人做出表率，不能做出格的事，不能做不符合礼法的事。只有个人的素质提升了，民族的素质才会随之提升。

在智慧型社会里，公民具有了智慧，他们的生活有追求、有理想，敬畏生命，有幸福感和愉悦感，在工作或者处理其他事务中表现出较强的问题解决能力和素质。人们在思考中学习，在学习中思考，想思考，会思考，智慧的人生使生命更富有意义。人是智慧的人，公民是智慧的公民，组织是智慧的组织、环境是智慧的环境，智慧型社会的形成与实现，会使中华民族的整体素质得以提升。

第三章

教学智慧的缺失

人性的完善和生活的幸福都离不开智慧，可在这个过分功利化、浮躁的世界上，人类成了毫无归依的精神乞儿。智慧已经衰退了，人们长时间地容忍思想的无聊和无用。从不再智慧的思想中搜寻各种角度和说法，又有什么意义？用已经不再智慧的思想去打捞过去的智慧，又有什么收获？只有当拥有新的智慧，才能理解旧的智慧。在缺乏新智慧的情况下，旧的智慧同样也会变质，缺乏智慧的思想文化是非常危险的，它所意味的是思想文化的停滞和无能。① 人必须在各种各样的生活形式中探索、尊重、应用和发展自己或者别人的智慧的道路，否则，无论人的发展，还是社会的重建，都会失去最可靠的保证。

对教师来说，教学活动是非常复杂的一种个体行为，它的价值关涉到过去、现在和将来，关涉到个人、他人、社会、国家、民族、人类，关涉到理智、情感、责任、理想，等等。教师从事这样一种活动，没有成熟的人生思想、社会思想、教育思想等作指导，那是很难取得有价值的效果的。"真知灼见固然需要教育，教育亦要靠真知灼见。"② 就教育而言，也正处在一个智慧的衰退和迷失，同时又渴望和呼唤智慧的时代。罗素在《西方的智慧》一书中明确指出："目前知识的专门化已成风尚，对于祖先的智慧已几近遗忘。"③ 时代呼唤教育智慧，呼唤教学智慧与智慧型教师。从教育的角度来反思智慧的危机，教师教学智慧缺失问题是摆在学校面前，甚至社会面前一个亟待解决的重要问题，一是要认识教学智慧缺失

---

① 赵汀阳：《一个或所有问题》，江西教育出版社 1998 年版，第 4—5 页。
② ［德］康德：《康德论教育》，瞿菊农译，商务印书馆 1930 年版，第 9 页。
③ ［英］罗素：《西方的智慧》，亚北译，中国妇女出版社 2004 年版，第 1 页。

的表现；二是要弄清教学智慧缺失的根源。这是教学智慧生成与培养问题研究的重要突破口。

一　教学智慧缺失的表现

（一）教师教学病态

教学病态，是教学的一种不正常状态。对于学生智慧的培育，没有什么比教师本人的智慧更有直接影响力的了，教师的一言一行都会对学生产生直接的教化作用。对于教师，教学是一种基本的或主要的教育生活，教师构筑教学生活的方式会直接影响学生智慧的发展。在教学生活中，教师不应是履行一种角色扮演义务，而应是教师个体生命的存在。课堂应成为教师自由活动的场所，这种自由的精神生活是对真理的探求，是对教学美的感悟，是对教学善的渴望，同时也是对人生意义的追求。叶澜认为，"教师的教学不仅是为学生成长与发展所作的付出，也不只是他人交付需要完成的任务，教学同时也是教师自己生命价值和自身发展的体现"①。教师的确需要通过一种有智慧的教学生活，还原教学的常态。教师教学病态，是教学智慧缺失的典型表现。

1. 教学个性化缺失

教学个性化是教学智慧的重要特点。教师的教学理应是个性化的，呈现出教学活动应有的多姿多彩。布鲁姆说："能够把握自身——一个充满种种意向和欲望的混乱世界，一个统一性令人生疑的事物——并赋予它秩序和统一性的，是他的个性。"② 学生与学生之间存在着个性差异，教师与教师之间同样存在着个性差异，同样的教材，不同的学生、不同的教师便会带来教学效果的差异与悬殊。教学活动中也充满着情境性、随机性带来的差异性，这都需要教师教学的个性化。康奈利和克兰蒂宁强调教师知识的个体性特点，把教师的实践性知识的研究定位于"个人实践性知识"。日本学者佐藤学认为，教师的实践性知识是依存于特定语脉的一种经验性知识，具有个性性格，是以每个教师的个人经验为基础形成的。

---

① 叶澜：《让课堂焕发出生命的活力——论中小学教学改革的深化》，《教育研究》1997 年第 9 期。

② ［美］布鲁姆：《美国精神的封闭》，战旭英译，凤凰传媒出版集团 2011 年版，第 137页。

　　现场研究发现，教师日常教学活动多处于一种"被控制""类似机器人"状态，个性备受压抑。教师已经被深深地镶嵌与控制在机械的教学程序和非人格化的规则之中，教学活动成了既成的活动，变得日益规范化、常规化、程序化，教师按部就班地执行，不用质疑，不用太多脑力，甚至不用脑力，教师的人性受到压抑，主体性受到了限制。教师实在的生存领域被挤压，那些人独有的，且最为宝贵的情感领域因不可量化而被边缘化，教学活动事实上就是一种工具化的教学活动。在课堂教学中，教师使用多媒体，被多媒体控制，离开多媒体不会上课；教师使用教参，就被教参控制，离开教参不会备课；教师听专家指点，就被专家控制，说着专家的话。处于被控制状态中教师就没有什么个性可言，也不需要教学智慧，教学智慧生成何以可能。

　　教师个性被消解，在过一种缺乏自我的生活。生活的目的就是生活本身，生活就要有生活的样子，显现生活本身的内涵，如生活本然的那样去成就生活。可教学缺乏教师的真诚与真实，不能真诚、真实地面对自己，教师生活表现出了外在化、形式化、平面化与异己化。① 教师不是用教材教学，而是在教学中教教材，很多教师习惯于尽可能地根据教材要求组织教学，他们关注的中心是如何去教，即如何落实教材的各项知识点。教学中常常出现一般教师模仿名师的授课方式，年轻教师效仿老教师的授课方式等，教师的教学个性在这种"套用""效仿""模仿"中，不知不觉地泯灭、消解、磨蚀了。千人一面、千课一面、千校一面，已经成为摆在人们面前的一个严酷现实。教师需要从确定性的迷信中走出，走向那片迷人的不确定的教育。

　　教师缺乏自由自觉的教学行为，都是在被动实施教学，个性被遗弃。教育哲学家乔治·F. 奈勒曾描述了这样一幅令人揪心的景象："儿童像羊群一样被赶进教育工厂，在那里他们独特的个性被无视，学校把他们照同一个模式去塑造和加工。教师也是被迫的，或自认为被迫地去按照他人给规定好的路线去施教。这样的教育制度不但使学生异化，而且也使教师异化了。"② 这与丰子恺先生的漫画"教育就是在捏泥人"同理，教师的教育教学像工匠在捏泥人，一样的模子，造出来的泥人也是一模一样的，教

---

① 徐继存：《教师教学个性的缺失与培育》，《教育发展研究》2008 年第 10 期。
② 陈友松：《当代西方教育哲学》，教育科学出版社 1982 年版，第 119 页。

师用的模子是统一的。教师教学个性的遗弃，挤压了教学智慧生成的
空间。

2. 教学的理性化缺失

教学理性化，是教学的本质诉求，是教学智慧的本质属性。理性作为
人类精神生活的一种形式，它是人类所特有的高级的思想活动，不仅涵括
了个体所进行的概念、判断与推理，而且也包括了个体所进行的质疑、反
驳与辩护。理性是个体在一定的规则下，就某一问题借助概念进行判断、
推理和认识，作为一种思想活动和能力，是人类的一种存在特性。理性是
对冲动的克制，是深思熟虑后的心态沉静和宠辱不惊的人生境界。教学作
为教育的基本途径，是一种基本或者主要的教师生活。"教学在其基本意
义上说，就是人与人之间通过知识的传授和理解而进行的一种思想交流和
互动，其最终的目的就在于促进学习者理性的增长。"[1] 教学与理性之间
存在着不可割舍的关系，教学以理性为前提，教学的合理化是教学生活可
能实现的前提条件。

通过调查发现，教师对日常教学问题常常缺乏深刻的理性认识。在教
学中，教师们往往习惯于把某种教学意向当成一种既定的工作任务，去接
受和完成，而没有当成一种需要个体进行理性反思的主题和内容。对教学
意向的合理性的质疑、理解和辩护是广大教师比较缺乏的。教学活动是师
生之间的双边活动，没有互动和交往，就没有教学。教师对教学理性的认
识也比较缺乏，对于互动、对话、交往缺乏深刻的理性认识。对于教学内
容的选择、组织和利用是一个工具合理性问题。若对这些问题不进行质疑
和反思，就不可能实现有效教学。教师责骂、惩罚学生，教学伦理的标准
究竟是什么？研究表明，很多教师对这些问题缺乏深度思考。

教师缺乏自己的教学思想。教学思想来源于理论与实践的视域融合，
但这都离不开教师的理性探索。思想是人类一切行为的基础，它客观地反
映了人的意识中经过思维认识活动而产生的结果，因此笛卡尔说，"我思
故我在"。人是一棵有思想的芦苇，人的存在贵在有思想。教学思想是教
师教学的行为基础，它是在教师对教学活动理解和认识的前提下形成的。
教师不但应该形成自己的教学思想，而且要形成深刻而高远的教学思想。
眼下很多教师逐渐形成了一种惰性，教学也因此变成一种机械训练行为。

---

① 石中英：《教育哲学导论》，北京师范大学出版社 2004 年版，第 181—185 页。

教学思想缺乏、肤浅、零碎、不成体系，甚至有的教师连这种浅表的思想都没有，不思考、不总结。机械盲从、简单移植他人的思想理论，表面上很繁荣与光鲜，其实心里却异常空虚。失去了"师"的意义，同时，也失去了"人"的意义。教师需要对教学的方方面面、林林总总进行总体而又彻底的理性反思，这是理解教学、展开教学、实现教学的必要条件，不仅如此，它更是教师教学智慧生成所必需的。

3. 教学技术化过度

教学技术化，是指教学目标操作化、教学过程程式化和教学评价数量化。技术几乎渗透和显现于教学活动的全过程之中，进而成为教师教学活动赖以开展的根据和标准。① 教师的教学生活主要是一种精神生活。就目前中小学教师而言，物质生活基本得到保障，精神生活质量对教师的工作和人生幸福更为重要。教师进行教学，不仅为的是生存，也为的是生活，不仅为的是利益，也要为了自己的幸福。人的本质是精神的，教师精神生活的质量若是低下的，就算再优裕的物质生活也难以真正唤起他内心深处的快乐和愉悦。教师从事与实施的教学生活，他所面对的学生是人，是一个个整体的人，是一个个具有鲜活生命的人，针对学生所实施的教学应该作为一个整体被完成。一旦教学将这个整体肢解成诸种局部任务，而这些任务的执行者可以无差别地替换，那么，在教学生活中的快乐就不复存在。② 只有教师本人的生活幸福、愉悦、充实了，才能更好地引领学生走向丰富、高质量的精神生活。

教学的技术化过度现象表现为教学的样板化、习惯化和控制性。③ 教学的样板化，是指为教师教学建立样板，让教师去模仿，造成了教学的同质化。教学的习惯化，就是教师不加思索地运用教学方法、教学策略。这样一来，教师在课堂教学中，对学生、自己、环境需要加以控制，才能按照原来的计划方案进行。教师压抑了自我的存在，消解了自我的思考，变成了接受指令的"机器人"。教学内容的设计过于追求高度的细节化、完整化与程序化，即使教师在课堂上说的每一句话，一些重要的提示语，也都要完整而详细地写进教学设计里，对于教学过程中的各个环节，设计得

---

① 徐继存：《教学技术化及其批判》，《教育理论与实践》2004 年第 2 期。
② 赵昌木：《教师的教学生活及其追求》，《当代教育科学》2006 年第 6 期。
③ 于泽元：《自我统整的教师》，教育科学出版社 2012 年版，第 62 页。

高度精确化和严密程序化，每个环节的起承转合、前后衔接设计得严丝合缝，甚至每个环节用时多少都要精打细算，几乎做到了毫厘不差。这是一种过度技术取向的教学体系，已经从根本上束缚了教师的个性、灵性与创造性，严重影响着教学智慧的生成。[①]

实践表明，教师的教学生活更多地受技术、制度与规则的制约。教师教学远离了自主、自由与创造，受到了种种规约，重重限定，不是教师主宰教学，而是教学支配教师，教师不是教学生活的主人，却沦为教学生活的奴隶。教师生活世界缺少了人性的表达，充满了对技术、制度和规则的表现。有些教师为了追求教学成绩而疲于奔忙。休闲对教师来说几乎成了奢侈品，教师的生活是忙碌的、机械的、单调的。身处这样的工作环境中已经习焉不察，导致了职业倦怠，教学智慧也会随之枯竭。亚里士多德讲过"闲暇出智慧"，一个人只有拥有了闲暇时光，心灵才有属于自己的自由时空，处于一种"海阔凭鱼跃，天高任鸟飞"的心境，身心自然，心情轻松，心理坦然，思想驰骋，独立思考，自由发展，能动而自信地挥洒才智。教师若像机器一样机械地生活，像陀螺一样不停地旋转，超负荷的工作，就会疲惫不堪，精力透支。在这种单调、重复、封闭的教学生活中，激情泯灭，个性与自我消失，教学智慧只能失去了赖以生存的空间。

4. 教学机智性缺失

教学的机智性是教学智慧的重要表现和组成部分。机智性是人对意想不到的情境，进行崭新而出乎意料的塑造的表现、能力和状态。教学的机智性是教师基于一定的理论素养，经过长期的实践体验、实际经验、感悟思考，在此基础上所形成的一种出类拔萃、超乎寻常的临场发挥能力、状态和表现。这是教师对现场的敏锐捕捉能力、快速反应能力和合理得体的应对能力。多尔用"4R"说明课堂教学情境，即"丰富性（richness）、回归性（recursion）、关联性（relations）和严密性（rigor）"[②]。这就是说，课堂情境充满了多样与变化，因此，机智性是教学的必然诉求。对此，乌申斯基这样说："不论教育者如何研究与学习教育学理论，若没有机智，这位教师不可能成为一个优良的教育实践者。所谓的这种教育机智

① 田慧生：《时代呼唤教育智慧与智慧型教师》，《教育研究》2005 年第 2 期。

② ［美］小威廉姆·E. 多尔：《后现代课程观》，王红宇译，教育科学出版社 2000 年版，第 232 页。

在本质上不是什么其他的东西，无非就是像文学家、诗人、演说家、演员、政治家、传教者，用一句话来说，就是一切想跟教育学者一样对他人的心灵发挥某种影响的人们所需要的一种心理学的机智。"① 机智是有效教学所必需的，更是教学智慧生成所必需的。

当谈到如何成为一名优秀教师时，威廉·詹姆斯（James，W.）这样表述，"为了达到这一结果，教师必须具有额外的天赋，明白在孩子们面前做什么样的事，说什么样的话，那种面对学生，追逐学生的天赋，对于具体情境而出现的机智，是心理学知识一点也不起作用的，尽管这些知识是教师艺术的最基本的知识"②。教学情境往往是充满偶发性和不确定性的，不确定性却是教学生活的常态，一次次课堂上的"节外生枝"，反映了教学的复杂性，教师必须对这些无法预测、出乎意料的问题情境保持一种较高的敏感性，同时还需拥有准确、合理、及时、有效处理这些偶发事件的智慧，教师要把握住这种宝贵的教学时机，它会转瞬即无、稍纵即逝。机智可以使教育者将一个看起来没有成效的、不起眼的、没有希望的、甚至有危害的教学情境转换成一个具有积极教育意义的事件。③

课堂教学中教师教学机智的缺失是教学智慧缺乏很重要的方面。有些教师上课像在背书，课堂死气沉沉，面对出乎意料的问题，要么无视，要么躲闪，要么回避，要么任凭问题自然发展而无所适从、无所作为，不能敏感地察觉到突发情境及其教育价值，敏感性较差，也有的教师虽然察觉到了，但不够及时，没有马上反应过来，学生的思维火花被错过，一旦错过，不会再次拥有。教师对"不确定性"产生畏惧和不安，安全感成了教师寻求确定性的合理借口，唯恐遇上不可预测的"麻烦"和"难题"。教师教学机智的缺失，成了制约教师教学智慧生成的痼疾所在。李老师有一段课堂教学实录：

师：长方形周长的计算一课，课本出现了三种方法：

（1）$5 + 3 + 5 + 3 = 16$（厘米）

（2）$5 \times 2 + 3 \times 2 = 16$（厘米）

① ［俄］乌申斯基：《人是教育的对象》，李子卓等译，科学出版社1959年版，第27页。

② 王卫华：《教学机智与智慧课堂》，人民教育出版社2012年版，第20页。

③ ［加拿大］马克斯·范梅南：《教学机智——教育智慧的意蕴》，李树英译，教育科学出版社2001年版，第206、172页。

（3）（5＋3）×2＝16（厘米）

有这么多求长方形周长的方法，你认为哪一种更好？

生1：第一种方法好，四条边正好不多不少。

生2：我喜欢第三种方法，因为这样算比较快。

生3：我认为第三种方法没有第二种快。5乘以2得10，再加上6得16。

师：（打断）大家的意思是从计算是否方便来看，后两种比第一种好。大家认为呢？

（学生们纷纷表示赞同）

生4：老师，我觉得课本上的方法都不好。

哦！满座惊讶！大家都侧目而视。

生4：可以先用5×4得20，再减去4得16厘米。

师：（一时没反应过来）你这种想法有待证实，我们课后再讨论，好吗？

课继续进行……（材料来源：德州学院附属小学教师的课堂实录）

可以看出，教师没有有效地处理好这一课堂教学事件，对课堂上那位学生所表现出的"好奇心""求知欲"与"探究欲"没有给予充分尊重，没有合理地利用这一"突如其来"而又宝贵的教育资源。可以明显地看出教师教学机智性的缺乏。

5. 教学艺术性缺失

艺术性是教学的重要特点，也是教学智慧的重要表现特征。在我国古代《学记》中有"善教者使人继其志。其言也，约而达，微而臧，罕譬而喻……"的记载，其中便包含着对教育教学艺术的思考。古罗马教育家昆体良在《雄辩术原理》中，把教学与艺术联系了起来，认为雄辩术是一门艺术。[①] 在《大教学论》中，夸美纽斯指出，教学论（didactic）指的是教学的艺术，它阐明了要将一切事物交给一切人们的全部艺术。[②] 教学

---

① ［古罗马］昆体良：《昆体良教育论著选》，任中印译，人民教育出版社2001年版，第125页。

② ［捷克］夸美纽斯：《大教学论》，傅任敢译，人民教育出版社1984年版，第1页。

既是科学又是艺术，教学的科学性和艺术性相统一体现于教学的诸方面。"教学不是应用科学，好的教学应该依靠艺术和审美的思考，教学的许多方面更像是爵士乐演奏而非跟随行军部队的鼓点。"①

教学的主体是人，人的活动不仅涉及理性，还涉及非理性，仅靠方法是不够的，还需要艺术。同时，"要真正使教学科学研究成果转化为教学的实践效果，必须借助教学艺术"②。教师运用教学艺术，灵活而创造性地运用教学方法，调动和激发学生的好奇心与求知欲，使学生在知识、能力、情感、意志、品德等方面都得到和谐发展，集智慧于一身。杜威认为，教育和教学的艺术是一切人类艺术中最困难、最重要的一种艺术。苏霍姆林斯基说："教育的技巧和艺术，在于如何使每个人如民间所说的那样，上学读书时就能获得这种无与伦比的欢乐。"③ 总之，缺乏艺术的教学绝不是真正意义上的教学。

教学艺术性缺失是造成教学智慧缺失的典型表现。在现场研究中发现，教学艺术性缺失表现为，教学的形象性与生动性不足，使学生对学习缺乏兴趣；教师的教学情感性缺失，带来了"冷冰冰"的教学；师生、生生之间的交流没有真正关注到情感、兴趣、需要、价值等因素；教师教学缺乏对整体的教学的实际运作，在面对不确定的情境中缺乏自主性与创造性；教师对教学"美"的关注不够，对于教学不能按照美的规律进行个性化塑造，展现自己的独特风格；课堂教学中过于严谨与认真，少了风趣幽默，缺少生命的活力；教学中履行与执行的行为过多，缺少创新与创造；教师过多地依赖于本本、教条，过于保守，不注重教学中的整体感知与直觉灵感；教师与学生之间多的是"面对面"的交流，少的是"心与心"的交流；教学中缺乏激励、唤醒与鼓舞，过多地注重知识传授和技能训练。

（二）学生发展扭曲

学生发展，是指学生整体素质的发展，学生智慧的发展。怀特海说：

---

①　Elliot Eissner, "From Episteme to Phronesis to Artitry in the Study and Improvement of Teaching", *Teaching and Teacher Education*, 2002（18）, p. 375.

②　顾明远：《中国教育大百科全书》，上海教育出版社 2013 年版，第 735 页。

③　[苏联] 苏霍姆林斯基：《苏霍姆林斯基选集（卷一）》，王家驹等译，教育科学出版社 2001 年版，第 647 页。

"学生是有血有肉的人，教育的目的是为了激发和引导他们的自我发展之路。"① 他还认为智慧可以使人获得最本质的自由，教育的本原追求是"智慧"人。杜威认为智慧能够明确地指导人生之事物，他将教育活动中的人区分为两种，一种人是拥有许多知识；另一种人充满睿智。他说，前一种人仅仅是盛放知识的容器，冗繁的知识只是作为无意义的符号而存在，不利于个体生命质量的提升和智慧的增长。与此相反，后一种人则不会把掌握知识作为生命的最高追求，仅仅把知识视作生命抵达解放和自由之境的基石，作为实现生命真义的跳板与媒介。从杜威的论说中得出，教学活动的真正目的在于让学生通过学习知识，领悟知识本身的意蕴，并使其转化为自身的智慧。当下，教师的教学关注的更多是学生知识的掌握，而弱化了学生智慧的养成，教师教学智慧的缺失，表现为学生发展存在不同程度的扭曲现象。

1. 学生好奇心弱化

好奇心是人类求知最原本的内在动力，它是人类最宝贵的天赋潜能。人生来都会有好奇心，它是个体原始性的内在冲动，在它的驱动下，个体对新奇事物去观察、探究、操弄、询问，从而获得了对环境中诸般事物的认识和了解。② 人生活在奇妙无比的自然里、姿态万千的社会中、奥秘无穷的宇宙里，总会遇到新奇事物、万般现象，自然就会产生注意、操作、提问等心理倾向。好奇心是探究的先导，是创造性的主要表现，对人的成长与发展具有重要价值。在个体成长过程中，好奇心不但是个体心理健康的重要标志之一，而且还是个体学习的内部动机，更重要的是，强烈的好奇心是高创造力人才所具有的最鲜明的个性特征之一。若使学生能够主动而自发地学习，创设情境和条件，诱发学习兴趣，激发求知欲，呵护好奇心极为重要。对于学生来说，最重要的品质是好奇心，没有好奇心就没有学习的热情与探究的激情。

来自于联合国教育发展国际评估组织（International Assessment of Educational Progress）的调查研究显示，在 2009 年，对 21 个国家的学生在好奇心方面进行比较，中国的中小学生认为自己有好奇心的仅占 4.7%。③

① ［英］怀特海：《教育的目的》，庄莲平译，文汇出版社 2012 年版，第 1 页。
② 张春兴：《教育心理学》，浙江教育出版社 1998 年版，第 293 页。
③ 《重庆晚报》2010 年 11 月 24 日。

学生随着年龄的增长与年级的递进，其好奇心显示出整体水平的降低。在现场研究中发现，学生在学习过程中表现出惰性，如不愿动手、不愿思考，对问题不新奇、不敏感等。学生在学习中，精神不够活跃，有的学生眼神自始至终是茫然的。让人感到震惊而奇怪的是，研究者多次走进学校，观摩课堂教学，从小学到中学，没有明显感受到学生对知识探索的好奇心，好奇心是人类的天性，这些让人感到很不安。

2. 学生想象力弱化

想象，是对头脑中已有的表象进行加工改造，形成新形象的过程。[①]想象力，属于高级认识与思维能力。康德认为，想象力是表现当时并未存在之对象于直观的能力，具有联想、再生、复制、复现、建构和创造的能力，这种能力实际上就是派生地表现对象的能力。[②]心理学研究与实践均证明，想象力是创造力的核心。人的想象力具有将当下未显现的事物诉诸直观的能力，同时它也具有抽象能力。想象力与感知相比，不是仅停留在个体的、特殊的事实对象层面，而是能够对同一事实所可能具有的不同变样与变式进行无限的、自由的、丰富的想象，从而究尽其可能性。爱因斯坦非常重视想象力，他认为，"想象力与知识相比，想象力远比知识重要得多了，这是因为知识是有限的，而想象力则是无限的，他概括着世界上的一切，有力地推动着进步与发展，并且是知识进化的源泉"[③]。因此，学校教学要重视学生想象力的培养。

联合国教育发展国际评估组织的调查研究也表明，在2009年，对21个国家的学生在想象力方面进行比较，中国儿童的想象力排名倒数第一。教学中太多一锤定音的答案，把学生的脑袋锤成了坚硬的铁砣，用僵化的教学模式去束缚思维，想象力就慢慢萎缩，学生不敢有"出格"的想法，只会在"权威"构筑的"围城"里打转转，不敢越"雷池"一步，课本和老师的话好似"圣旨"，久而久之，学生的创造力就会退化到一种胚胎状态。学生不会用自己的头脑思考问题，缺少了天马行空的想象力与不同寻常的创造性。应试教育只注重学习成绩，学生被沉重的课业压制，学生的想象力失去了得以伸展的空间。一则体验故事深深地留在笔者记

---

① 彭聃龄：《普通心理学》，北京师范大学出版社2001年版，第248页。

② ［德］康德：《纯粹理性批判》，蓝公武译，商务印书馆1960年版，第113页。

③ ［瑞］爱因斯坦：《爱因斯坦文集（卷一）》，许良英译，商务印书馆2010年版，第284页。

忆里：

在小学二年级的测试试卷上，有这样一个题型——走出教材，迁移发散，你的能力是不是真的有长进了，请用一定、可能、不可能说说下面的事情。列出的题目中有一道判断题："小强家养的山羊会说话。"我看到侄子填写的答案是"不可能"，于是就问他："小羊不会说话吗？"他说："当然不会，老师也早就说过！"如果按照常规人的思维，答案应该得出"不可能"。但是，如果你再仔细推敲一下这个说法，"可能"与"一定"为什么就不行呢？我和侄子一起回顾奶奶家小山羊的故事，当小羊饿的时候，它总是"咩咩"地叫个不停；奶奶家养的几头小猪仔，主人喂它们食的时候，它总是"哼哼"地叫个不停；奶奶的家的小鸡在院子里散步、啄食的时候，总是"咯咯"地叫；还有那么多天空中飞翔的鸟儿，它们都会用自己的独特的声音来表达它们的内心世界，这样的例子不胜枚举。难道这些不是动物鲜活的"语言"吗？于是，孩子的思维很快开阔了，意识到我讲得有道理，答案应该是"可能"或者"一定"。便拿起橡皮涂改答案，却又后悔了，他记得老师说过这个题是"不可能"，赶快又恢复了原来的答案，我问他为什么，他说："如果写错了，和别人不一样，就要上黑名单的。"（材料来源：笔者的体验故事）

这位小学生在做选择题时，首先是发挥了自己的想象力，接着很快又改了，原因之一是，"老师说过"，这是权威的力量；原因之二是，"写错了，要上黑名单"，这已经说明，小学生对教师的惩罚产生了畏惧心理，宁可违背自己心中的想法，也不愿当众受罚。可见，想象力不是没有，而是教学方法不当致使想象力被遮蔽、压抑以至萎缩。

3. 学生问题意识弱化

问题是人类认知发展和素质成长的起点。问题意识是个体思维的一种问题性心理品质。具有问题意识的人，在认识和实践过程中，会经常意识到有一些感到疑惑的理论问题或实践问题，因此而产生了一种怀疑、困惑、不安、焦虑、探究、解决的心理状态。具有这种心理状态的人，会驱使个体积极思维、分析问题、研究对策和提出方法。同时，问题意识也是个体思维和认知发展、素质提升的动力。总的来看，问题意识不仅体现了个体思维品质的敏感性、好奇性和深刻性，也反映了个体的独立性、自主性和创造性，从而反映了人的智慧水平。由此可见，保护学生的问题意识，发展学生提出问题的能力，是发展学生智慧的重要方面。

实践调查发现，课堂教学中教师创设的问题情境比较单一。在前面已经提到，孔子是世界上最早提出启发式教学的教育家，注重学生问题情境的创设，激发和培育学生的问题意识。苏格拉底运用"产婆术"，启发引导学生，让学生自己提出问题。智慧起于创造，创造始于问题。学生智慧的缺失，首先是问题意识的缺失和弱化。问题意识的弱化也有课堂教学中问题情境单一的原因。对于课堂教学情境，美国芝加哥大学教授盖泽尔斯做过一项非常有价值的研究，他指出，问题情境具体包括呈现型问题情境、发现型问题情境与创造型问题情境。学校教学中，这种呈现给学生典型问题情境的呈现型问题情境是较常见的，教师习惯于将一个现成的问题提供给解决者去考虑。与此对之，而其他两种较高层次的问题情境则不常见。这在一定程度上导致了学生总习惯于解决呈现型问题，而发现型、创造型的高级问题意识失去了生存的空间，便随之弱化。

学生缺乏提出问题的主动性。教育现实表明，我国中小学生，从低年级到高年级，从小学、中学到大学，课堂上学生回答问题的积极性、提出问题的主动性越来越低。特别是大学，任凭你如何启发，仍如"一潭死水"。学生的问题意识已经越来越淡化，这是我国当前一个亟待解决的问题。教师在教学中，常常以解决学生的问题为目的，教师在下课前一般总爱习惯性地问学生，"同学们，还有问题吗？""有问题的可以找我。"学生们也往往习惯于把碰到的问题当作学习拦路虎对待，以尽快解决完成为目的，而不是作为学习成长的美好契机。学生很少从学习生活和现实生活中提出自己的疑惑，也想当然地认为问题是老师、专家或书本上的，自己的任务就是解决这些问题。

学生也往往认为解决问题比提出问题更重要，有时提出这样那样的怪问题，还会受到老师和同学的冷嘲热讽，久而久之学生自己也不愿意提出问题了。有的学生心存疑虑，对是否请教，向谁请教，请教的结果等，顾虑重重。在社会大环境整体影响下，人的问题意识都在逐渐弱化，爱问问题的人被认为是怪异之人，甚至被嘲笑为"另类"。教育历来给人一种灌输的印象，如今，"正在恢复教育之本来面貌的时代：引出并哺育每一个人身上所拥有的不可替代的潜能"[①]。人的问题意识需要特别关注。王老师这样描述她的课堂感受：

> 我教五年级两个班的数学课，在我的课上，学生基本上提不出问题，当走到学生中间去问他们有无问题的时候，他们总会说，"我明白了""我会了""没有问题"。脸上洋溢着快乐、幸福甚至得意的神情。我是教数学的，总盼着学生能够通过自己的思考提出自己的问题，可这种情况几乎一直都没发生过。是不是我的问题？是不是上课的问题？是不是太传统了？办法太老了？没有真正启发学生的思维。
> （材料来源：德开小学数学课堂观摩）

学生一般习惯于认真听课，理解教师的讲课内容，教师对学生提不出问题表现出了无奈或者无助，也进行了一定的反思。事实上，这样的课堂还是很普遍的，教师有一种教学惯性，认为教会是目的，学生也形成了一种惯性，认为学会是目的。学生问题意识的培养还要从教师选取合适的教学方法做起。

4. 学生批判意识弱化

词语"批判的"，用希腊文来说，指的是"critic"，其原义指提问，详细地说，就是个体理解事物意义并根据一定分析做出判断的能力，或者是个体具有的这种品质。在《辞源》里，"批"是"评判"的意思，"批判"指"评论是非"。由此可以推出，批判思维是个体基于质疑、反思和一系列分析、推理基础上，再进行深入思考的一种思维方式、态度、能力、品质和精神。批判性思维常常被许多人理解为，对别人观点或者理论的否定，单纯的抱怨或谴责，批判性思维绝不是简单的否定而已。学生的批判思维表现为，不盲从、不迷信权威，敢于提出疑问，敢于挑战，能够发现问题，进行假设、验证、推理然后解决问题，并且对于已有的观点和见解有一定的评价能力，学生在学习中敢于求异、求新、反思、承认或否定，寻找自己独特的视角及其成长点。

孔子要求学生"每事问"，并提倡"疑是思之始，学之端"，"学而不思则罔，思而不学则殆"。孟子说："尽信书，则不如无书。"宋代理学大

---

① 钟启泉：《现代课程论》，上海教育出版社2003年版，第191页。

师朱熹说："读书无疑者，须教有疑；有疑者却要无疑，到这里方是长进。"张载说："可疑不疑者不曾学，学则需疑。"我国古代文化先驱都非常重视学习与质疑、思辨的关系，即对批判意识的重视。钟启泉教授在谈到批判性思维与学校教学的关系时说："素质教育所强调的实践能力和创新精神，假若教学离开了批判性思维，那终将是一句空话。"① 从某种意义上说，学生批判思维能力的发展是学校教育教学的重要任务。

教育现实中，教师们往往过于注重学生对知识的理解状况，并不关心所教知识的真实性与价值意义等问题，从而导致了学生被动地听讲与机械识记知识，缺乏独立思考、质疑批判的能力。教学过程中，学生几乎从不打断教师的讲课，提出自己的问题或困惑，认为只有接受，接受就是正常的、自然的、应该的。学生几乎从不针对教师讲解的观点提出不同意见，总认为教科书是正确的，教师的观点是合理的，自己的认识是有欠缺的、不到位的、不够准确的。学生之间相互质疑机会很少，认为这是不正常的表现，不友好。这充分说明了学生缺乏批判性思维或批判意识，人云亦云，没有独立的见解，没有问题意识，学生充当了容纳知识的容器。如此来看，学生智慧的缺失是自然的了。

5. 学生创新意识弱化

创新，与创造同义，创新能力、创造力都为人们所熟知，其核心是创新思维。创新思维是指"运用独创的、新颖的方法，产生新假设、新思想、新原理的思维"②。可以说，创新思维是智力水平高度发展的表现，也是人类思维的高级形式。具有创新意识的个体，善于运用创新思维，具有创新精神和能力，不仅能揭示客观事物的本质和规律，而且通过创新，去发现以前未发现的问题的新解释，获得以前未有的新知识，产生新奇的成果。当今社会的发展更需要人们的创新意识，更好地解决工作和生活中遇到的新情况、新问题，以适应社会日新月异的变化和发展。教育要促进社会与人的发展，这是教师与教育责无旁贷的使命，学校教育承担着培养学生创新能力的重任，人的创新能力发展离不开学校教育的陶养。有学者提出了"自创性"的培养，认为这是当前教育最核心的使命，符合教育

---

① 钟启泉：《"批判性思维"及其教学》，《全球教育展望》2002 年第 1 期。
② 王萍：《现代心理学》，山东教育出版社 2012 年版，第 108 页。

实践需求，是对教育本质的回归。①

我国《基础教育课程改革纲要》中明确指出，新课程要特别强调以"创新精神"和"实践能力"培养为重点，要切实改变过去那种过于强调接受学习、机械训练、死记硬背的教学现状，倡导鼓励学生主动参与、勤于动手、善于思考、乐于探究、敢于质疑，培养学生搜集信息和处理信息的能力、获取新知识、新信息的能力，分析问题和解决问题的能力，师生交流与合作的能力。② 学生的创新能力表现为强烈的求知欲、好奇心，大胆探索与尝试的勇气和精神，具有解决问题和战胜困难的恒心和毅力，在思维方面还表现出变通性、独特性和流畅性等特点。

联合国教育发展国际评估组织 2019 年的调查研究数据显示，对 21 个国家的学生在创造力方面进行比较，我国中小学生的创造力水平倒数第五。③ 随着学生的好奇心、想象力、问题意识的淡化，学生的创新意识也会随之淡化。没有学生的主体性、个性，批判思维能力薄弱，学生创新能力也会随之弱化。创新意识不仅表现在中小学生的当下，也表现于将来，到了大学里，他们往往习惯于教师的讲解，读书、探究的热情不高，缺乏青年人应有的朝气，习惯于认为，创新是个别学生的事，与普通学生无关。研究者有这样一种内心体验：

> 我走进这所新小学，一切都是新的，新的教学楼、新的校园、新的教室、新的设备，心情自然舒畅。这里的教师队伍是由各个小学抽调组建的一个新团队。从这一段时间的走访调查中发现，他们的教育理念先进，实施小组合作教学，教师具有较强的敬业精神，实施小班化教学，受到了社会的好评。从课堂教学上来看，虽然实施小组合作学习，但几乎所有的努力都只是围绕着教科书，教科书成为知识的唯一来源，能力训练都是在教室里进行的，全部的知识探索都是在黑板上进行的，有的以多媒体辅助。这些"新"的元素的注入，感觉有"换汤不换药"之感，学生几乎没有问题意识，教师在变相地灌输，学生好像很快乐地接受，学生的创新能力没有得到开启。（材料来

① 田慧生在 2014 年 9 月 26 日于北京市建华实验学校所作报告。
② 钟启泉等：《为了中华民族的复兴为了每位学生的发展——〈基础教育课程改革纲要（试行）〉解读》，华东师范大学出版社 2001 年版，第 123 页。
③ 《重庆晚报》2010 年 11 月 24 日。

源：对德州学院附属小学的现场考察）

教学条件代替不了教学理念，教师对教学理念的理解不到位，没有认识到小组合作教学的本质，在教学行为操作上显得表面与肤浅，学生创新意识的培养只停留于口头上，无法落实于行动中。

（三）课堂活动变形

课堂活动变形，是指课堂活动的扭曲、非正常状态。潘光旦先生说，一切生命的目的在求位育，教育的唯一目的是教人得到位育，位是指人要"安其所"，育是"遂其生"[1]。人生在世，总要探索一种生存的智慧。如果说，教育是让人探求智慧的手段，那么，课堂就是探求智慧的起点。在课堂上，学生是作为一个整体的人而成长的，学生的素质是整体成长的，学生的人格是整体成长的，若单纯地着眼于智力活动，或着眼于伴有大脑活动的抽象智力的发展，人格不会获得健全成长。"智慧乃知识的完满状态和统一状态，智慧是知识的最高状态。"[2] 因此，教师的教学不能一味地以教授知识为目的，而应作为手段以追求智慧为鹄的。

针对基础教育课程改革发展中出现的困境，田慧生提出了"重建课堂教学的关键"，他认为，课堂教学必须实现"三个转变"：一是教学重心——由教向学的转变；二是教学体系——由刚性体系向弹性体系转变；三是价值取向——由制造适合教学的学生向创造适合学生的教学转变。[3] 课堂教学改革的目标就是创造一个充满生命活力、启发师生智慧潜能的幸福课堂。只有在这样的课堂里，师生才会全身心投入，他们做的不仅仅是教和学，还在幸福地感受着课堂中师生生命的涌动和智慧的成长。也只能在这样的课堂里，学生才会获得多方面的满足和发展，教师的劳动因此而得以闪现出人性的魅力和创造的光辉，教学不只是与科学相关，而且还与哲学、艺术相关，这样的教学才会体现出育人的本质。[4] 这样的课堂教学是由教学智慧创造的，教学智慧的缺失便会带来课堂教学变形。

---

① 潘光旦：《寻求中国人位育之道》，国际文化出版公司1997年版，第1页。
② 高伟：《生存论教育哲学》，教育科学出版社2006年版，第179页。
③ 田慧生：《重构课堂教学，培养创新人才》，2010年11月17日在成都市田家炳中学的讲座。
④ 叶澜：《让生命焕发出生命活力》，《教育研究》1997年第9期。

1. 课堂教学主体性缺失

主体性缺失，是指作为教师和学生缺乏应有的主体性。作为主体或潜在主体是人类活动中最为活跃的因素。教育教学的出发点和归宿都是人，教育中人在什么程度上成为人，是由人主体性的发挥程度决定的。教学活动是由不可分割的教的活动和学的活动组成的，教学活动的主体也应是教师和学生共同组成的一种综合主体，主体是一种群体主体。由教师和学生组成的综合主体，在教学活动中已经融合在了一起，此时教学任何一方都不可单独作为教学活动的主体，二者作为教学主体的两个部分共同对教学活动发生作用。在这一主体中教师和学生相互作用、相互联系，开展教学活动并完成教学活动。需要明确一点，教师是耦合群体中的主导性因素，虽与学生同是主体，但教师主体作用更为主导。

一个人越有主体意识，就越能够变得既有自主性又有创造性。相反，人的自我意识越弱，他就越缺乏自由，只能被动适应而不能积极创造。因此，教学智慧的生成与培育既需要外在条件的支持，更需要内在本我主体意识的唤醒。人是主动发展的生命体，忽视了教师和学生主体意识的激发与发展，就无法发掘出教师和学生发展的内在动力。失去了内在动力，教师和学生就很容易成了迷途羔羊，教学活动中因没有教学主体的真正参与，教学活动便不能很好地促进教师和学生的发展，教学智慧也就成了空谈或者奢谈。

雅斯贝尔斯说："人具有知识并不是教养，只有人的精神内在本质变成了自己的东西才成为教养。"[1] 如果个人在与他人的交往中既不丧失于他人之中，又不与他人相对立，而是在彼此保持自己的人格、个性、自由的同时，又可以把自己的内心世界揭示给他人，也能领悟他人之内心世界，即做到心心相印。这才是人真正的主体性。真正属于自己的东西只有真正的自己才能获得。在教师和学生的教学生活中，教师需要带领学生不断蹚过一条条小河，不是学生自己去蹚，也不是教师在旁边居高临下地指挥，而是教师融入学生中间带领其一起走向河的彼岸。教师不是可有可无，学生也不是生活在教师权利的世界里，这才是师生真正的主体性。

在现场研究中发现，课堂教学的主体性缺失，首先表现为教师和学生各自的主体地位缺失。有不少中小学教师没有自我发展的意识，教师缺乏

---

[1]　转引自项贤明《泛教育学》，山西教育出版社 2000 年版，第 253 页。

专业自信，总习惯于依赖专家、领导、权威。教师的生存文化没有激发教师的主体意识，不需要教师的主体性，教师只是机械地执行而已。在传统教学中，教师满堂讲，学生满堂听、满堂记；教师是领导者，学生扮演的是被领导者的角色，接受并内化教师所传授的知识，是学生在整个教学活动中的主要任务，甚至是唯一任务。学生处于被动接受的状态，缺乏必要的积极性、主动性，主体参与程度低下。随着新课程改革的不断深入，虽也有了不少改观，但是这种忽视师生主体性的老旧教学体系仍然束缚着当下的教学。

　　其次是教师和学生构成的综合主体关系不良，亦即师生关系不良。师生关系是教学活动中的一种客观而基本的关系，它会伴随着教学活动的开展而自然形成，师生关系和谐与否会直接影响教学过程和结果。"富有魅力的教学过程和优良高效的教学结果，会促进师生关系更加和谐。师生关系对教学活动也会产生重要影响，它是教学活动得以开展的心理背景，同样也会直接影响师生业务活动的动力状态，并制约着教学的最终结果。"①教学中存在师生沟通少、关系淡漠，教师对学生态度粗暴、对少数学生偏爱等问题。少了真挚的师生情谊，不能彼此敞开内心世界，进行平等对话。教师的伦理修养还不够，缺乏对学生真诚的关爱和责任担当。这些均导致了教师和学生在教学活动中的主体性不能得到应有的发挥。

　　2. 课堂教学目标性单一

　　课堂教学目标是要实现完整的人的教育。因为人本来就是一种社会性存在，因此人性离不开社会人际关系的陶冶。在拉伯雷的《巨人传》里，高康大希望他的儿子庞大固埃成为一个"在知识、品性、道德、才智方面十全十美、毫无缺陷的人"②。这实际上就是"完人"。当然也不可否认，"完人"的目标难以实现，但也可以看出教育的目的就在于培养一个"整个"人，这种理想却不可无。课堂教学目标是教育目的的承载，正如叶澜说，课堂教学的目标不仅仅在于培养学生的认知能力，还应该包含学生意志、行为习惯、合作能力、交往意识与能力等多个方面。这其中的每一项，都应既具有与认知活动相关的内容及价值，又应该有其每一项相对独立的内容及价值，只有这些方面进行统合、整合，才会构成学生生命真

---

　　①　裴娣娜：《现代教学论（第一卷）》，人民教育出版社 2005 年版，第 157 页。

　　②　［法］拉伯雷：《巨人传（上）》，成钰亭译，上海译文出版社 1981 年版，第 270 页。

正意义上的整体发展。[①]

　　课堂教学目标是教育理想在教育现实中的具体呈现形式，是教育现实与教育理想的重要联结点，不但对课堂教学的实际效果发挥着重要作用，也会影响教育理想的实现程度。许多国家处于发展新智慧、新技能、新劳动力、新行为方式这样一个复杂的过程中，教育被认为是一个重要成分。[②] 与以往的课堂教学目标相比，新课程改革下的课堂教学目标需要在功能上更加关注师生身心的内涵式发展，通过课程结构的优化，学习方式、评价方式的改变，以及学校文化的重新审视和建构等多个途径来促进学生的身心发展。它不仅强调学生内心体验的深刻性，而且还强调学生身心发展的可持续性。同时，在功能上也更加突出教师和学生的共同发展。

　　泰勒说："任何单一的信息来源，都不足以提供能让学校为教育目标做出全面而理智的决定的基础。"[③] 课堂教学的目标应全面体现培养目标，促进学生的全面发展，而不是只局限于认识方面的发展。[④] 基础教育课程改革对于课堂教学目标提出了更加全面而深刻的要求，"三维目标"便是其中的一个标志性事件。教师一般以"三维"的形式来设计自己的课堂教学目标，在现场研究中发现，教师们虽然每堂课的教学目标在教学设计中均以"知识与技能、过程与方法、情感态度与价值观"来呈现，但是，在实际的教学中更多地关注其中的一维——"知识与技能"。"换汤不换药""穿新鞋走老路"。其他二维目标只作为"知识与技能"中的点缀项目。教师们也习惯性地把"维"理解成了"个"，没有很好地把握三维目标之间的关系。同时，在教学中，教师更多地关注学生发展，而忽视了自己的发展。以上诸多现象，都说明了课堂教学目标性的单一。

　　3. 课堂教学生命力不足

　　生命力，是指生命的活力，是生命的一种"欣欣向荣""蓬勃向上""健康爽朗"的发展状态，是生命所表现出的应有活力、生机、生气和活

　　① 叶澜：《让生命焕发出生命活力》，《教育研究》1997 年第 9 期。

　　② ［澳大利亚］康纳尔：《二十世纪世界教育史》，张法琨译，湖南教育出版社 1990 年版，第 583 页。

　　③ ［美］拉尔夫·泰勒：《课程与教学的基本原理》，罗康等译，中国轻工业出版社 2014 年版，第 5 页。

　　④ 叶澜：《让生命焕发出生命活力》，《教育研究》1997 年第 9 期。

气。人有生命的活力说明了作为物质的形体和精神的思维都处于一种
"激活"状态,这是一种回归生命原初的理想状态。课堂教学的生命活
力,是教师和学生所表现出的旺盛的生命力,充满着蓬勃的生命气息。对
教师和学生来说,"教学活动是他们生活的重要组成部分,他们都是以完
整的生命方式投入到了教学活动中"①。唤起学生的生命活力,需要尊重
学生的身心规律,反对任何形式的僵化、呆板、禁锢与窒息。

　　教学是由教师的教和学生的学共同构成的活动,既然是人的活动,就
应该彰显人的生命活力。课堂教学,应成为人的生命的展示,人的生命的
流动,灵活多变,充满了人的创造与新奇;课堂教学中涌动着真实的人及
人生,是人的不断成长,人生命意义的发生、创造与凝成的过程;课堂教
学中,各种教学关系共生、共荣、共进与共振,保持一种协作、和谐的状
态,从而自然生长出富有生命活力的课堂教学。长期以来,为什么课堂教
学应有的生机和活力还没有出现?为什么它迟迟不能被激发出来?学生在
课堂教学中应有的生命活力在哪里?它为什么依然得不到释放?为什么学
生的生命力在日复一日的学校教学中磨灭、销蚀?这足以说明,课堂教学
缺乏智慧。②

　　课堂教学缺乏本有的生气与乐趣,缺乏对好奇心的刺激、对生命力的
激发,对创造力的培养、对智慧的挑战,课堂教学变得日益程式化与机械
化、乏味与沉闷。师生的生命力在课堂中得不到充分展现,导致学生厌
学、教师厌教。教学内容以知识为本,知识至上,它使人会陷入机械训练
的牢笼,失去了生命的本源和意义。在教学方法的选择和利用上,以机械
训练、硬性灌输为上,用一种僵化甚至压制的手段,强制学生服从,背离
了开放、创造和自主原则,是一种无视学生主体性、无视人的生命的教学
方法,致使在课堂教学中缺乏生命活力。教育目的和教学目标的功利化严
重,学生为了升学、考高分,家长为了孩子就业、生存,教师为了谋生、
晋升,学校为了荣誉、名利,教育教学的意义在扭曲。研究者有如下
感受:

　　　　我在一所小学几乎待了一天,听了语文、数学、英语共五节课。

①　裴娣娜:《现代教学论(第一卷)》,人民教育出版社 2005 年版,第 150 页。
②　田慧生:《时代呼唤教育智慧与智慧型教师》,《教育研究》2005 年第 8 期。

回想起课堂，语文课上没有听到学生的笑声，数学课上有一次笑声，英语课上几乎没有。学生们基本上是跟着教师的思路去学习，小组讨论、小组发言、教师点拨、布置作业等按部就班，随着铃声开始，随着铃声结束，教师顺利完成了教学任务。课堂谈不上死气沉沉，但也感受不到课堂教学的生命活力。（材料来源：对德州学院附属小学的课堂观摩）

分析这则教育叙事可以看出，此小学的课堂教学缺乏应有的生命活力，虽谈不上"厌教""厌学"，但教师和学生都没有表现出旺盛的生命力，令人感受不到蓬勃的生命气息。这大概是当下我国课堂教学的普遍问题所在。

4. 课堂教学有效性不足

有效性，是指一件物品或一项活动具有预期所要达到的积极的或肯定的结果的程度。"效"有大有小，获得"效"所付出的代价也有大小。当付出的代价小而获得的"效"大时，就说其有效；当付出的代价大而获得的"效"小，称为"低效"；当付出了代价没有获得所期望的"效"时，称为"无效"；更有甚者，当付出了代价却获得了与期望相反的"效"时，造成"负效"。总的来看，有效的教学活动，是在教师遵循教学活动规律的前提下，取得尽可能多的教学效果，实现特定的教学目标，以尽可能少的物力、精力、时间等资源投入，来满足社会和个人的教育价值需求，从而组织实施的教学活动。[1] 课堂教学的有效性正是在教学效果中体现出来的教师和学生共同活动引起学生身心素质变化并使之符合预定目的的特性。

有效教学的管理、组织与教学的过程，指既有效率又有效果更有效益的教学活动。夸美纽斯指出，"在教学上，求快贪多必然会导致欲速则不达，正确的教学方法是循序渐进，适合学生的能力。如果学生受到默述、练习和需要记忆的功课的过度压迫，以致产生恶心和反感，这就是对学生施加的一种酷刑。"[2] 这种教学一定是低效的、无效的、甚至是负效的。巴班斯基提出了教学过程最优化原理，即教学过程最优化是基于综合、整

---

① 孙亚玲：《课堂教学有效性标准研究》，教育科学出版社 2008 年版，第 10 页。

② ［捷克］夸美纽斯：《大教学论》，傅任敢译，教育科学出版社 1999 年版，第 98 页。

体、全面考虑教学本质、规律、原则、方法、策略，该教学系统的特征以及内外部条件的基础上，从既定标准看来，为了使教学过程发挥最有效的功能而进行的组织与控制。① 拥有教学智慧的教师会调动一切可利用的因素，达成教学的高效率和高水平，既好又快、省时省力地达到教学效果。

在调查研究中发现，课堂教学有效性的不足表现为，教学中更多地关注学生的考试分数，忽视了学生健壮的体魄、丰富的情感和社会适应性等其他素质的提升，也不能真正做到以学生发展为本。只讲预设，忽略生成，或者说，预设得过度，生成得不足。不能根据教学实际做出灵活的调整和变化，不能很好地理解与处理教学中预设和生成的和谐与共振、辩证与统一。教学中对学生智慧发展的有价值的知识上，在选择和组织上缺乏有效性。学校、教师已日益倾向于把教学视为由若干相互关联的要素组成的具有特定功能的复合体，由诸多要素组成的整个教学系统只有处于平衡、和谐状态时，教学才能有效地实现促进学生全面进步和发展的目标。现实中存在着对教学系统中各类要素、各对矛盾缺乏整合与协调的问题，以至于不能发挥其有效性。

二　教学智慧缺失的根源

人的生活不只局限于最低限度的生命存活的需要，更重要的是必然要表达为属人的生存内容、生活方式和生命意义。智慧与人的生存生活的相关性最大。智慧是生命的觉解状态，热爱生命必然追求智慧，敬畏生命是智慧的开端。人的社会生活本来就是一种建构性活动，人在建构周围世界的同时也建构着自身。人类的生活世界全面蕴涵了人类自我发展的全部意义。教育是生活世界的一个测度。课堂教学是师生的一种生存与生活方式。从人当下和将来的生存意义与生活质量出发，教师需要过一种有智慧的教学生活，课堂教学呼唤教学智慧。从上述研究中发现，教学智慧的缺失表现是明显的，令人担忧，非常有必要对其根源进行更深入的挖掘与全面分析。

究竟是什么原因导致了教学智慧的缺失？根源到底在哪里？对诸多问

---

① ［苏联］巴班斯基：《论教学过程最优化》，吴文侃等译，教育科学出版社2001年版，第191—192页。

题的回答，会直接影响本研究接下来要面对的核心问题——"教学智慧生成的机制与策略"。因此，更为科学地对其根源进行挖掘是非常必要的，也是本研究的关键。教学智慧是处于不断发展变化中的，因此，此研究基于唯物辩证法原理，系统考察了教学智慧缺失的根源问题。

根据唯物辩证法原理得知，内因是事物发展的内部原因，它属于事物的内部矛盾，任何事物内部都存在着矛盾；外因是事物发展的外部原因，它属于事物的外部矛盾，也系指这一事物与其他事物之间的互相影响、互相联系，任何事物和事物之间也都存在外部矛盾。同时，对于事物的发展变化，唯物辩证法还认为，内因是事物自我运动发展的源泉；而外因对于事物的变化发展也起着一定的作用。①

根据事物发展内因与外因的辩证关系原理，教学智慧的缺失，或者生成，内部要素是根据，外部环境是条件，但两者缺一不可，一味地强调任何一方面都是偏狭的，都有碍于智慧的生成，但两者的作用和地位是不同的。下面分别以教师个人、学校、社会三个不同视域，对教学智慧缺失的根源予以梳理。

（一）教师个人素养不足

教师是教学智慧生成的核心主体。对于教师专业，我国教育部师范教育司专门作了规定："教师专业既包括学科的专业性，也包括教育的专业性，国家对教师的任职资格既有规定的学历标准，也有必要的教育知识、教育能力和职业道德等方面的要求。"② 作为专门对学生的身心发展施加影响的专业人员，教师应该具备所教学科的专业知识、教育科学、心理学科学、技术科学、管理科学、哲学、人类学、美学等专业知识，也要具有较高的道德素养。而且，教学是一种实践活动，也需要教师的教学实践活动技能。概而言之，教师不仅应成为"专家"，还要成为百科全书式的"杂家"。从教师层面考察，究竟是什么导致了个人素养不足？

1. 认知能力欠缺

认知是人类个体对客观世界的认识过程。无论是从哲学认识论的视角来看，还是从符号主义的观点来看，它们都隐含着将认知视为基于符号形

---

① 《哲学名词解释》编写组：《哲学名词解释（上）》，人民出版社1974年版，第130—131页。

② 教育部师范教育司：《教师专业化的理论与实践》，人民教育出版社2001年版，第1页。

成表征的过程，其中，语言作为人类思维过程中最核心、最普通、最常见的符号形式，它们将认知直接放在语言思维水平的智力层面加以考察。①因此，认知是属于高级的心理过程，它是基于明确概念、逻辑推理、假设、规划、形成策略、问题解决等而进行的，它是一个思维、认识的过程，也是一种能力，而知识则是理论思维的所得物。而且，在前面关于对学生认知发展的论述中已经得知，皮亚杰把认知的发展看成是智慧的发展。亚里士多德在谈及"智慧"时说："这些最普遍事物，总的来说，都是人们最难认识的，因为它们都是离感觉最遥远的。"② 一个人的认知能力、品质将决定他对事物的认识深度、广度。

在影响教师成长的因素中，个人因素涉及教师自身的职业与能力等方面，其中，教师的认知能力是关键因素。格利科曼（Glickman, 1981）指出，教师的认知思维水平有三个等级：低、中、高。低认知水平的教师思考教学问题较具体、简单，且局限于为数不多的几个方面。而高认知水平的教师则对问题进行抽象思考，着重理解问题之间的关系。因而，后者的教学常表现出这样的特征：教学方法的可变性与适应性，提供的学习情境多样性，学生学习问题处理的有效性。③ 实践证明，智慧型教师一般都是认知思维水平较高的教师。

教师的认知能力对教学智慧的生成至关重要。教师在教学中，存在着敏感力、观察力、直觉思维力、整体感知力、逻辑思维力、批判思维力、创新思维力等方面的不足，这就是教师认知能力的欠缺。譬如，有的教师对教学时机的敏感性较差，致使贻误教学最佳时机，没有很好地利用好教学资源。有的教师循规蹈矩，缺乏教学直觉力、创造力，使得课堂多少年不变，死气沉沉。这些都会最终导致教学智慧的缺失。

2. 专业素养偏浅

教师的专业素养，是作为"学科教师"的素质。既包括学科的知识，也包括教师的知识，既有理论知识，也有实践知识。教师实际上就是学者、研究者。费希特说："严肃地热爱真理是学者应当拥有的真正道德，

---

① 李恒威：《表征与认知发展》，《中国社会科学》2006 年第 2 期。
② ［古希腊］亚里士多德：《形而上学》，李真译，上海世纪出版集团 2005 年版，第 18 页。
③ 胡谊：《专家教师的教学专长的知识观、技能观与成长观》，《华东师范大学学报（教育科学版）》2000 年第 2 期。

他们应该确实地发展人类的知识，而不应该愚弄人类。"① 教师应该以求真的态度和精神，认真探索他们所任教的学科的原理、逻辑，达到精深、透彻；努力认清教育的本原与教学的本性，准确掌握教学活动的基本性质、要素构成、结构功能、发展规律等。因此，成为一名智慧型教师不是一件轻松的事，教学智慧的生成需要教师搞清楚、弄明白"做教师的那些事""教学的那些事"。费希特还指出，"那些能够学习困难的、一般人不容易懂得的事物的人，是智慧的。"② 可以说，没有教师专业素质的提升，就不会有教学智慧的养成。

教师专业素养的高低直接影响着教学智慧的生成。有的教师专业素质不够，即使意识到了教学的时机，但因为专业素质偏低而无法应对问题情境，也有的因为对学科知识掌握不够深刻，洞察力较弱。有的教师基本技能欠缺，影响了教学活动的顺利开展。

教师的专业素养偏低，还表现为教师教学实践经验的缺乏。教学实践经验的缺乏有两种情况，一种是因客观情况导致的经验缺乏，如刚入职或入职时间不长的教师；另一种是教师对自己的经验没有有效地利用，这是主观引起的经验缺乏。教师的实践是每一位教师成长的基石，任何教师的成长，都离不开实践的锤炼。如果想提高教师的教学智慧水平和能力，就要切实关注教师教学智慧的状态，其中很重要的一点就是要特别关注教师已经积累的个体经验。现在教师缺乏具有自己特色和个性的经验，忽视了教师个体经验。教师的专业素养是在实践中练就的，个体经验的积累与总结是智慧生成的宝贵资源。

3. 综合学养薄弱

教学智慧的生成一定是由教师厚实的综合学养滋养的。"我们首先假定智慧的人知道所有的事物，尽可能地广泛，尽管他没有关于每一事物细节的知识。"③ 这里的"广泛"指的就是广博。智慧生成的土壤一定是肥沃的，智慧的人一定是学识广博的人。实践证明，凡是智慧型教师无不具有丰厚的学养积淀，这都要依靠平时的学习积累。因此，教师要形成终身学习的习惯，养成终身进取的精神，把自己定位为"研究者""学者"，

---

① ［德］费希特：《伦理学体系》，梁志学等译，商务印书馆2007年版，第378页。
② 同上书，第377—379页。
③ ［古希腊］亚里士多德：《形而上学》，李真译，上海世纪出版集团2005年版，第18页。

教师的学习应该是多方面的、多层次的，从书籍中学习，既有学科知识、教师专业知识等专业的学习，也有哲学、文化学、管理学等其他学科的学习；在实践中的学习，在经验中的学习；还要向教育对象和教育同人学习；学习还要注意文理兼顾，文韬武略，体育的、艺术的、伦理的等，这都是智慧生成的土壤中的养料。

教学智慧的缺失，也是因为教师的综合学养问题没有引起足够的重视。教师的职前学习和职后成长，更多的精力和时间用于专业素养的提升，无暇顾及那些看似当前"无用"的知识。教学智慧的生成需要教师不断地学习，不断地思考、不断地积累和丰富综合学养，这是教学智慧水平提高和升华的基础。当下教师培养中综合学养问题是我国教育领域一个非常值得重视的问题。试想，贫瘠的土地上怎会开出艳丽的花朵？只有经过多年积淀肥沃土壤，智慧的花朵才会不凋不谢，才能长成参天大树。

4. 哲学素养偏失

广大教师面对大量的教学事实和教学活动的经验，发掘和理解教学事实，显然需要理解隐藏在教学事实背后的教育哲学观念和教学研究的方法论，否则，教学事实终将是缄默的、沉寂的。对于哲学与教育智慧的关系，石中英说："所有伟大的教育思想家对哲学问题都有着深刻的研究，他们所形成的教育智慧，在很大程度上来自于深邃的哲学思考。"[1] 那些不能用哲学去思考问题的教师必然是肤浅的。如果他们想成为一名真正有造诣的智慧型教师的话，那么哲学就是他们更应花费大气力去努力学习的。当下教师哲学素养的偏失从一定程度上导致了教师教学的无力感，致使教师教学智慧的缺乏。

5. 研究意识缺乏

研究，就是要把事情弄清楚是怎么回事。研究意识，是指一种研究习惯、研究品质以及由此而形成的研究能力。实际上，研究是人与生俱来的一种本能，婴儿从呱呱坠地起，就开始探究这个世界了，一般先是通过抓握等动作来探索周围的世界，然后，经过无数次的跌与摔，学会了走路，哪里有新奇，就去哪里，等会说话了，又会不厌其烦地问这问那，再等到能够独立游戏的时候，儿童便开始用自己喜欢的方式研究世界，探索未知。人生来便善于发现，喜欢研究，研究与发现是人生命的自然，但是，

随着时间的推移，这些研究的品质在人们身上慢慢消失了，实在可惜，实在痛心。

研究就是用心思考，探求事物的本真。在教学生活中，教师听从自由意志的召唤，不断产生出属于自己的新思想，通过积极尝试、认真验证，实现、发展、创新并完善着自己的思想，这个产生新思想的过程就是自由与研究的统一。因此，研究是有效教学的基础，研究能够使教师的教学逐步走向教学的内部世界，求索到教学的本原，使教学走向理性。教学智慧的养成，需要教师对教学世界与生活的研究，没有教师研究，就不可能认识到教学的本质和规律，也不可能有创造，教学智慧便难以形成。教师只有对教学的内部本质规律和相关的各类现象与问题进行深度思考，并探索到了其中的本然和应然，才能有智慧的生成。

在现实的教学过程中，教师跟着教案、随着教材，机械呆板，缺乏对教学的真正研究，被动应对，如同丰子恺先生的漫画所披露的"带着留声机式脑袋"的教师，对教学鲜有深刻的认识，就不可能深入洞察深层次的教学规律，对待出现的问题也不会有任何洞见，也就不会有智慧可言。在对教师的访谈中，很多教师认为研究是学者的事情，是高校教师的事，身为中小学教师研究离自己很远，而且高不可攀。有的教师不善于反思，有的教师不会写作，有的教师不喜欢学习、读书，研究能力非常薄弱。也有的以"课题"的名义进行研究，多半把研究看成了目的，而不是手段，这是假研究。教师尤其缺乏自觉的研究意识，有的也进行研究，多是迫于上级压力，很少发自内心深处的兴趣。研究意识的缺乏导致了教学智慧的缺失。

6. 审美意识不足

美，能够带给人一种愉快和愉悦。宗白华说："如果一个判断的宾词是美，这就说明了我们在一个表象上感到某一种愉悦，因此称该事物就是美。"[1] 审美意识，是个体认识美、判断美、理解美、创造美、享受美的一种能力，从生命成长的深层次讲，它是个体生命活力自由能动的表现能力，生命力冲破各种阻碍，努力展现出生命本质的力量，表现出一种蓬勃向上的朝气与活力。当主体感受到客体的这种生命特性，心里就会产生美感，由此可见，美是客观的，而美感是主观的，是主体的一种心理状态。

---

① 宗白华：《美学散步》，上海人民出版社 2013 年版，第 255 页。

但是，在客体的美面前，人们不一定就能生成美感，审美意识是需要培养、历练、陶冶的。

在宇宙一切生命现象中，最美的就是人的生命，人的生命是最高形态的，发展亦是人世间最完善的。由此，对美的最高追求在于追求人的生命之美，审美的最高层次是对生命的审美。人不但需要求真、求善，也需要求美，在真善美中体现出来的美才是高尚之美、真正之美、永恒之美。真是教师生命活动的基础，善是教师生命的灯塔，美是教师丰富多彩生命活动的展现。因此，在求真作为基础，求善作为方向的前提下，教师的生命本质力量才可能充分展现，积极向上、朝气蓬勃、丰富多彩、生机勃发、魅力四射，享受教师教学的"大美"境界。

教师的审美意识不足表现为，缺乏对"美"的追求，表现为对生命不知怎样去敬畏，不知怎样去实现人生的价值，缺乏教育理想与信仰，教学中缺乏生命的昂扬与灵动，教学中缺乏对艺术的尊重，表现得过于刻板和教条，缺乏创新，教学方法的选择和利用上缺乏艺术性，教师身上缺乏"童真"精神，显得过于世俗和老套。教师审美意识的不足导致了教学智慧的缺失。

7. 角色意识淡化

角色意识，是教师对自身角色理念、角色定位、角色规范及其角色行为的认知、理解与体验等，既包含静态的角色意识，即对教师角色认识与理解结果，同时也包含动态的角色意识，即教师角色认识与理解过程。人都是社会的人，人具有社会属性，每一个体都扮演着不同的社会角色，而每类角色都被赋予了各自不同的责任、权利、义务、行为规范及与之相应的行为模式等。个体的角色意识极其重要，履行哪些角色？要求是什么？人欲正确地履行好自己的角色，首先要弄清自己都扮演着什么角色，其次再了解角色的权利、责任、义务等。与此同理，教师的角色意识在其观念结构中居于核心地位，对角色担当的认识与认同，直接影响着教师的教育观念、教学行为方式、心理体验等。因此，教师如何认识自身角色，具有什么样的角色意识，决定着有什么样的教育行为，从而决定着教育成效。

教师角色意识淡化，是指教师对自身的角色观念、角色定位、角色规范、角色行为等相关认识的理解与体验模糊不清，甚至根本没有。教师作为教学活动的主体，能动地把握教学世界和教师自身过程中所表现出来的内在能力显得比较薄弱。

教师角色意识淡化表现为角色主体性缺失。教师深受外在环境的控制，失去了支配利用环境的能动作用，无法摆脱外界对自己的束缚，致使教师不能合理地开发潜能，不能运用自己的能力，也不能积极主动地规划自己的发展前景，因此，就不可能自觉地实现自己的发展目标。教师所背负的精神包袱日趋沉重，再加上现代生活的冲击，使教师的角色意识会发生异化。教师自主意识缺失，使得教师无法在教学活动中寻找到自己的安身立命之根基，而是像浮萍一样随着日复一日的工作进程被裹挟而下。教师沦落为自然性存在，或者为他人作嫁衣的工具性存在，在教学过程中只能机械地、被动地、消极地适应、接受或服从外在规约，失去了教学自由，教学只能降低到任务驱动的层次和技术应付的水平，也就不会有创新，不会绽放生命的生机和活力，也就不会有教学智慧的生成。

教师角色意识淡化还表现为角色异化。教师角色意识的异化，使教学越来越只是一种职业而已，教师的生活境界被降低为"谋生"层次，做不到实实在在的敬业与爱生，教学智慧荡然无存。教师也习惯于把自己看作是凌驾于学生之上的成人。卢梭说："一位孩子的教师应当是年轻的，而且，是一个聪慧的教师，能够多么年轻就多么年轻，假若有可能的话，我希望他本人就是一个孩子，希望他能够成为学生的小伙伴，在与他分享欢乐的过程中赢得学生的信任。"① 中小学教师教学的对象是中小学生，是青少年，也需要教师立足于青少年的视角去看教学。只有教师把自己看作是孩子，才能真正地融入课堂教学，与学生同呼吸，共畅游，真正理解孩子的内在自然，以此为基础施教，往往是有效的。李吉林因为是"长大了的儿童"，于永正因为"与学生相似"，才成为学生最喜欢的老师，从而积累了丰富的教学智慧，成长为一名智慧型教师，一名教育家。

8. 教学情感淡漠

情感是教育的基本属性之一。对于情感与智慧之间的关系，田慧生曾精辟地论述道："智慧不但属于认识的范畴，同时，也属于情感的范畴，如果单从认识的范畴去谈智慧，这是不完整的，情感不但是智慧的重要构成部分，同时，也为智慧的生成提供了强大的动力来源，情感是智慧发展的动力、维持系统。"② 教育活动的主体是人，具有丰富的情感

---

① ［法］卢梭：《爱弥儿：论教育（上）》，李平沤译，商务印书馆1991年版，第30页。
② 田慧生：《时代呼唤教育智慧与智慧型教师》，《教育研究》2005年第2期。

性，教师教学的情感性缺失，是造成教学智慧缺失的重要原因。教育不仅仅是技术性和认知性的活动，就其本质而言，也是教师的一项情感劳动或具有重要的教育意蕴。教师以情施教，对学生全面素质的发展，具有直接或间接的促进作用，使得学生能够获得幸福的体验，成为具有健康人格的人。

教师进行教学，既要考虑认知因素，同时也不要忽视情感因素。对此，朱熹曾说："教人未见意趣，必不乐学。"教学的前提是教师要有意趣，教师的意趣能够召唤学生的意趣，师生心灵互动，这不但有助于学习者情感、个性等素质的发展，也有助于促进认知的发展。陆九渊讲述了他的为教之道："吾与人言，多就血脉上感移他，故人之听之者易，非若法令者之为也。"学生们称赞他的讲学，"从天而下，从肺肝中流出"。情感对教学活动具有发动、维持、推动或阻碍的动机作用。心理学研究证明，适度的兴奋性情绪能够使学生的身心活动处于最佳状态，能充分调动主体的积极性，促使主体积极行动，从而提高学生认知活动的效率。而且，教师也要对自己的教学生活投入情感。孔子曾经"发愤忘食，乐以忘忧，不知老之将至"。教与学在这位圣贤者看来是何等的快乐，他不但融入了情感，而且是用生命来托起的。张载也曾说："学至于乐则不已，故进也。"同理，教至于乐则不已，便会"登堂入室"，进入一种美妙之境地。

目前，学生厌学、教师教学效果不佳、课堂活力不足，这与教师教学情感的缺失有关。有不少教师将自己看成是教学机器，缺乏对学生的情感、对教学的情感。情感的缺失，使教学没有了"神情"，给人以面黄肌瘦、病弱无力之感。教师的教学缺乏应有的吸引学生的魅力，这也难怪，小学校园中广泛流传着一个被恶意改编的民谣，称"书包"是"炸药包"，要去"炸学校""炸老师"。受"偏智化"教育观影响，教师重视知识、技能的教学，忽视了学生情感的培养。教师照本宣科，没有个人思想阐发，没有真挚情感的投入，这在现实的课堂上确实存在。有些教师把教学看作是不得不应付的事情，把教学仅仅视为一种谋生的手段，结果每天只会机械、简单地去敷衍、去走过场，教师没有把人生的快乐建基于教育事业中，缺乏情感投入，缺乏生命融入，致使教学不当，智慧缺失。

9. 教学惯习束缚

惯习，经过日复一日地建构，再通过其实践意义表现出来，惯习能够使个体下意识地进行行动，让自己的行为和实践不由自主地去适应社会和他者的要求，而用不着求助于有意识性的思考。教师在长期的日积月累中也形成了独特的惯习。"教师的教学惯习一般是指教师的感知图式、认知图式、思维图式、评价图式、行为图式等在实践中所表现出来的稳定的性情倾向性。"[1] 教师的教学惯习不同，在教学活动中所表现出来的行为方式也就不同。教学惯习有积极的一面，也有消极的一面，这里仅探讨后一种，因为它影响着教师教学智慧的生成。

教师长时间地深陷在"教学"这个特定的场域中，形成的一些教学惯习，使得教师的教学技能更加熟练，但也导致了教学行为的机械化，对教学中的问题变得"熟视无睹"，越来越封闭的惯习，成为思维定式，成为行为习惯，便会成为教师专业成长的阻碍。封闭的系统是不会与外界有能量和物质交换的。教师们总是习惯了一种工作方式，备课、讲课、批作业，习惯了讲授，习惯了以权威自居；教学中缺乏教学理念、教学内容、教学方法的创新，对科学评价教育结果的评价方式缺乏创新；拘泥于传统的教学，排斥与拒绝创新，封闭束缚了教师思想，从而阻碍教学智慧的生发。

（二）学校环境支持不利

学校环境，是中小学教师长期工作和生活的环境，对教师的成长具有明显而直接的作用。人表面上看起来是独立的个体，但事实上总脱离不了周围社会的影响。教学智慧的生成受自身因素的影响，这是毫无疑问的，但同时它也受外部环境因素的制约，这也是毋庸置疑的。学校是教师教学生活的主要场所，它应为教师教学提供物质保证，但同时也要给予精神关怀。因此，对于教学智慧的生成，良好的学校环境是不可或缺的外部条件。反过来说，不良的学校环境，便会阻碍教学智慧的生成。对于教师教学智慧的缺失，存在学校环境支持不利的原因。

1. 经典教学体系羁绊

对于传统的经典教学体系，田慧生认为，在教学认识上，它强调的是知识本位，以教师为中心，注重教学对知识的传承价值，它把教学看成是教师引导学生获取知识，这是一个特殊的认识过程，在教学操作方面，它把教学活动视为精确性预设、程序化操作与标准化流程，强调教学过程的

---

[1]　涂艳国：《论教师的教学惯习对教学机智的影响》，《教育研究》2008 年第 9 期。

精确化、程序化、标准化、规范化。回顾二十多年来的教育、教学与课程改革，特别是十多年的基础教育课程改革，可以说，已经取得有目共睹的成效，但有一个事实人们不能回避，但也不可越过，那就是还没有从根本上突破传统的经典教学体系。这一传统的经典教学体系，因为它立足于教的需要，强调的是教师作用，注重的是教学过程、教学环节、教学预设等，所以，从某种意义上来说，传统的经典教学体系已经成为教学智慧生成的羁绊。

对于学生的培养，泰戈尔指出，"教育的实施应当力求让学生全面发展，而且，还应该使学生与赖以生存的社会、自然环境之间形成一种和谐关系，这是外在秩序的和谐，同时还应该让学生的内心，在其自身个性的不同的方面都唤起一种和谐感，这是内在秩序的和谐。"① 教师和学生都是有灵魂的主体，教育教学本是一项人为和为人的工作，学校需要充满人文关怀，教育需要充盈生命气息，教学需要观照精神世界，而这种经典的教学体系使学校和教师加剧了"非人格化"的取向，教师的教学工作是程序化的，没有激情，没有创新，没有个性，没有智慧，一切都是例行公事。教学目标是明确的，可以看到课堂上充斥着照本宣科和机械训练。规章制度是明确的，学校里、课堂上充溢着呵斥、规训。教师之间用不着合作，各司其职、各自为政、相互竞争，有时甚至充满了敌意。传统经典教学体系的高度技术化取向严重束缚着教师精神世界的自由、个性与创造性，使得智慧无法生成。

2. 学校管理制度束缚

学校管理，指的是学校管理者在国家、省市等各级教育政策制度的指导下，对学校自身的管理，具体说来，管理者要对学校系统内的人、物、事、信息、资源等进行计划、组织、协调、控制、管理。为了实施科学的管理和运作，学校总会制定出一系列规章制度、管理条例，也会设置相应的组织机构，以保证学校工作的顺利展开和完成。对于学校教学这样一项复杂的活动，如果缺乏一定的制度和组织保障，或者说组织和制度不利，都会使教学等工作陷入混乱无序的状态。因此，遵循一定的教学制度理应是教师作为教学主体最基本的要求和前提，因为教学制度确保了教师教学的自由秩序。但对于教师而言，教学制度常常会约束和限制教师教学创

---

① ［印度］纳拉万：《泰戈尔评传》，刘文哲等译，重庆出版社1985年版，第245页。

造，教师因囿于规范而导致教学思想的匮乏。同时，对于学校管理者而言，教师积极性的激发与学校管理的方式也密切相关，学校的管理要以调动教师的积极性为准则。

在传统的教育管理体制中，学校对教师教学的管理往往缺乏人本思想。学校管理中存在着对教师不够尊重、不够信任、不够真诚等问题，致使教师在心理上得不到满足，影响教师的主动性与积极性的发挥，教师对待教学不能倾注应有的热情，存有应付公事、逃避责任等现象。学校管理体制中存在民主不够、过于压制、强迫，使教师的个性与创造性难以正常发挥。学校管理体制中存在着不以教师为本的现象，让教师感受到自己的工作条件不利，无法发挥自己应有的才能和才智。一旦教师偏离常规，学校常常会采取种种手段使这些"另类"教师受到压抑甚至打击，这在一定程度上阻碍了教师教学智慧的生成与发挥。

教师这一社会角色，在学校制度的规约下，"自我"由"角色"取代，教师生存、生活和发展在很大程度上取决于是否能够扮演好教师这一社会角色，于是，教师便以角色标准进行自我裁剪，教师闲置理性，放弃自我，以外在要求的达标取代了自我实现。[1] 教师周边布满了太多"他律"，如社会、教育行政部门、学校等组织外加于教师严密、精致、高效的规范体系。教师教学以考试、试题、教材为本，跟着考试走、绕着书本转、围着试题跑。统一的教学大纲、统一的教学时间、统一的教学进度、统一的教学形式、统一的教学设计、甚至统一的教案：教师已经沦落为进行机械教学的机器，缺乏教学的自主权和主体性，只能在统一的管理制度体系中像"机器人"一样运行和发展，没有创新与个性，缺乏生机与生气，严重挤压了教师教学智慧生成的空间。

3. 学校氛围不良

学校是社会大系统中的一个教育组织，它创造、维持、生成一定的环境，其环境中的各种变量，相互影响、彼此作用，构建了一种较为稳定的、独特的氛围。这样的学校氛围因学校不同而不同，它是一所学校内部所形成的，对其教师的价值观、信念、态度、规范、行为都会产生潜移默化的影响。可以说，学校氛围是隐形的、缄默的，是一个综合反映学校环境的潜在变量，它具体包括文化、组织、教学、人际关系、价值观等方方

面面。学校氛围的凝成，体现出了学校的独特性和个性化精神风貌。它蕴含着思想信念、价值取向、工作和学习风气、道德风尚、集体舆论等观念形态和精神因素，这种无形的、看不见的因素，却能被教师深切地体验到，并潜移默化地影响着他们的行为。因此，学校氛围是影响教师发展成长的重要环境。

有什么样的学校氛围，就会有什么样的教师，因为教师久而久之会自然地受到熏染。在实践中发现，有的学校氛围呈现出了控制、专制、冷酷、讥讽、戒备、不信任等不良倾向，教师丧失了乐观的态度和积极进取的精神。有的学校上上下下不重视学习，不敬业，精神状态不佳、文化素养薄弱，久而久之，偶有爱岗敬业的教师也变得就此搁置了。有的学校缺乏一种团结奋进的精神，教师之间不能彼此关心，教师缺乏成就感，没有自我效能感，也没有任何满足感，你我是非、情绪低落、感情冷漠、缺乏激情、牢骚满腹，抱怨焦虑，工作上得过且过。总而言之，这样一个缺乏风清气正、团结奋进、公正民主、积极进取的学校氛围，抑制了教师的健康成长、专业发展与智慧生成。

4. 教师文化不良

教师文化，指的是教师的职业意识与自我意识、专业知识与技能，感受"教师味"的规范意识与价值观、思考、感悟和行动的方式，等等，即教师们所特有的范式性的职业文化。[①] 人与其所在的组织，都是社会文化的产物，他们都存在于某种特定的文化环境之中，并自然而然地会受这种文化环境熏陶。教师的成长与发展，不仅受到学校、社会等环境因素的影响，也会受教师群体所形成的文化的熏染。教师文化，属于教学职业文化的范畴，是学校文化的一种亚文化，学校教师群体内形成的这种独特的价值观、共同的思想与作风、行为准则与规范等，是教师生存与成长的"微环境""小气候"。[②] 在内容上，教师文化包括特定范围的教师集体共享的态度、价值、信念、习惯、假设以及行为方式等，具体体现在教师的所思、所想、所说和所行中。

中小学存在教师文化不良现象，有的学校没有形成合作文化，经验丰富的教师不愿奉献自己的专长，教师之间不能在知识、信息、思想、情意

① ［日］佐藤学：《课程与教师》，钟启泉译，教育科学出版社2003年版，第253页。
② 赵昌木：《教师成长论》，甘肃教育出版社2004年版，第52—54页。

等方面充分交流、协作共享、彼此促进、共同成长。教师长期所处的孤立与封闭的"单打独斗"的工作状态，导致了教师专业发展的停滞和退缩，也使得教师存在不同程度的职业倦怠。这种个人主义文化使得教师争权夺利、争风吃醋，影响了成长，阻碍了智慧。

（三）社会因素影响不良

教师长期工作在学校里，但作为社会人，总要受到社会因素的影响。马克思说："人的本质不是单个人所固有的抽象物，在其现实性上，它是一切社会关系的总和。"① 人总是生活在一定的社会环境中。"社会最大的悲剧来源于它忘记了自己本源，或者并不是忘记了，而是掩盖了、抹去了，自以为或称自己是先天的、至上的、支配的。事实上，社会忘记教育，比教育忘记社会的可能性、危险性大得多。"② 良好的社会环境同样会促进教师的成长，反之，不良的社会环境也会抑制教师的发展。对于教学智慧的缺失，也会理所当然地受社会不良因素的影响。

1. 社会不良风气侵蚀

社会风气不良，也会影响教育的健康发展。在过于急功近利的社会里，教师抵制不住金钱的诱惑，坚守不住教育生活的纯洁，办补习班，把精力用在"第二职业"上，忙着挣"外快"。有的虽然专心教学，却把教学作为升迁、晋级的手段，追求名利。责任心缺失成为社会的普遍现象，教师的责任意识在滑坡，敬业精神减退，积极进取精神弱化。社会的重压致使教育失去本真，走入了迷途，教育已经异化成了升学的工具，教师不关心什么教学智慧，只是题海战术，一张张试题，一次次测试。从高考、中考前那种海誓山盟的宣誓中，可以感受到，教育的扭曲、教学的变形，智慧的变味，真是无可奈何！

在当今社会，激烈而无序的竞争，生活的快节奏使其变味，强烈追求物质生活的刺激与欲望，纷繁复杂、眼花缭乱的社会乱象，无疑给人们增加了一种无形的压力，人们的心态浮躁得宛若汤煮，心总是静不下来，心烦意乱、魂不守舍，身上充斥着躁气、匠气、俗气，不读书、不学习、不思考。有的教师家里甚至没有藏书，对于教书的人，没有藏书，可以想象

---

① ［德］马克思：《马克思恩格斯选集》（第一卷），人民出版社1995年版，第60页。
② 张楚廷：《教育哲学》，教育科学出版社2006年版，第297页。

到"教书"人的水平。当同时走过一家书店和一家服装店的时候，一般是书店里人少，服装店里人多。

2. 公民教育素养缺乏

公民的教育素养是其重要素养之一。人生活在社会特定情境中，需要应对情境中的复杂要求，才能够顺利地生活、学习或工作。达成"幸福生活"，并不是自然而然的，生活、工作、学习是复杂的，公民的素养也应是综合的。教育素养是公民综合素养的重要组成部分，包含关于教育的知识、能力及态度价值观等，这无论是对自己的发展，还是对儿女的成长，对国家和社会都有重要意义。

目前，我国公民的教育素养水平不够高，这在一定程度上制约着社会的进步与发展，影响着公民生活的幸福指数。有的对教育一无所知，仅凭积累的一点朴素的经验，发展自己，培养孩子；有的人表现为机械模仿，死板硬套，不顾自己的特点、孩子的个性，公民中有的缺乏最基本的教育常识性知识。公民缺乏终身发展学习和发展的意识，不知如何重视教育，不善于学习，他们把孩子教育的成败要么归于孩子，要么归于学校。

总的来看，公民教育素养的缺乏，致使社会上不尊师重教，教师的尊严和地位得不到应有的尊重；公民教育素养的缺乏，也使得家长对教师要求扭曲，向教师要分数，向学校要名次；公民教育素养的缺乏，使得社会大环境因缺乏"教育"，而无力支撑学校教育的大发展，智慧教育和教学智慧的缺失存在着社会环境的"教育营养不良"。

第四章

教学智慧生成的内部要素

古罗马诗人卢克莱修说:"没有一件乐事能与站在真理的高峰目睹下面谷中的错误、漂泊、迷雾和风雨相比拟的,一个人的心若能以仁爱为动机,以天意为归宿,并且以真理为地轴而动转,那这人的生活可真是地上的天堂了。"① 人在求真、求善、求美的过程中逐渐累积人生的智慧,享受精神世界的畅达与幸福。对教师而言,追求智慧的教学生活一定是阳光无限与幸福无比的,让智慧回归教学是教学的本然诉求。面对教学智慧如此缺失的困境,在对其根源进行深入挖掘的基础上,重点要探究教学智慧究竟是如何生成的,系统论为本研究打开了广阔的视野,并给予了有力的思维启发。

系统论是研究自然、社会、思维和其他各种系统的原则和规律,并对其功能进行描述的一门新型的综合学科。它是 20 世纪科学发展史上的一次伟大创举,随着一般系统论、信息论、控制论以及耗散结构论、突变论和超循环理论的诞生而兴起的系统科学方法,是对古代整体而思辨的思维方式和近代局部而分析的思维方式的超越,特别是对人们的思维方式产生了极其深刻的影响。系统,在古希腊语中,带有组合、整体和有序的含义,现代科学赋予系统概念的内涵则更为丰富。在系统论中,系统被认为是由相互作用、彼此联系的若干要素组成,这些要素按照一定的规则组成了一定结构,用一句话来概括,系统就是由元素组成的彼此作用与联系的有机结构整体。

在系统论中,强调整体和联系的观点,把研究对象作为一个整体来分析,用相互联系的观点来看待,将其作为一个动态的结构来研究它的过程

① [英] 培根:《培根论说文集》,水天同译,商务印书馆 1986 年版,第 6 页。

和行为，系统不是既成元素的复合体，而是过程的复合体。[①] 系统是客观的、普遍的，又是多样的对立统一体。从无机界到有机界，从天然到人工自然，从人类社会到思维，都是自成系统又互为系统的。从严格意义上讲，宇宙间只有系统的存在，而没有"非系统"的存在。

系统科学思想也正以空前的广度和深度向人类几乎所有的知识领域渗透，以其跨学科性、综合性和普适性影响并促进当代科学的发展。人类社会的方方面面，政治的、经济的、文化的、教育的，等等，都需要从系统科学中寻找理念、思路和方法。系统科学为研究教学智慧生成的内部要素、外部条件、整体结构等提供了方法论和广阔视域。

而且，教学智慧的生成是教师成长的标志，是教师专业素质发展的内涵。对于教师的专业素质结构，叶澜认为，其应该包含专业理念、知识结构和能力结构；艾伦认为，其应该包含学科知识、行为技能与人格技能；林瑞钦认为，其应该包含所教学科的知识（能教）、教育专业知能（会教）、教育专业精神（愿教）；饶见维认为，其应该包含教师通用技能、学科知能、教育专业知能、教育专业精神；姚志章认为，其应该包含认知系统、情意系统和操作系统；唐松林认为其应该包含认知结构、专业精神和教育能力；如此等等。[②] 通过分析教师专业素质结构，从中得到启示，教学智慧的生成也必然发源于教师的专业知识、专业技能和专业情意等。

教学智慧生成的内部要素是教学智慧研究的核心问题。教学智慧是教师在与学生交往促进彼此发展的课堂教学活动过程中，所表现出的聪明才智、综合能力、品质状态、生活方式与精神境界。根据教学智慧的含义、特点与缺失根源，依据教师的专业素质结构，再对教学智慧的生成进行理论思考和实践探索的基础上，基于系统论科学的分析，本研究认为教学智慧生成的内部要素主要包括四类：认知性要素、知识性要素、技能性要素和情意性要素。

一　认知性要素

中国古代的老子、孔子、庄子、墨子等圣人贤哲，都是不断"寻思"

---

① 刘文超：《高科技知识》，天津科学技术出版社1997年版，第285页。
② 教育部师范教育司：《教师专业化的理论与实践》，人民教育出版社2003年版，第54页。

的人。古希腊积淀了灿烂的文化，蕴藏着深邃的智慧，其基本的原因之一就是古希腊哲人们思考了许多常人看来奇怪的问题。卢嘉锡院士在《院士思维》中对思维的重要性进行了充分论述，他认为，"人之异于禽兽，在于人会思维；人与人的差异，在很大程度上取决于人的思维方式与水平的差异。可以说，凡生活上能过得幸福、事业能取得成功的人，都与他们的思维方式和思维水平存在着极为密切的关系。"[1] 以上所说的"思考""寻思""思维"实际上与"认知"的内在意义基本一致。随着人类思维研究的信息加工理论的出现和相关研究技术的引入，心理学上更倾向于用"认知"来描述个体的认识能力和思维力，因此，"认知"也与人们常说的"认识"相类似。

　　心理学上的研究指出，认知具体是指那些能使主体获得知识和解决问题的操作和能力。[2] 认知是个体内在心理活动的过程和能力，它不仅寓于个体意识水平之上的认识活动中，同时也寓于个体日常生活的某些非意识行为的过程中。对于认知，皮亚杰认为，它不是一种纯粹的表征和计算，而是个体从事的一种以适应环境为目的的实践活动，在这种实践活动中，人们通过身体、经验形成认识，进行思维与判断，其中，意象、隐喻、情绪、想象等都直接或间接地与身体构成、身体组织与感知—运动图式相关联。[3] 对于认知结构，斯腾伯格认为，它是由元成分、操作成分和知识获得成分三种成分组成的，个体的认知发展正是这三种成分反复相互激活、相互作用的结果。[4] 从以上心理学分析中可以看出，个体的认知决定着他对外界信息的加工能力，从而直接影响着人的智慧水平。

　　在哲学上，康德和黑格尔均提出认识过程分为三个阶段，人类一切知识从感性开始，进到知性而终于理性。德国库萨的尼古拉和意大利的布鲁诺先后研究了人的认识过程，也将其划分为感性、知性和理性三个阶段。近年来，国内外也出现了"认知哲学"的相关研究，有学者指出，"由于认知现象既是复杂的心理与精神现象，也是复杂的社会与文化现象，这就

---

① 卢嘉锡：《院士思维（卷二）》，安徽教育出版社1998年版，第289页。
② 陈英和：《认知发展心理学》，浙江人民出版社1996年版，第3页。
③ 叶浩生：《认知心理学：困境与转向》，《华东师范大学学报（教育科学版）》2010年第1期。
④ 陈英和：《认知发展心理学》，浙江人民出版社1996年版，第78页。

决定了以认知现象为研究对象的必然是具有高度交叉性、整合性的学科。"① 这就需要从哲学层面对自然科学与人文科学相关研究进行整合，才有可能真正揭示认知现象的本质。可以看出，无论是哲学的视角，还是综合视角考察，一个不争的事实是，人的认知能力与人的智慧水平关系极为密切。

教师的认知能力在教学中起重要作用。教师教学的认知能力是教师对教学及相关活动进行感知、理解、判断以及对问题解决的能力。或者说，它是教师对教学目标、教学任务、学习者特点、教学方法与策略以及教学情境的分析判断能力。② 教师的认知能力和水平关系到教师对教育目的、教学目标、教学内容、教学方法、学生等方面知识与可能性的洞察。教师认知能力也会影响其对课堂中具体问题的处理，进一步影响教学智慧的生成和发展。在教学活动中，教师所面对的学生具有多种不同的发展可能性，学生作为鲜活的、独特的个体，课堂信息变化莫测，教学情境错综复杂，随机事件发生无从预料，教师在这种复杂、不确定环境中的决策和行为主要依赖其认知能力。③ 可以说，教师的认知能力是教学智慧生成的关键要素。

本研究认为，教师对教学的认识和认知遵循"感性—知性—理性"的逻辑。于是，对于教学智慧的生成，教师的认知性要素也就包括感性能力、知性能力和理性能力。

（一）感性能力

在康德的认识论中，"感性"是其认知或者认识的第一个环节。对于感觉，亚里士多德认为，"根据通常的见解，没有任何事物能够脱离和外在于可感知的有形物体而存在，因此，思维的对象存在于可感形式之中，因此，若没有感觉，就不可能认知或理解任何事物。"④ 对于感性认识，马克思做出了这样的表述："感性认识是认识的初级阶段，是人们对事物

---

① 魏屹东：《认知哲学：认知现象的整合性研究》，《中国社会科学报（哲学版）》2010 年 8 月 10 日。

② 林崇德：《教育与发展》，北京师范大学出版社 2002 年版，第 254 页。

③ 赵昌木：《教师成长论》，甘肃教育出版社 2004 年版，第 29 页。

④ ［古希腊］亚里士多德：《论灵魂》，载冒从虎《欧洲哲学通史》，南开大学出版社 2008 年版，第 153 页。

的各现象、各片面和外部联系的反应，感性认识具体包括感觉、知觉、表象三种形式，感觉是感性认识的起点，它是对事物个别特征（如颜色、声音、形状等）的反应；知觉是比感觉高一级的认识形式，它是在大脑中把有关事物的感觉信息组合在一起，从而所形成的整体的感性形象；表象是感性认识的最高形式，它是大脑对过去知觉形象的回忆。"① 因此，感性是认知的起点，表现了直接性、形象性等特点，是认知的关键环节。

若没有感觉提供信息，人甚至都不能正常生存。人们只有通过感觉才能认识和了解各种事物的属性。感觉不仅是一切高级、复杂心理现象的基础，也是人全部心理现象的基础，个体所进行的知觉、记忆、思维等复杂的认知活动，都必须借助于感觉提供的原始信息与资料。对于感知，裴斯泰洛齐说："在感知之前，不存在对任何事物的认识，知识总是从感觉开始的。"② 亚里士多德说："所有人在本性上都愿意求知，其标志就是我们对感觉的爱好。"③ 就算是人的情绪体验，也是依靠人对环境和身体内部状态的感觉，假若没有这种感觉，一切高级的心理现象就无从产生。"人类认识世界总是从感觉开始，感觉提供了内外环境信息，保持着机体与环境的信息平衡。"④

在《教师的专业教育》中，库姆斯（A. W. Combs）指出，一位优秀的教师，他首先是人，且是一位具有独特人格的人；他还是一位知道怎样运用"自我"，并将其作为有效工具进行教学的人。⑤ 从库姆斯的论述中可以看出，教师的"独特自我"应该成为有效教学的一部分。事实上，教师的专业自我是一个多维、动态、复杂的表现体系，也是教师和教学环境之间经过长期相互作用而形成的。生活于教学世界里的教师，没有对教学的感性认识，也就不会产生对教学的理性认识。教学智慧的生成，没有教师对教学活动周围环境、内部信息的充分感知和警觉，就不可能进入更高级的认识阶段，也更不可能最终生成智慧。

教学智慧生成的感性能力，主要是指教师对自身周围的教学环境、教

---

① 符丕大：《马克思主义哲学原理自学指导（第二版）》，北京理工大学出版社 2000 年版，第 175 页。

② ［日］佐藤正夫：《教学论原理》，钟启泉译，人民教育出版社 1996 年版，第 16 页。

③ ［古希腊］亚里士多德：《形而上学》，李真译，上海世纪出版集团 2005 年版，第 15 页。

④ 彭聃龄：《普通心理学》，北京师范大学出版社 2001 年版，第 74 页。

⑤ A. W. Combs, *The Professional Education of Teachers*, Allyn & Bacon, 1965, pp. 6 – 9.

学活动本身等相关情境的感知、感觉能力。教师的感性认识是教师形成教学认识的第一个环节，教师的感性能力是教学智慧生成的前提性要素，具体表现为教师对教学的敏感力、注意力和觉察力。

1. 敏感力

敏感力，是感性认识能力的一个重要品质和要素。敏感、敏感性，原是生物学中的专用术语，指的是生物体或其中的部分对某些因素易于感受的性能。二者也常被用于心理学领域，指心理上对外界事物反应很快，接受新的信息刺激灵敏。在人类从事的各项活动中，人们总是对其所从事的某种活动，或者其中的某些因素具有易于感受的性能，表现出非常敏锐的感觉。

周国平认为，"人类最高的智慧，是敏感和警觉。每个人都有智力，一种是情感智力，一种是逻辑智力，一种是觉悟智力。无论是情感智力还是逻辑智力，都必须在感官的敏感度上发展而来，我们必须抓住每一次机会强化我们的敏感度。"① 的确，任何一项智慧的生成都首先有赖于人对某个问题的敏感性，从这个意义上说，没有敏感力，就没有智慧。

奥修说："当一个人是警觉的，他是很敞开的。敞开是警觉的一部分。敏感度是随着觉知成长的。透过控制，你会变得迟钝、死气沉沉——那是控制运作的一部分，然后你就死掉了！"② 人缺少了敏感性是件很可怕的事情，生物意义上人虽然活着，但是意识意义上的人已经不存在了，即真正的人不存在了。留心一下各行各业的"大师"级人物，便发现，他们几乎都属于这样一类人：用自己的眼睛去看别人见过的东西，用自己的头脑去思考这些东西，在别人看来司空见惯的东西上发现了奇迹。这就要归功于他们所具有的特别的敏感力。

教师的教学敏感力，是指教师对教学现象、教学问题、教学事件、教学时机及它们所蕴含的教育价值所具有的敏锐感知和辨别能力。教学敏感力是教师最可贵的素质之一，是教师做好教育教学的重要条件，更是教学智慧生成的前提。一切思考、探究都始于问题，问题生于敏感。在教学过程中，学生脸上的异样神情、身上闪光的品质、心灵深处隐秘的活动，学生提出的难以琢磨的问题，在学习过程中的一个细节、一个动作，一个眼

① 周国平：《纯粹的智慧》，中国电影出版社 2005 年版，第 25 页。
② ［印度］奥修：《莲心禅韵》，谦达那译，陕西师范大学出版社 2007 年版，第 55 页。

神等，都有可能潜藏着教育良机。正确把握学科中的知识点、重点、难点、关键点，有效掌握最佳教学时机，是因势利导、防微杜渐，还是巧加点拨、妙加诱导，这些都需要教师的教学智慧，而教学智慧来自于教师的敏感力。张老师讲述了一则故事：

> 我们班最后转来的同学——小丽，一个文静且内向的小女孩，她上课很少举手回答问题，开始总以为她不会，可每次让她回答问题，都能答对，只是声音小，还很简短。后来和她聊天才知道，她怕她的东北话让同学们笑话。自那以后，每当她回答问题后，我总会给予热情鼓励的话语，并让同学们送上掌声，因为我知道要改变口音，需要我和班里同学慢慢等待。我们也都相信和支持她。现在，课堂上总可以看见她高高举起的小手。（材料来源：德州学院附属小学的教师访谈）

该教师的教学策略和行为正是基于对学生的敏锐察觉，对教学细节的敏感力。该教师不但有一双善于发现问题的眼睛，而且还用心体会。可以说，没有教师的敏感力，就不会有教学智慧的发生。智慧是用来解决问题的，教学智慧的生成要依赖问题，问题的发现要求教师养成敏感意识，培养教学敏感力，使对教学问题的敏感，成为教师教学生活的方式和习惯。

2. 注意力

注意，指的是心理活动或意识对一定对象的指向与集中，或者说，个体在一瞬间、一时期，其心理活动或意识选择了某个对象，而忽略了其他的另外一些对象。当心理活动或意识指向某个对象的时候，它们会在这个对象上集中起来，即全神贯注起来。因此，注意有两个特点，即指向性与集中性。[①] 周围环境给人们提供了大量的刺激，有的对人很重要，有的对人不重要，甚至有的毫无意义，还会干扰当前正在进行的活动，注意的功能便在于对这些信息进行有意识的选择。注意是个体进行信息加工和各种认知活动的前提条件，同时也是个体完成各种行为的重要条件。

注意力，从心理学上看，指个体积极处理通过感觉器官、存储的记忆或是其他的认知过程获得信息的手段，或者说，它是对语言输入进行编

---

① 彭聃龄：《普通心理学》，北京师范大学出版社 2001 年版，第 183 页。

码，使其在工作和短期记忆中保持激活状态并从长期记忆中提取信息的认知过程。认知资源能量有限是人注意力的一个重要特质，根据丹尼尔·卡尼曼（Daniel Kahneman）的注意资源理论得知，人们能够根据具体任务对注意力的要求支配自己有限的注意资源，也就是说，当认知加工任务有较大难度时，注意力能量则更大，人们所付出的努力更多，具有的动机更强。人要正常地工作，就必须选择重要的信息，排除无关刺激的干扰。注意力的强弱直接关系到人能否对事物有清晰认识与准确反应，这是人们获得知识、习得技能、提升思维能力的前提条件。

从哲学意义上讲，注意力则表现为个体精神的集中、敞开与接纳。哲学家根特在思考时经常使用一种精神集中法，说的就是集中注意力的做法，当他在书房里深思冥想问题的时候，他透过窗户凝视着远方屋顶上的一个随风摆动的风向标，一边眼盯着风向转动，一边下意识地沉浸于深深的思考之中，据说，他的许多哲学理论就是这样思考出来的。这种做法之所以会产生如此好的效果，是因为当人的双眼长时间地凝视在一点时，视野就会变得狭窄，那些容易吸引你并导致注意力分散的事物也就不会进入眼帘，此时，人的意识范围也随之变窄，从而使人进入一种"物我合一"的精神境界。

教师的教学注意力，具体来说，从心理学意义上看，它是教师积极地处理通过感觉器官、存储的记忆或是其他的认知过程所获得关于教学信息的能力；从哲学意义上看，是教师在教学生活中所表现出的精神集中、敞开与接纳的状态和能力。人类的一切工作，如果值得去做，而且想做得好，就应该全神贯注，达到一种如痴如醉的精神状态，便会带来"智慧的诞生"。教师也毫不例外，能否将注意力集中于所经历的教学生活和所从事的教学活动中，是做好教师职业的前提，更是教学智慧生成必不可少的条件。

对教师而言，其周围环境里布满了太多的刺激，教师若不能专注于自己的职业，便不可能有高质量的教学，更不会达到教学智慧状态。教学活动总是处于复杂多变的教学情境下，教师应把注意力集中于最有价值的信息上，根据问题任务需要，分配自己的精力，这是教师有效教学的前提，更是教学智慧生成的必经之路。在智慧型教师成长中，魏书生正是将注意力放在了"民主"上，便成就了"民主教育"的教学智慧，钱梦龙把注意力集中在了"导读"上，便成就了"导读艺术"的教学智慧……教学智慧的凝结进一步证明了教师专注的品质和能力的必要性与重要性。

3. 觉察力

觉察，意思是发觉、看出来、觉出来，因此，觉察力就是察觉的能力。而且，觉察力也是一种体验能力，是通过自己的感觉器官对人、物、事情等所进行了解和感受的能力，也是一个人对自身存在、世界"是什么"等，所具有的非语言感知和意会能力。一个觉察力较强的人往往知道他正在做什么，应该怎样去做，也知晓应选择什么。觉察力包括对自己的感觉和把握，指向内部世界；也包括对外部环境事物的感觉和把握，指向外部世界。觉察力所具有的这种内、外双重属性，是一个有机的整体，是不能分割分离的。[①]

教师教学的觉察力，指的是教师通过自己的感觉器官对教学活动相关的感知、感受和意会的能力。教学活动是由教师和学生、教学内容、教学媒体、教学环境等所构成的场域，作为教学活动主导者的教师，对这一场域的觉察力如何直接关乎教学的成与败，更是教学智慧生成的前提。教师的内部觉察力是对思想和情绪、身体和行动、内部思想情绪与外在身体行为的联结状态的觉察。教师的外部觉察力是教师对他的外部世界，怎样与这一世界进行接触，并展开行动的一种体验。外部察觉力具体包括：个体对外部世界的感知；个体对外部世界的接触方式；个体对自我与外部世界之间关系的体验与感知。教师通过内部觉察力，可以时刻警醒，坚守自我；通过外部觉察力能够时刻警觉，正确行事。[②]

敏锐的觉察力会使教师认清自我、理解现实。教师自我与教学现实被激活，并走向融合，自我与环境共处一场，达到了"天人合一"之精神境界，教师从中获得力量，体验到融会贯通、自由解放的心境，这是一个创造性的心境，几乎可以随心所欲地觉察到未来发展的可能性，从而对现实做出智慧的选择与应对。

（二）知性能力

对于知性的理解，可以从与感性的比较中去把握。对于感性与知性的不同性质及其相互联系，康德在《纯粹理性批判》中这样做了阐明，他

---

① 于泽元等：《觉察力对教师教育智慧生成之研究》，《中国教育学刊》2011 年第 3 期。
② 同上。

说，"假如我们愿意把心灵在以某种方式受到刺激时，接受表象的这种感受性称为感性的话，那么与此相对，人们自己产生表象的能力，或者知识的自发性，就是知性。"① 也就是说，感性是对象被给予，知性则是对象被思维，直观无概念则亡，思想无内容则空。这两种能力的功能与作用是不能互换的。感官不能思维任何事物，知性不能直观任何事物。知性主动地将被感官接受的感性表象作为加工对象，知识只有从感性与知性的相互结合中才能产生。

对于知性的理解，也可以从知觉理解中得到启发，知性与心理学上说的知觉类似。知觉是客观事物直接作用于感官而在头脑中产生的对事物的整体认识，也可以说，知觉是人们通过感官得到了外部世界的信息后，这些信息再经过头脑的加工，产生了对事物的整体性的认识。② 可以发现，知觉依赖于感知的主体，即活生生、具体的人，而不是只靠孤立的眼睛和耳朵。知觉是一个解释刺激信息，从而产生组织和意义的过程，知觉是积极主动、适应性的建构过程。③ 在人们的认知活动中，认知主体的知觉能力具有两种功能：一种是感觉之分化，即主体从外部环境繁杂的信息中提取有关的信息；另一种是知觉的推断，即利用原有的认知结构对外来信息进行加工处理。我们可以把知觉看作是信息处理的同义词。所以，知觉对客观现实的反映比感觉更完整、更全面，它们是两种不同水平的反映。

因此，知性反映了事物的各个属性、各个方面、各个部分所组成的事物的整体性，是一种整体性反映。有学者认为知性是一种智慧："教育的知性智慧是对教育的直觉把握、整体感知，主要是教师对其外部世界的一种直觉反映，是建立在直觉基础上的一种整体感知和反应能力。"④ 这里，用"智慧"一词代替能力，意在说明知性能力本身就是智慧的构成部分。人们也常提到"悟性"，悟性是人们凭借直觉体验，对对象本性或内蕴进行明澈的观照和透察的智慧，即人们对于事物本性进行直觉的观照的智慧，这在实质上也包含知性的含义。

因此，教学智慧生成的知性能力，是指教师对教学活动的整体感知和直觉把握能力，其知性能力主要表现为教师的整体感知力和直觉思维力。

---

① ［德］康德：《纯粹理性批判》，李秋零译，中国人民大学出版社 2004 年版，第 83 页。

② 彭聃龄：《普通心理学》，北京师范大学出版社 2003 年版，第 125 页。

③ 皮连生：《现代认知学习心理学》，警官教育出版社 1998 年版，第 140 页。

④ 田慧生：《时代呼唤教育智慧及智慧型教师》，《教育研究》2005 年第 2 期。

1. 整体感知力

所谓整体感知，就是人在感知过程中，将一个客观对象当作一个整体来对待。格式塔心理学派代表人物韦特海默认为，"人们的思维是一种整体性的、结构性的、有意义的知觉，而不是各种映像的组合。"[①] 他采用德语"Gestalt"（格式塔，或完形，可以被翻译成形式、型式、形态等，意思是指能动的整体），人类的感知具有整体性特征，整体性是知性思维能力的一个重要品性。

"教学是生活的过程，强调其生成性教学过程本身是师生创造自己生命意义的过程。强调师生应该以体验的方式（而非仅仅是认识、反映的方式）参与教学生活过程。"[②] 师生共同成长的教学生活，其过程是复杂的，教学系统诸要素间联系错综，教学活动中总会出现某个问题情境、突发事件、具体环节等，对这些问题的有效处理总依赖于整体认知，即对整个过程、整个事件、整个环节、整个问题等进行全面性、全局性、宏观性与整体性把握。否则，教师若只是形成片面或者局部认识，将会影响教师进行正确思维，从而影响教学行为的正确性、有效性与合理性。

因此说，教师教学的整体感知力是指教师对教学活动、教学过程、教学事件、教学情境等所具有的整体感知的能力。教学智慧生成更需要教师教学的整体感知能力，不但要对教学生活世界里的问题、现象等客观事物有具体整体感知的能力，而且，还需对教学活动中的感觉信息、感觉经验等具有整体感知的能力。因此，教师教学的整体感知力，是教学智慧生成的必备能力。

2. 直觉思维力

直觉，有时也被称为顿悟、灵感。直觉思维是一种非逻辑思维方式，是人脑对于突然出现在其面前的新现象、新问题、新关系、新情境等新事物所具有的一种迅速识别、敏锐觉察、深入洞察、直接理解、整体思维、综合判断之能力。换言之，直觉思维是人们面临新的问题、新的事物和现象时，能迅速理解并做出判断的思维活动和能力。直觉思维是直接领悟事物本质的一种思维方式，它不受既定逻辑规则的约束与规约。

对直觉思维的高度重视和广泛运用，是我国古代思维的重要特征，保

[①]　施良方：《学习论》，人民教育出版社1994年版，第140页。
[②]　裴娣娜：《现代教学论（第一卷）》，人民教育出版社2005年版，第99页。

持了一种源远流长的传统。老子哲学中的直觉思维具有发端之功。在《道德经》第十章有"载营魄抱一""专气致柔""涤除玄览";在第十六章有"致虚极,守静笃,万物并作,吾以观复"。在这种心理状态或精神世界里,人们已经忘却了自己所掌握的直接经验和间接经验,弱化了对事物的分辨与思考,也淡化了自己的各种欲望,致使精神和心理达到了高度的虚静状态。于是,人们在意念上逐渐打破主体与客体之间的界限,道在我中,我在道中,道我相融,道便一下子全面和深刻地出现在人们的意识中。这个"道"就是智慧,得道,就是生成智慧。显而易见,智慧的生成就是依据直觉思维。

科学的创造和智慧往往来自于直觉。布鲁纳认为,"直觉思维的本质是映像或图像性的"。[1] 直觉思维与分析思维相比,它是采取跃进、越级和走捷径的方式来思维的;分析思维是根据仔细规定好的步骤来进行思维的。直觉思维是创造性思维的重要组成部分,具有快速性、跳跃性等特点。[2] 智慧的本质是创造,创造的核心是直觉思维。

教师教学的直觉思维力,是指教师在教学中,在面临新的问题、新的事物和现象时,能迅速理解并作出判断的思维活动的能力。师生的教学生活具有多样化与生成性,教学系统构成具有多元性与复杂性,教学主体只具有个性化与主观能动性,教学目标实现具有多层次性,学生发展具有个性化特点,这都要求教师在面对复杂的教学活动时要具有直觉思维能力。教师的直觉力是一种与理智完全不同领域的发生力、想象力与创造力,更是对生命的感悟、体验与体悟。教师需要以经验为参照,从总体上把握对象,并借助悟性发现逻辑思维所不能揭示的意境。教师面对教学情境的多变性与不可预测性,创造思维,智慧解决,就必须重视利用直觉思维。"直觉"有时胜过"运算",教师伴随着教学实践中直觉出现频率的不断增加,教学智慧一次次地不断生成,也意味着教师专业发展出现了一个个新的转折点和成长点。

(三) 理性能力

在中国哲学背景中,理性与情感的融通形成了中国哲学特有的大智

---

① 施良方:《学习论》,人民教育出版社 1994 年版,第 215 页。

② 彭聃龄:《普通心理学》,北京师范大学出版社 2001 年版,第 244—245 页。

慧，遂成圆融境界，圣人气象显发。我国唐代学者刘禹锡强调人"为智最大"，是指有能力观察、研究和认识自然的现象及其作用，一旦认识了事物的本质，人们就可以预料自然界之发展趋势。在西方哲学背景中，激烈的理性思辨，形成了逻辑严密的思辨体系。理性，渊源于古希腊哲学，孕育于苏格拉底哲学的"本原论"之中，泰勒斯以"水"为万物的本原，扬起了理性的第一面旗帜，毕达哥拉斯把"数"看作宇宙本原，开辟了一条由抽象原则说明感性经验的理性之路；爱利亚学派的"存在论"则在理性的探索上实现了对感性的超越，探究知识的确定性成为柏拉图和亚里士多德理性主义哲学的直接来源。

理性，是康德认识论的最后一个环节，指人先天具有一种要求把握绝对的无条件的知识的能力，即要求超越"现象世界"去把握"自在之物"的能力。他认为，理性从来不去关涉经验、某个对象，而是去关涉知性，目的是为了通过概念赋予杂多的知性知识以先天的统一性，这里说的是理性的统一性，它提供的那种统一性完全不同于知性，因为它是形而上学的知识，对此，康德也称其为"辩证推理""先验幻相"，他又解释到，在这所有的辩证推理中，理性的任务就是从知性在何时都受制约的有条件综合上升到知性永远不能达到的无条件综合。[1]

纵观中外哲学史，对理性的理解主要有两层含义：一是来自于认识论层面的理解，理性是人们认识事物的本质和规律所进行的抽象思维形式和所具有的思维能力；二是来自于人性论层面的理解，理性是由抽象思维能力所支配的人所具有的自觉的、理智的、合理的、合乎逻辑的能力，也可以说是人的一种存在属性。无论是认识论层面，还是人性论层面，理性的本质就在于思维、在于抽象思维，其主要借助于抽象思维，在概念规定中进行，表现为概念、判断、推理、分析、综合、逻辑演算与公理系统等。

认识和把握客观事物的本质和规律需要借助理性思维才能实现。黑格尔指出，"真正的思想和科学的洞见，只有通过概念所做的劳动才能获得。"[2] 裴斯泰洛齐也说，"直观唯有通过主体思维活动的媒介才能上升到概念，达到真正的认识"。[3] 这两者所说的概念实际上与理性是一致的，

---

① ［德］康德：《纯粹理性批判》，李秋零译，中国人民大学出版社 2004 年版，第 276 页。

② ［德］黑格尔：《精神现象学（上）》，贺麟等译，商务印书馆 1979 年版，第 48 页。

③ ［日］佐藤正夫：《教学论原理》，钟启泉译，人民教育出版社 1996 年版，第 17 页。

因为概念也只有借助理性才能进行。对于理性，雅斯贝尔斯曾精辟地指出，"理性所追求的统一，并不是单纯地为统一随便追求的那个统一，而是追求一切真理全在其中的那个统一。"① 因此，人唯有借助于理性思维，才有对本质和规律的洞见，才可达到智慧。

教学活动是教师和学生的重要生活方式和生存形式，一是教师需要理性，因为需要对其自身意义进行不断的理解和揭示，对自己职业所特具的意义做出主动、积极的探寻和追问；二是学生需要理性，学生的理性精神与综合素质的提升需要理性。马克思指出，"人类的思维是世界上最美的花朵。"② 课堂教学应当充盈着理性精神，教学须由健全、合理、澄明的理性来引领和规范。教师对学生的基本认识，对教学本真意义的理解，对教学促进学生人格完满发展的信念，这都需要教师借助于理性去探究与思考。教师的理性信念和理性认识在其实际教学中规定着方向、准则以及思维逻辑，导引着教师的教学行为。可以说，教师的教学智慧是建立在理性之上的。

杜威说："教育过程有两个方面，一个是心理学的，一个是社会学的，它们是并列并重的，哪一个也不能偏废。"③ 叶澜说："就教学活动的实质来说，它是人类的精神能量通过教与学的活动，在不同的主体之间实现转换，并生成新的精神能量的过程。"④ 教学既是科学的，也是艺术的。教学既然是科学，就要以科学的态度去对待，以科学的方式去认识与实践。教学智慧既是理性的，也是非理性的。理性赋予了教师教学的客观态度、真实洞见以及恰当行动，进而生成教学智慧。对于理性智慧，有研究指出，"它是基于对教育问题的理性思考和规律认识生成的，它是教育智慧的高级表现形式和核心构成。"⑤ 这里选取了"智慧"一词，而不是能力，也充分说明了理性能力在智慧生成中的作用之重要。

教学智慧生成的理性能力是教师运用概念、判断和推理等逻辑思维方式，对教学的理论与实践进行自主思考，以做出合理教育行为选择，并将

---

① ［德］雅斯贝尔斯：《生存哲学》，王玖兴译，上海译文出版社 2005 年版，第 45 页。

② 中共中央马克思恩格斯列宁斯大林著作编译局：《马克思恩格斯全集》（第三卷），人民教育出版社 1972 年版，第 462 页。

③ ［美］杜威：《世界教育名著通览——我的教育信条》，任钟印编，湖北教育出版社 1994 年版，第 49 页。

④ 叶澜：《教育理论与学校实践》，高等教育出版社 2000 年版，第 138 页。

⑤ 田慧生：《时代呼唤教育智慧及智慧型教师》，《教育研究》2005 年第 2 期。

其付诸实施的能力，具体表现为抽象思维力、批判思维力和元认知思维力。

1. 抽象思维力

抽象思维是在感性认识的基础上，通过概念、判断、推理来揭示事物内在联系、本质联系过程的，抽象思维是认识由感性上升到理性的一个环节。具体来说，抽象思维是由感性的具体上升为抽象的概念，或者是由特殊、个别上升为一般和普遍，是思维对客观事物共相的一种把握，这种抽取出来的东西同特殊、具体是对立的，要用概念把它固定下来。抽象思维力具有判断性、推理性、论证性和批判性等特点。

需要说明的是，事物的本质是共同的东西，而共同的东西不一定就是本质，这就需要在认识各共同点的基础上，有选择地重点深入，着重把握共同点中的主要东西，舍去次要的东西，才能逐步接近内在共有的规定性。黑格尔提醒说："别把真正的普遍性或共相与共同之点混为一谈，这极其重要。"① 之所以特别重要，是在于普遍性、共相是属人的，它是思维的产物，只有思维才能把握，而共同点动物也能把握，它不是人的认识所要实现的真正的任务。抽象思维是人所特有的。

中国哲学家老子讲"道"、求"道"，将其视为世界的本源。在《尔雅·释宫》中有"一达谓之道"。在《说文》中有"道，所行道也"。在《尚书·康王之诰》中有"皇天用训厥道，付界四方"。在《左传·昭公十八年》中有"天道远，人道迩"。道即是"法则""规律"之义。"道之为物，惟恍惟惚。""视之不见"，"听之不闻"，"搏之不得"。道不是通过耳目见闻所能直接感受到的，它具有抽象性。悟道既是抽象思维的过程，也是抽象思维的结果，是人抽象思维力的高度体现。

抽象思维是人对事物的认识由外部的表面特征深入内在的实质联系，抽象思维在人的认识活动中常占主导地位，在创新活动中具有重要作用。抽象思维能力强的人，善于把事物的各个部分、各种特点以及隐藏于事物内部的属性一一分解出来，运用概念、判断、推理等逻辑思维方式，对事物进行具体分析，找到本质特征，也能在综合分析的基础上，把已经获得的理论运用到解决具体实际问题中去，从而彰显出较强的主动性和创造性。因此，抽象思维力是智力的核心成分，也是智慧的

① ［德］黑格尔：《小逻辑》，贺麟译，商务印书馆1981年版，第332页。

核心构成。

教师教学的抽象思维力，是指教师以概念作为教学思想载体的思维，也就是说，教师在教学的相关认识活动中运用概念、判断、推理等思维形式，对教学的客观现实进行间接、概括的反映过程，是教学的理性认识阶段。教学智慧的生成，需要教师运用抽象逻辑思维形式，认识和把握教学中的本质和规律。教师只有不断地对教学问题与现象进行理解、分析、综合、判断、推理等，才能透过现象看本质，穿过表象看规律，形成对问题本质的认识，方可找到解决问题的良法，从而促进教学智慧的生成，来实现有效教学。罗伯特·斯莱文（Robert Slavin）说，"连结教师希望学生学习的与学生实际学习的二者之间关系的纽带叫教学或者教学法，有效的教学绝不仅仅是一个具有较多知识的人将该知识传递给另一个人那么简单"①。教师在教学中要追求客观的、普遍的、永恒的真理，需要洞悉教学现象的本质和规律，这仅凭经验是做不到的，需要基于抽象思维的长期探索和研究。

2. 批判思维力

根据康德的理解，批判是理性的职责和使命，是对理性本身的召唤，他认为批判思维有三重含义：一是说，主体具有批判的职责和义务，因为这是理性主体的使命；二是说，对一切事物都应当运用自身的理性来加以审查；三是说，理性本身也要接受批判，为自己建立一个"法庭"，来保证理性合法的要求而驳回一切无根据的僭妄，也正是对理性的号召，叫它重新负起最艰巨的任务，认识自己这个任务。② 因此可以说，批判思维是一种深刻的理性思维，批判精神是一种理性精神，批判能力是一种理性能力。贾尼科说："苏格拉底这样一位和尼采相似的智者，并没有亲笔留下只字片语，但我们在他身上看到了批判心灵与哲学心灵合二为一，迸出了智慧的火花。"③ 理性是智慧的本质属性，批判是理性的召唤，因此，没有批判思维则不会有智慧的生成。

中国的批判思维教育传统上是以"质疑"为核心的，它力图通过不

---

① ［美］罗伯特·斯莱文：《教育心理学：理论与实践》，姚梅林等译，人民邮电出版社2004年版，第5页。

② ［德］康德：《纯粹理性批判》，韦卓民译，华中师范大学出版社2004年版，第5页。

③ ［法］多米尼克·贾尼科：《父亲的最后30堂哲学课》，张宪润译，湖南科学技术出版社2010年版，第9页。

断地质疑探究来深化对特定人或事物的认识。我国宋代张载主张，义理有疑则濯去旧见，以来新意。说的是，只有怀疑，才能摒却陈旧思想，创造新意。他还说，可疑而不疑者不曾学，学则须疑。由此，质疑能力成为学习进步的突出表现。宋代朱熹说，读书无疑者，须教有疑；有疑者却要无疑，到这里方是长进。此论可谓对学习中问题批判意识之科学而又辩证的阐述。宋代陆九渊指出，为学患无疑，疑则有进，小疑则小进，大疑则大进。① 也就是说，只有批判才会有创造、创新，只有批判才会生成自己的思想。因此，智慧生成不能脱离于此。

对于批判性思维，罗伯特·恩尼斯（Robert Ennis）认为，它是一种合理性、反思性的思考，着重于解决相信什么或做什么的问题；而马修·李普曼（Matthew Lipman）认为，批判性思维是可靠的、熟练的思考，因为它对背景很敏感，根据标准，并且是自动调整的，所以有利于形成有效判断。② 批判性思维是建立在良好判断的基础上，使用恰当的评估标准对事物的真实价值进行判断和思考。当人们进行批判性思考时，必须清晰地、准确地、有广深度地、有逻辑性地对问题进行分析和评价。③ 批判性思维是一种思维技能组合，包括解析思维、分析思维、评估思维、推理思维、解释思维和自我调整思维等。可以说，何时缺少了批判性思维，何时就会出现理论事物发展的平庸和静止。

教师教学的批判思维力，是教师所进行的、关于教学的一种合理的、反思性的思考，着重于决定相信什么或做什么的能力，是教师在良好判断的基础上，使用恰当的评估标准对教学问题的真实价值进行判断和思考的品质。教师只有对教学中的诸多矛盾与困境进行系统性、逻辑性、深入性探讨，才有教学智慧的生成。批判性思维的运用，是教师教学的重要使命，是教学逐步走向合理化的本然诉求，它会使教师重新思考教学活动的既成理论话语与成型的实践方式，使教师的教学充满生机与活力，更加有效与合理。可以说，批判思维力是教师个性、主体性与

---

① 岳晓东：《批判思维的形成与培养：西方现代教育的实践及其启示》，《教育研究》2000年第8期。

② ［美］杰洛德·谱西奇：《学会批判性思维》，柳铭心译，中国轻工业出版社2005年版，第2页。

③ ［美］理查德·保罗、琳达·埃尔德：《批判性思维工具》，侯玉波等译，机械工业出版社2013年版，第6页。

创新性的重要表现，没有教师的批判性思维，就不可能有教学的发展与创新，也就不会有教学智慧。关于专家教师和新手教师之间差异问题的研究表明：专家教师是批判性的思想者。我国智慧型教师成长的经验表明，他们不断摒弃旧思想、吸纳新观念，批判性地审视教学活动，是批判性思维的践行者。

3. 元认知思维力

元认知，最初是由美国发展心理学家费劳威尔（J. H. Flavell）于1976年提出的一个概念，"元认知，是指反映或调节认知活动的任一方面的知识或者认知活动。"① 斯滕伯格（Sternberg）认为，"认知包含对世界的知识以及运用这种知识去解决问题的策略，而元认知涉及对个人的知识和策略的监测、控制和理解。"② 他还认为，认知结构中的"元成分"，即元认知，对个体发展起重要作用，它构成认知发展的重要基础。元成分的低效工作是造成智力低下的原因。③ 由此可知，元认知是个体关于认知的认知，元认知包括元认知知识、元认知体验和元认知监控，其实质是个体对认知活动的自我意识和自我控制。

如果说，认知指向的是个体的外部世界，那么，元认知则是指向个体自身的认知过程，它以认知过程本身的活动为对象。从本质上来讲，元认知不只是一种知识体系，更是一种活动过程。个体所具有的元认知知识、元认知体验、元认知监控，会直接影响个体使用策略的自觉性和有效性水平。心理学家和研究者们关注最多的是儿童的元认知发展，却很少关注成人的元认知思维能力。在某种意义上说，成人的元认知思维能力是一种重要的理性素养和品质，它影响着个体的智力水平，在个体的认知发展过程中，元认知能力居于比较核心的地位。

教师教学的元认知思维力，是教师对教学进行元认知思维的能力，涉及教师对个人的教学知识和策略的监测、控制和理解。教师的元认知思维能力，在关于教学的认知结构中处于上位，其中包括关于教学的认知知识（即是关于什么因素和变量以什么方式起作用来影响教学的认知过程和结果的知识和信念）、学生特点、任务特点和认知策略等知识。教师的元认

---

① 张承芬：《教育心理学》，山东教育出版社2000年版，第185页。

② Sternberg. R. J., *Encyclopedia of Human Intelligence*, Macmillan Publishing House, 1994, p. 725.

③ 陈英和：《认知发展心理学》，浙江人民出版社1996年版，第88页。

知监控是教师在进行认知活动的全过程中，将自己正在进行的关于教学的认知活动作为意识对象，不断地对其进行监视、调节和控制。其中教师关于开展教学的策略性知识是元认知的有机组成部分，元认知过程是使用教学相关策略的过程，元认知能力则是执行这一控制的能力。可以说，教师的元认知思维能力，不但影响着教师认知过程和认知结果，也影响着教师的认知能力，从而影响着教师的智慧水平。

研究表明，专家型教师和新手教师在思维的元认知控制上存在差别，也就是说，专家型教师和新教师在解决工作中的问题时，对思维进行思维的过程存在差异。① 实践发现，智慧型教师在遇到问题时，一般不急于立刻着手解决问题，而是先进行思考，把所有解决问题的方案都进行反复比较与分析，从而选择最有效的办法来处理当前的问题。一般教师则会用更多的时间来尝试各种解决问题的办法。因此，对于教学智慧的生成，教师的元认知思维力不仅是构成要素，而且极为重要。

二　知识性要素

知识，《教育大辞典》中这样定义："知识是对事物属性与联系的认识，表现为对事物的知觉表象、概念、法则等心理形式，可以通过书籍和其他人造物独立于个体之外。"② 知识，从起源来看，它是人类长期探索世界与自我而逻辑地积累起来的经验表达；从表面形态来看，它是一种符号性的体系结构；从本质上看，依照波普尔的说法，是人类自我构造出来的却又独立于人类主体与自然客体的"第三世界"，是人类对世界理解的对象化、形式化的意义巩固。③ 从知识获得的主体来考察，它则有直接知识和间接知识之分，直接知识是主体从人类社会实践中直接获得的；间接知识是主体通过书本学习、其他途径等获得的。因此，知识蕴含着人类对世界进行理解的方式、路径与结果。

智慧的生成必须以知识为基础。对于智慧与知识的关系，冯契先生指出，智慧指向超名言之域，而知识只以名言之域为对象；再从哲学史上考

---

① ［美］斯滕伯格、威廉姆斯：《教育心理学》，张厚粲译，中国轻工业出版社 2003 年版，第 12—13 页。

② 顾明远：《教育大辞典（卷一）》，上海人民教育出版社 1992 年版，第 144 页。

③ 周浩波：《教育哲学》，人民教育出版社 2000 年版，第 141 页。

察，康德追问普遍必然知识何以可能，与此同时，他也思考和研究了形而上学是否可能，现象与物体的二分，就蕴含着名言之域与超名言之域之分离；黑格尔曾经试图重新统一名言之域与超名言之域、本体与现象，但自始至终沿循一种绝对观念的思路，似乎将重心更多地放在了超名言之域。① 从上述冯先生深刻的分析中可以看出，智慧不是知识，智慧不等于知识，智慧是知识的上位，智慧的生成须以知识为基础。

教师教学主要是通过知识学习来促进学生智慧发展和培育学生智慧品性。教学的本质功能也在于能够引导学生将知识转化为智慧，将"自在之物"化为"自我之物"，把自然、社会和他人的经验内化成个体的智慧。赫尔巴特指出，教师首先是一个思想者、思想的实践者，这种人，假如他具有思考力和知识，能用人类的思想方法去观察和描述作为一个庞大整体的片段的现实的话，那么他就能够在这样的现实中教育一个儿童达到较高尚的境地，于是他就会自动地说，真正的、正确的并适合儿童的教师不是他，而是人们曾经感受到的、发现并想到的全部力量。② 学生智慧发展需要借助知识，教师有效教学更需要依靠知识。

教师的知识是指教师为了进行有效教学而应该掌握的知识，它具体包括专业知识、教育学知识、心理学知识、科学知识、文化知识、管理知识以及其他相关的知识等，另外，教师经过长期的教学实践探索，总会积累一定的课堂教学实践知识，这些都是教师实施教学的必备知识。教育心理学研究表明，"教师的知识结构包括：本体性知识、条件性知识、实践性知识和文化知识。"③ 有的研究也指出，教师的知识可以分为：学科知识、学科教学法知识、实践性知识。④ 同时，还有研究从专业化的视角进行了考察并提出，专业化教师的知识包括：关于学生的知识、关于课程的知识、关于教学实践的知识和技术。⑤ 总的来说，教师教学需要一个综合的、科学的、合理的知识结构，教师合理的知识结构是教师从事教学的基本条件，其优良程度会直接影响教学的有效性水平，其完善程度也直接决

---

① 杨国荣：《知识与智慧》，《哲学研究》1995 年第 12 期。
② ［德］赫尔巴特：《普通教育学·教育学讲授纲要》，李其龙译，人民教育出版社 1989 年版，第 8—11 页。
③ 辛涛等：《从教师的知识结构看师范教育的改革》，《高等师范教育研究》1999 年第 6 期。
④ 陈向明：《教师实践性知识研究的知识论基础》，《教育学报》2009 年第 4 期。
⑤ 刘捷：《专业化：挑战 21 世纪的教师》，教育科学出版社 2002 年版，第 221 页。

定着教学智慧的生成。

毋庸置疑，生成教学智慧的知识性要素与教师的知识结构具有一定的相通之处，但作为教学智慧，它突出表现了教师的一种综合素质能力，一种良好的教学状态以及教学的高层境界，有自己的独到之处。也就是说，教学智慧的养成，要求教师拥有一个更加合理的知识结构。基于教师知识结构的已有研究，结合教学智慧生成的特点，在理论思考与实践考察的基础上，本研究认为，教学智慧生成的知识性要素具体包括：本体性知识、条件性知识、实践性知识和支持性知识。

（一）本体性知识

教学智慧生成的本体性知识，是指教师从事教学所应具有的特定的学科或者课程知识，如数学、语文、音乐、美术、物理、化学等学科知识。教师扎实的本体性知识是教师从事教学的基础，是取得良好教学效果的基本保证，但不是唯一保证，也不是个体成为一个好教师的决定条件，即，这是一个好教师的必要条件，但不是充分条件。北京师范大学教师教育研究中心与香港中文大学教育学院联合进行过一项研究——"小学数学教师的学科知识：专家与非专家教师的对比分析"，采用问卷法，考察了32名小学数学专家与非专家教师的学科知识，其结果表明，两类教师在数学知识与数学学科本质的理解方面表现出明显的差异，与非专家教师相比，专家教师对数学知识具有深刻的理解，包括深层的概念理解与结构化的知识组织。研究者通过深入课堂观摩听课发现，与一般教师相比，智慧型教师往往对学科知识理解更加深刻、透彻，表现得游刃有余、得心应手。

对于教学智慧的生成，教师不但要准确掌握所任教学科的知识，而且还要做到精通与透彻。也就是说，教师要全面精通学科内容，一是所任教学科的事实、概念、原理、理论等知识要把握精确；二是要精通一个学科领域的主要诠释架构与概念架构等实质性知识；三是要拥有对一个学科领域里新知被引入的方式、研究者对知识的追求、探究的标准或者思考的方式等章法语法知识；四是要时刻关注有关学科的最新进展，正在进行的有关研究，以及取得的相关成果等学科动态知识；五是要形成对学科的一种信念。若在此基础上，还能掌握并精通与相近学科、其他学科之间的关系，知识与知识之间的联系，在"专"的基础上，做到学科知识的"博"①。教师才能够做到"资之深，则取之左右逢其原"，生成教学智慧就是自然的了。

（二）条件性知识

教学智慧生成的条件性知识，是指教师教学所应具有的教育学类、心理学类、哲学类等知识，它是以本体性知识为参照提出的，是教师从事教学的条件，更是教学智慧生成的必备条件。条件性知识是教师有效教学的重要保障，若失去了这样一个条件，就不会有真正意义上的教学。"学者未必是良师"，说的就是"条件性知识"的重要性及必要性。一般认为，教师的条件性知识是指教师所具有的教育学与心理学知识，事实上，除此之外，还应包括哲学类知识。因为哲学是爱智慧，所以教学智慧的生成，需要教师的哲学知识素养，尤其是哲学的思维方式、教育哲学的素养和能力。对于教师的有效教学或者智慧生成而言，哲学类与教育学类、心理学类均处于同等重要地位，都是不可或缺的条件性知识。

教育学类和心理学类知识应该包括哪些？值得一提的是，一门"教育学"，一门"心理学"难能奏效，我国高等师范院校培养学生曾经只学一门通史性教育学课，再与本体性学科结合，开设"学科教学法"课程，这显然是不够的，这在某种程度上导致了教师教育学素养的匮乏。教育学知识应该包括教育基本理论、学科教育学、教师专业发展、教师教育课程、课程与教学论、教育研究方法、教育学名著、国内外教育发展动态等，也应根据国家教育发展与改革形势学习相应的课程，如我国制定出台的《教师专业标准》。心理学知识包括心理学、教育心理学、儿童发展心理学、教育测量与评价、心理学名著等。

哲学类知识对于智慧的生成必不可少。哲学作为一门高级的、上位的学科，对于其他任何一门学科几乎都非常必要。卢嘉锡在《院士思维》一书中说："大凡在科学上能够独树一帜，且能在理论上有重大发现，在技术上产生划时代意义的发明创造的那些卓越的发明家和科学家，一般都非常重视哲学思维对科学思维的指导。"② 对于科学的创造，哲学实乃一

---

① 教育部师范教育司：《教师专业化的理论与实践》，人民教育出版社 2003 年版，第 58 页。

② 卢嘉锡：《院士思维（卷二）》，安徽教育出版社 1998 年版，第 2 页。

件锐利的武器。亚里士多德指出，"在知识的每一个分支中，那些能够更确切、更有能力教导原因的人是更为智慧的；而且在各门科学中，由于其本身的缘故以及为了认识它而加以追求的科学，比之于为了它的结果而加以追求的科学，更具有智慧的本性，而高级的科学比之于辅助的科学，更具有智慧的本性。"① 哲学大概就属于这样一种具有智慧本性的学科，它不仅对科学，对任何一门学科都具有普适性的指导意义。

教学智慧的生成无法回避哲学。教学活动是教师与学生之间的共同生活，它充满着意义，不可能回避哲学，尤其是教育哲学。奈勒（Kneller, G. F.）指出，只有哲学才能解放教师的想象力，同时也指导着教师的理智，只有哲学才能让教师追溯各种教育问题的根源，从而为看待这些问题提供了比较广阔的眼界。② 教学生活中面对的是人、人的精神世界、人的思想、人的生活、生活的意义、意义的实现，等等，所有这些追问都无法脱离哲学。智慧型教师都表现出了深刻的哲学的思考，他们以研究者的身份，走进哲学，其哲学思考并非神秘的形而上学，而成为一种工作态度和生活方式，以这种方式和态度融入了课堂教学，促使各自领域教育意义的实现，这就是教学智慧的诞生。

（三）实践性知识

教学智慧生成的实践性知识，指的是当教师面临实现有目的的行为时，其所具有的课堂情境知识以及与之相关的知识，它也是教师积累的关于教学实践的经验性知识。教师教学的实践性知识是缄默的、默会的。美国教育学家唐纳德·舍恩（Donald Schon）指出，"教师专业具有不稳定性、不确定性，同时又充满许多潜在的价值冲突，在这类专业中，实践性知识隐藏于艺术的、知觉的过程中，是一种行动中的默会知识。"③ 可以说，教师教学的实践性知识使教师发现了自身实践和经验中的"意蕴"，通过对自己教育教学经验的反思和提炼凝成了对教育教学的认识，形成了具有一般性指导作用的价值取向，缄默地、实际地指导自己的惯例性教育教学行为。

---

① ［古希腊］亚里士多德：《形而上学》，李真译，上海世纪出版集团 2005 年版，第 18 页。
② 陈友松：《当代西方教育哲学》，教育科学出版社 1982 年版，第 135 页。
③ ［美］唐纳德·A. 舍恩：《反映的实践者：专业工作者如何在行动中思考》，夏林清译，教育科学出版社 2007 年版，第 1 页。

　　教学智慧生成的实践性知识，实质上是理论与实践的融合。柯兰迪宁在《个人实践知识：一个教师课堂意象的研究》（Personal Practical Knowledge：A Study of Teacher's Classroom Images）一文中指出，教师个人实践知识由理论知识（包括学习理论、教学理论和课程理论）和实践（包括对学术的认识）组成，综合了个人背景、教师特征及其所处的具体情境的知识。① 教师的实践性知识深受教师理念、信念和价值等因素影响，随着课堂教学经验的累积和丰富，并以实践情境为导向，直接指向教育教学实践，用于指导教师教学行为。

　　实践性知识是成人智慧的重要来源。心理学研究表明，人的一生，能力方面存在相当大的可塑性与可变性。近年来，毕生发展心理学家格外关心成人期间智慧的发展。多数理论者论证，尽管有例外，但是，"智慧是随着年龄的增长而增长的"。② 基于已有的研究，成人期的认知发展，尽管液态能力和信息加工的其他方面在成人晚期会下降，但这种下降会被心理功能（晶态智力）中良好的实践和注重实效等方面的稳定或甚至进步所平衡。斯滕伯格指出，"年长的成人发展出实践性的策略来维持相对高的功能水平，他们还能利用年幼的人所没有的实践性知识。"③ 可见，实践性知识是成人智慧的重要来源。据此理推之，作为成人的教师，要特别重视教学实践知识的积累、挖掘与提升，这是教学智慧生成不可缺少的重要依赖。

　　教师教学的实践性知识是教学智慧的重要来源。教师的实践性知识不是一种僵化、既成、固定的知识，而是处于一种活泼、跳动、敞开的状态。教师要有意识地使自己的教学实践性知识不断生长，不但有数量上的积累，更重要的是还要进行提炼，使之升华为智慧。正如黑格尔在《精神现象学》中所说的，"知识是一个辩证的过程，在认识过程中进行理解的意识和它的对象都得到改变。每一种新的知识的获得都是过去的知识与新的并且是扩展了的环境的调节或者重新汇合。"④ 教师的实践性知识是

---

　　① Clandinin, D. J., "Personal Practical Knowledge：A Study of Teachers' Classroom Images", *Curriculum Inquiry*, 1985 (15), pp. 361 – 385.

　　② ［美］罗伯特·斯滕伯格：《认知心理学》，杨炳钧等译，中国轻工业出版社 2006 年版，第 386 页。

　　③ 同上书，第 385 页。

　　④ ［德］伽达默尔：《真理与方法——哲学解释学的基本特征（上卷）》，洪汉鼎译，上海译文出版社 1992 年版，第 33 页。

教学智慧生成的重要来源，要提高教师的教学智慧水平，尤其重要的是要关注教师积累的个体经验，促成教学智慧的生成。

教师教学的实践性知识突出表现为教师的教学机智。智慧型教师往往能够面对内在不确定性的教学情境做出合理的解释与决定，能在具体思考后再采取合适的教学行动，表现出了教学机智，教师这种临场发挥的天赋素质，并不是与生俱来的，是经过长期的理论思考和实践探索不断磨合而成的。一种教学方法在一种情况下适宜和必要，在另一种情况下就可能不恰当，课堂情境的不可预料性需要教师机智地对待，这是教师的一种实践性知识，也是教师教学实践性知识的突出表现，更是教学智慧的重要体现。

（四）支持性知识

教学智慧生成的支持性知识，是指对教师的教育教学、教学智慧生成起支持作用的知识。"支持性"的意思是说，如果教师缺乏它，也不会影响教师一般意义上的教学，但对于有效教学，尤其是对于教学智慧的生成，这种"支持性"知识却是必不可少的。支持性知识具体是指教师的综合学养。

教育职业特点决定了教师应当拥有广阔的知识视野。学生发展是多方面、多层次的，教师只有具备了广博的知识，才能充分满足学生探究和成长的需要。可以说，教育职业特点决定了教师应当具有较高的科学文化素养，多方面的兴趣和才能，教师不仅应该是学科领域的专家，也应是博览群书的饱学之士。苏霍姆林斯基认为，教师精神上宽阔的眼界、渊博的学识和丰富的文化素养影响着智育的成效。只有当学生为多方面的智力兴趣和要求的气氛所包围，当他与周围人们的交往中充满求知精神的情况下他才能得到智力上的培养。[①] 在教育教学中，培育学生的智慧，培养健全的人格，塑造完整的人，形成学生的综合素养，就需要教师的综合素养。

而且，一个人的个性发展只有在综合学养的基础上才会有真正意义上的发展。钱学森先生能妙绘丹青，精通弦乐，工于书法，书盈四壁，可谓杂家。教师需要了解人文类知识、科技类知识、艺体类知识、工具类知

---

① ［苏联］苏霍姆林斯基：《帕夫雷什中学》，赵玮等译，教育科学出版社1983年版，第255页。

识、工农业等知识，古今中外、上下纵横，广泛涉猎，开拓知识面。这样才能把学生真正引向未来的人生之路，为学生之人生幸福奠基。

教学智慧的生成更需要教师的综合学养，这是不可或缺的支持性知识。教师的教学智慧需要在不断的学习中积累，需要在综合学养全面提高的基础上提升，只有综合学养提升了，教师才能做到游刃有余、旁征博引、得心应手，有效激发学生的学习兴趣和求知欲，从而给学生带来多彩多姿的学习生活，使其体验生命的成长。教师以何种精神风貌出现在教学现场，很大程度上取决于教师所拥有学养的丰富程度。综合学养高的教师精神因不缺乏营养，展现出的是人性的健康之美，因此他的精神气质是美的。教师的综合学养，会使得教学厚积薄发，这是智慧成长的肥沃土壤。

实践证明，智慧型教师的成长都是基于优良的综合学养，李吉林就是很好的例证，她是一个实实在在的、刻苦的学习者，她学习了中国古代传统文化、古代哲学、马克思主义理论、教育学理论、语言学、美学、现代心理学、脑科学以及其他学科和领域的知识，积淀了广博的综合学养，构筑了教学智慧生成的肥沃土壤，有力地支持着她的教育教学，学生在她营造的纯净、美丽、芬芳的智慧王国里，流连忘返、全身心陶醉。

三　技能性要素

教学实践活动，作为教学认识主体与客体的相互作用过程，是在两个向度上展开的。第一个向度是学生对外部客观世界的认识（包括将自我作为特殊客体来认识）；第二个向度是教师与学生、学生个体之间、学生个体和群体之间所构成的社会性交往活动。以第一个向度为基础，两个向度相互作用，从而形成了教学实践活动的总体。[①] 教学活动表现出了系统性、复杂性、实践性、目的性、群体性、创造性等特点，教学活动中的交往也呈现出丰富多样的方式，教学活动的有效组织与顺利实施，需要教师掌握最基本的教学技能，这是狭义上的教学技能。对于教学智慧的生成，教师更要掌握相应的教学技能，这是广义上的教学技能。

教师是教育目的、任务、价值、意义的直接体现者、承载者和实践者，是教学活动的设计者、主导者、组织者、评判者，教学智慧主要是通

---

① 裴娣娜：《现代教学论（第一卷）》，人民教育出版社 2005 年版，第 45 页。

过教师的教育教学行为来体现，教师相关的教学技能也主要是通过行为来体现的。教学技能，是教师为顺利完成教学任务所采用的行为方式，它通过教师个人近乎自动化的外在动作表现出来，具有可观察性与可操作性，这是广义上的教学技能，不仅体现在课中，还体现于课前和课后。特别是对教师教学智慧的生成，不仅需要教师课中的教学技能（狭义），也需要教师课前的设计技能与课后的检评技能。

（一）课前设计技能

人们在做什么事情之前，常常是先在头脑中想象，然后再在现实中实施；先在想象中经历，然后再在现实中经历；先在想象中设想与预设，再在现实中去得到。① 实践证明，一项活动开展得顺利与否、效果优劣，这与活动前的准备环节呈现高相关性。教学是一项极其复杂的活动，对此，佐藤正夫指出，"教与学是统一的，但不是同一的，教师的某一活动未必能使学生必然地产生相应的活动，即所期待的学生的反应，学习不是教授的简单的反射。"② 在这项复杂的活动面前，只有做好课前设计，才可能创造出适应学生身心自然节奏的教学，才可能营造出师生共盼的美妙课堂，以有效地促进学生的成长。

教师的课前设计对教学活动的顺利开展尤为重要。教师的教学活动承载着学生培养的基础性和超前性，基础性就是教学要为其一生各方面的发展奠基，超前性就是教学要能引领学生的主动发展。这就要求教师实施教学活动之前预先做好统筹规划。裴斯泰洛齐认为，教育的技术，是照料树木花草使之开花结果的园丁的技术，他只是照料人，只是小心翼翼地留意不使外来的暴力，妨碍或搅乱人的各种力的自然发展过程，他不是去妨碍本性的所有各种力量，而只是遵循各自的法则使之得到发展。③ 教师的课前设计是基础，教学活动的设计与开展是需要遵循内在法则的，只有这样才能呵护生命的健康成长。

教学智慧的生成常常孕育在教师课前设计的"百思奇想"中。教学活动的展开，教要先于学，教师组织好学习过程，不能超脱学习状况。反

---

① ［美］卡尔森：《现代管理》，孙耀君译，国际文化出版公司1985年版，第21页。
② ［日］佐藤正夫：《教学论原理》，钟启泉译，人民教育出版社1996年版，第202页。
③ ［日］佐藤正夫：《教学论原理》，钟启泉译，人民教育出版社2003年版，第16页。

之，就不会有真正意义上的教学。杜威认为，"教之于学就如同卖与买。"① 教师"卖"什么，会决定学生"买"到什么，教学设计非常关键。格斯塔弗森（K. L. Gustafson）指出，教学设计包括分析教学内容、确定教学方法、指导试验和修改以及评定学生学习的整个过程。因此，教学设计的过程是一个集中体现教师教学智慧的过程，教学智慧的生成也常常孕育在教师课前设计的"百思奇想"中。单就教学智慧的生成，课前设计技能主要表现为教师的解读和预设。

1. 解读

教师的教学解读，是指教师在课前教学设计环节，对文本与学生的理解、分析与研究。这是教学方案设计的前提和依据，更是教学智慧生成的重要源泉。

一是文本解读。文本具体是指每门学科的课程计划、课程标准、教材等。它具有育人计划性、育人信息载体性和特定的结构性等特点。② 教师在上课前，要熟练掌握课程标准、教材、教学参考书等文本的总体要求，也要准确掌握该学习内容在整个教学知识体系中的作用和地位。对于文本的具体解读，其中包括结构解读、意蕴解读与文本转换。结构解读就是通过梳理知识，将知识点、线或单元都置于其上位的结构或体系之中；意蕴解读指的是由外而内进行纵向深入分析和由此及彼进行横向广泛联系，深刻理解文本的思想内核和话外之音；文本转换指的是将学科知识的文本转换为教学的文本，其转换依据就是对学生需求、状态、特点及差异等因素的解读。③

教师的文本解读能力影响教师教学智慧的生成。教师对文本理解得深浅直接影响课的品质高低，影响教学智慧的生成。解读得偏，课的方向就偏；解读得浅，课就上得浅。教师要对文本吃得透、挖得深，才能真正地将它变成学生学习成长所必需的食粮。只有教师解读得深刻，才能孕育教学智慧。而且，"教师个体的自我理解、自我超越，以及教师个体的自由和生存的可能空间对于课程实践的发展来说具有根本的意义"④。如果教

---

① 中央教育科学研究所比较教育研究室：《简明国际教育百科全书·教学（下）》，教育科学出版社 1990 年版，第 233 页。

② 廖哲勋等：《课程新论》，教育科学出版社 2003 年版，第 42 页。

③ 杨小微：《课堂变革中教师智慧的成长》，《中国教育学刊》2006 年第 6 期。

④ 徐继存：《课程理解的意义之维》，《教育研究》2012 年第 12 期。

师不自由，个性受到压制，文本解读中就不可能有个性化的解读，教师也不会有创造性，直接导致教学的预设性智慧缺失，当然也就不会孕育教学智慧了。一位小学语文特级教师是这样进行备课的：

> 于漪老师查检资料，独立分析，从语言文字到思想内容，从思想内容到语言文字，一篇篇课文反复推敲、研究，把文章的脉络、篇章的构成、语言的运用、作者的思路等，弄得一清如水，力求使教材如出自己之口，如出自己之心。钻研一篇教材要花 10、20 个小时甚至 30 个小时，没有什么可供抄袭的现成的教学参考书，这就促使自己非认真读书、刻苦钻研不可。三篇、五篇、八篇、十篇、上百篇独立钻研，开始尝到了庖丁解牛的滋味。教鲁迅先生的《药》时，为了一个"着"字的读音，她查遍了所能找到的资料，最后查阅了英译本，读准了音才算放心。　　（材料来源：语文网，http：//yuwen. chazidian. com）

于老师对教材的解读炉火纯青，熟能生巧，表现了教学预设的智慧。同时，因对教材解读深刻、透彻，游刃有余，也自然会带来教学生成的智慧。

二是学生解读。具体是指对学生特点、需求、状态、差异等因素的了解、认识与比较。教师在课前，需要对学生认知结构、经验水平、学习特点、学习兴趣、愿望需求、个性差异等进行全面、深入而具体的了解，以便准确地把握学生在课前的学习状态。学生不同，学生课前状态不同，学习的基础、风格、能力、需求也是不同的，教师教学不是消灭这种差异，而是要珍视、利用差异，使差异努力成为师生与生生之间互动、合作、交流的一种资源。[①] 总的来说，精准的学生解读，既能体现教学智慧，又能孕育教学智慧的生成。

2. 预设

教师的教学预设，指的是教师对整体课堂教学活动所作的总体规划、筹划、假设、设计、想象与安排。"课程在本质上是一种教学事件，教学

[①]　杨小微：《课堂变革中教师智慧的成长》，《中国教育学刊》2006 年第 6 期。

在本质上是一种课程开发过程。"① 课程的开发就包含在教学的预设中，教师不但需要对整个的教学过程节奏有一个大致的预设，对一堂课的导入环节、讲解环节、提问环节、练习环节等应提前作好充分的思考，而且，也要对有哪些课程资源可以有效利用进行充分的探索和论证。预设的思路，是教师在充分解读文本、认真分析学生、精心选取课程资源的基础上，一般编写体现于教案或者学案中，也有的仍存储在头脑中。

教学的科学性与复杂性是预设性教学的基础，预设体现了教学智慧、并孕育着教学智慧。教学既是科学的，又是艺术的。教学的科学性表现为其内在的事实性与规律性，教师需要遵循一定的教学规律，有目的、有计划地设计教学活动的目标、内容、方法与手段、组织形式等，进而提高教学活动效率。同时，教学是一个复杂的系统，系统中的教师、学生、课程及环境等不仅自身是复杂的，而且结成的网状关系更是复杂，叶澜教授认为，"教育是人类社会所特有的更新再生系统，可能是人世间复杂问题之最。"② 课堂教学是一种有意识、有目的的教育活动，预设是课堂教学的基本特性，是保证教学质量的基本要求。教师在课前必须对教学目的、任务和过程有一个清晰、理性的思考和安排。课堂上需要按预先设计开展教学活动，保证教学活动的计划性和效率性。

但是，教学不仅仅是单纯的"预设"操作，机械执行原有方案的过程，也是课程创生与开发的"生成"过程。如果完全按照预设实施教学，课堂必然呆板、沉闷、乏味、程式化，缺乏生机和活力，缺乏对好奇心的激发与智慧的挑战，致使师生的生命力得不到充分展现。科学性的预设与创造性的生成都是课堂教学的本质特点，正是因为生成，才凸显出预设，也正是因为预设，才凸显生成，两者相得益彰，但预设是生成的基础。智慧型教师成长的实践表明，教师精彩的预设不但体现了教学智慧，也常常孕育着教学智慧的再生成。

（二）课中教学技能

课中的教学技能，指的是教师在教学过程中，运用一定的专业知识和

---

①　张华：《课程与教学论》，上海教育出版社 2000 年版，第 485 页。
②　叶澜：《世纪初中国教育理论发展的断想》，《华东师范大学学报（教育科学版）》2001年第 1 期。

经验顺利地完成某种教学任务的一种行为活动方式，它是教师在深刻理解教学理论知识的基础上，通过反复练习而形成的教学行为系统，它是稳固的，也是复杂的，这实际上是指狭义的教学技能。在教学过程中，教师的教学技能大致表现为三种状态，一是初级教学技能：教师按照一定方式进行反复练习或通过模仿而形成的，没有形成教师自己的风格特点；二是高级教学技能：教师按照一定方式经过多次练习，使教学活动方式的基本成分达到自动化水平，一般表现出了教师明显的风格特点；三是中级教学技能：是介乎初级教学技能与高级教学技能之间的状态，教师在这个阶段的时间要比前两者长，处于探索与提高期。

教育教学不只是理性的命令，更是人生命的内在要求，从不完善走向完善，这就是教育教学对人的价值所在。[①] 学生生命的成长与完善是在教学实践活动中进行的。教学是根据一定的教育目的，以课程内容为中介的由教师的教和学生的学共同构成的一种教育活动。[②] 对于这样一项具有价值承载的复杂活动，其组织与开展需要教师掌握多种技能，如课的导入技能、板书技能、提问技能、教学语言技能、讲解技能、教学演示技能、教态变化技能、回馈强化技能、组织管理技能、结束技能，等等。单就教学智慧的生成，教师的教学技能常常表现于导课、组织、讲解、提问、生成和结课这些关键环节的行为中，而且，那些熟练掌握了这些教学技能的教师表现得更为智慧。

1. 导课

导课，有时也被称为课的导入，是一节课中的起初环节，它是基础的，也是关键的，特别是对教学智慧的生成，它也是很重要的一个环节，需要教师的导入技能。学生学习的成效在很大程度上取决于其内在的心理状态，即学生学习的内在动机。学生的学习行为受动机的支配和调节，学生的学习活动离不开学习动机的引发和维持。在课堂教学的导入环节，教师如果能够调动学生的内在需要，如好奇心、兴趣、求知欲、操作的愿望等引发学习活动的内部动机，学生就会渴望获得某种知识经验，学习时就会表现出积极性与主动性、自发性与自主性，那么这种课的导入就是成功的、有效的。

---

① 徐继存：《教学论导论》，甘肃教育出版社 2001 年版，第 96 页。
② 顾明远：《中国教育大百科全书》，上海教育出版社 2012 年版，第 606 页。

高尔基说，文学创作上最难的是开始，就是第一句话。一首曲子的开始，决定着全曲音调的高低，提琴家上弦，歌唱家定调，第一个音定准了，就为整个演奏或歌唱奠定了良好的基础。同样的道理，课堂教学中的导入具有"开场序曲"之效。智慧型教师往往比较重视课的导入，一位小学数学特级教师这样"导入"新课：

师：中央电视台有一个收视率很高的节目，老师放一段片头音乐，请同学们猜一猜是什么节目？

（播放《新闻联播》片头音乐）

生：《新闻联播》。

师：《新闻联播》是什么时候播放？

生：《新闻联播》播出的时间是晚上 7 点。

师：（在黑板上写"晚上 7 点"）电视画面上是写着"晚上 7 点"吗？我们一起来看电视。（播放《新闻联播》的电视片头视频）

生：不是"晚上 7 点"。

生：19 点就是晚上 7 点。

师：（在黑板上写"19：00"）19 点这是一种什么计时法？它跟我们说的"晚上 7 点"有什么不同？今天我们一起来研究计时法。

（材料来源：http：//wenku. baidu. com/edu/index）

在上述课堂教学的导入中，短短的几分钟，教师便把学生学习的探究欲望激发起来，明确了学习的主题研究，也利用了学生已有的认知经验，为学生的学习创设了一种积极探究的氛围，展示了教师的教学智慧。

2. 组织

有效的课堂教学需要教师的合理组织，教学智慧的生成，更要注重教学的组织过程。组织教学的目的在于使师生充分做好课前准备，使得课中师生精神饱满、注意力集中、兴趣盎然，保证课的有序高效推进，在课的尾声，师生共同达成教学目标。组织教学不仅是在课的开始进行，而是要贯穿全课的始终。组织教学不是教师的机械施教行为，而是师生在教学活动中通过多种心理能力协同、理性与非理性因素交融、精神与精神的碰撞的情境下，统筹规划与灵活调整相统合。

　　课堂教学活动表现出了复杂性、学生的群体性与个性化等特点，需要教师有效组织课堂。课堂是主体和客体交织在一起的生态环境，课堂是由多种要素组合而成的，每一个要素又有多方面的特征，具有复杂性特点；课堂上的学生，不是一个人，几个人，而是由几十人组成的群体组织，他们各自的兴趣和爱好不一样，能力与背景不同，每一堂课都有多个共同而又不同的任务。同样的时间对于不同的学生有着不同的意义、不同的任务，课的进程对某些学生来说是适当的，而对另一些学生来说可能不是太快就是太慢，同样的行动也会产生多重效果，课堂上的同一时刻也会发生多件事情。譬如，教师向学生解释一个概念的时候，必须一边观察学生听懂与否，一边还要留心学生是不是在做与学习无关的事情，是不是有同学提出问题等。在这样复杂的教学活动面前，假若教师缺乏合理的教学组织，便会影响教学的正常进行。相反，教学的有效组织可以彰显教师的教学智慧。

　　课堂教学表现出了生成性与变化性等特点，需要教师精心组织。课堂上，总有许多未曾预料的事情发生，遇到突发问题是常事，在 45 分钟的时间内，不仅学生的学习状态在一节课的不同时间段表现出不同的特点，而且每一位学生都有各自的表现特征，教师要在 45 分钟之内完成教学目标，全体学生在 45 分钟内要实现各自的发展，课堂教学活动可谓变化多样，充满挑战和未知，教师必须具有非常强的组织与管理能力，才会保证教学活动的正常运行与有效实现，这实质上就是教师教学智慧的展现。

　　新课程改革的实施对教师的教学组织技能提出了更高的要求。根据新课程精神，教学过程是教师教与学生学的互动、交流过程，教师是学生学习的指导者、引导者、帮助者、合作者，师生双方相互倾听、相互沟通、相互对话、相互启发，分享彼此的思想、经验、知识、情感、体验、感悟、创造、成长与幸福，从而达到共识、共享、共进，实现教学相长和共同发展。教师的角色应该进行适应性的转变，从教学中的主角转向"平等中的首席"，从知识的"传授者"转变为学生发展的"推动者"和"促进者"。新课程倡导小组合作教学、探究式教学，教师不以知识的权威自居，而是学生学习的组织者，教学的效果如何在很大程度上取决于教师的组织技能。教师组织教学技能的缺乏，在某种意义上说，是教学智慧缺失的表现。

　　实践证明，智慧型教师与一般教师相比，教学组织节奏感强、形式多种、方法多样，教师教学激情饱满、学生学习兴趣高昂、求知欲旺盛。教师扮演了学生学习活动的组织者、引导者和规范者，教师不是将知识的结果直接告诉学生，而是有效地组织学生的学习活动，制定学习活动规则，引导解决问题，协调学生之间关系，这充分展现了他们丰富的教学智慧。

3. 讲解

人类最初的教育就是通过口耳相传的方式进行的，无论是古代、近代，还是现代，讲解已经成为教育教学活动中最基本、最普遍的教学方法和技能。可以说，讲解技能是一项最基本的教学技能，也是教师在课堂教学中最常用的一项教学技能，它具体是指教师运用口头语言，同时借助体姿语言，利用其他媒体，运用分析、解释、说明和论证等方式与学生交流知识、分享信息，从中使学生获得知识，掌握方法，发展能力，塑造人格。

我国新课程改革的实施，并没有降低对教师课堂讲解的要求，相反，对讲解的要求更加严格了，在压缩课时，提倡自主探究的情况下，教师的讲解必须是精讲，必须及时到位，承上启下，突出重点，突破难点，所以"讲解"依然是教师必不可少的最重要的教学技能。教师扮演着学生学习"引导者"的角色，其中引导作用发挥的优劣也体现在讲解技能上。

实践证明，教学智慧也往往体现于教师出色的讲解技能，智慧型教师也几乎都是具有优秀讲解能力的教师，如李吉林、窦桂梅、韩军、魏书生等。魏书生说，一句话有一百种说法，同一句话，会说的把人说得笑起来；不会说的，把人说得跳起来。观看他的教学视频发现，他上课，时而大音量，时而小音量；时而高音调，时而低音调，抑扬顿挫、疏密相间。用他自己的话来说，用不同的声音表达，音量、音调、音速的变化能影响人的情绪、兴趣，但这些都是声音的形而不是声音的神。声音神的变化，才是最大的感染人的力量。

4. 提问

提问，顾名思义，就是提出问题。问题是人类创造之始，是启动人类认识活动的启发器和动力源，也是人类从未知到已知的过渡和中介。孔子很重视提问，也很喜欢提问，他认为"疑，思之始，学之端"，因此，他每事问，甚至于"以能问于不能，以多问于寡"。孔子在《论语》中提到，"不愤不启，不悱不发，举一隅不以三隅反，则不复也"。这种启发式教学就是围绕着"提问"进行的。朱熹提出的"读书无疑者，需教有疑"，这也是对"提问"的重视。苏格拉底提出的"产婆术"，其核心也是提问，强调教师要通过连续而巧妙的追问，使学生认识到自己的无知，从而产生学习的欲望，并通过归纳进一步掌握明确的定义和概念。孔子、朱熹、苏格拉底都是世界上伟大的教育家，他们都是智慧的使者和化身，这在某种意义上也与他们的"好问""善问"有关。

思维无物则无，思维是从问题开始的，任何思维的训练和发展都是建立在问题的基础之上的。教师在教学中需要根据教学需求、学生特点、教学情境以及教师自身的特点等进行提问，它通常包括教师向学生提问、学生向教师提问、学生之间互相提问、学生的自我提问，等等，本研究的提问主要是指课堂上教师向学生提出问题，并引导学生解决问题的技能与方法。这种提问一般包括两个关键部分，其一是问题是什么，这涉及提出什么样的问题，问题的质量如何，这反映了教师对学科知识的掌握程度，对重点、难点的理解。其二是问，怎样问？这涉及教师对学生的了解，对情境的把握，这是提问的技能、方法和技巧。在教学中，提出问题的质量如何，怎样去问，这也涉及教师的教学智慧。

提问所体现的目的性、系统性、启发性与激励性，也正是教学智慧的表现。在课堂教学中，教师往往以提问为桥梁为学生搭建思维延展和智力提升的平台，使学生借助问题的提出和解决，来完成知识积累、能力提高、身心发展，促成学生生命的成长，课堂提问也是实现师生对话的有效手段，通过这种对话和交流，不仅可以营造出一种和谐和民主的课堂氛围，而且在这样的师生对话中更容易促使学生积极参与课堂，彰显学习的主体性，调动学生学习的积极性。教学实践证明，智慧型教师提问，一般都具有目的性、系统性、启发性与激励性，表现出出色的提问技能，一位小学语文特级教师这样提问：

师：他原名叫晏婴，在这里为什么称他为晏子呢？
生：因为他是齐国的大夫，对齐国有功，他厚爱百姓，所以百姓尊称他为晏子。
师：假如我也生活在那个时代，要注意我的性别，我可能也会对国家做出了贡献，他们怎么不叫我"窦子"啊？你发现了什么？
师：我不能称为"窦子"的原因主要是跟性别有关，只有男子才有可能称为"子"。

师：楚王难为情地说："我原来想取笑大夫，没想到反让大夫取笑了。"（配以夸张的表情）当然你比我想象得更丰富，谁再来试试，他怎么说。你们看看这一国之君，多可爱的楚王哦，在大庭广众面前啊，在大臣面前，在晏子面前哦，人家这么大的领导，说："我原来想取笑大夫，没想到反让大夫取笑了。"开动脑筋，还能怎么说？

师：换句话说，尊严来自实力，所以他赢得了尊重，然而，今天有位历史学家对晏子使楚这件事又有他的看法……你赞成吗？还是不赞成？还是说不清？现在前后桌互相讨论。请你现场发表观点，希望你也做到有理有据，开始！

师：还是刚才那句话，谁的发言都有自己的深度，这样，感谢你们给我的发言。把另一篇文章拿出来，《狼和小羊》这是我们二年级学的，那时候我们就知道这是篇寓言，但今天我们放在这里，同学们不妨联系一下，这里把狼当作楚王，小羊代表晏子，这小羊也像晏子那样，他和狼对话时也做到了……

生：有理有据、有力有节。

师：这小羊多有智慧，多么不卑不亢啊，说实在的也做到了规圆矩方，怎么就……（材料来源：对窦桂梅《晏子使楚》授课视频的观摩）

窦老师在课堂上重视以"问题"为中心。她善于提问，有效地启发了学生的思维。提出的问题能为学生提供知识获得的方法，有助于促进学生不同层次知识的提高和课堂内外知识的迁移，帮助学生建立良好的认知结构，使不同层次的学生在原有水平上得到提高。她还很重视提问的趣味性，提问时注意用词和语气；提问后，注意倾听学生的回答，善于引导学生；学生回答问题后立刻进行有效的评价。这些都充分展现了她的教学智慧。

5. 生成

从教学主体来看，教师和学生作为人，都是生成性的存在，因为人是生成性的存在，生命不可预测，也不能被保证。学生是具有主观能动性的人，不是电视、电影面前无可奈何的观众，不是画家笔下被动的图画，不是配合教师上课的配角。教师的教学会面临着诸多的不确定与可能性，一次次智力的探险与旅行充满了未知与无限，教学不可能一次性地提前预备好，存在不可预知性，具有生成性。学生的发展是不可限量的、不确定的，不但具有多种可能性，而且也是不可测度的。教师不要用预先设定的目标僵硬地、死板地规定学生，也不要用僵化的形式限定、作用于学生，教师要引导学生主动地、自由地去发展，这就需要教师的教学智慧。

从后现代课程观看，课程是教师与学生感受、领悟、体验、生成的课程，课程不仅仅是"文本课程"，即课程标准、教科书等文本，也是生成的、体验到的课程，即被师生实实在在地感受到、领悟到的课程。课程的内容和意义对所有人并不都是相同的，在特定的教育情境中，师生各自对给定的内容都有其自身独特的理解，对给定内容的意义都有其自身的解读，从而将给定的内容不断赋予意义、创新、改变，以使给定的内容不断内化为真正属于自己的课程，教师和学生不是独立于课程之外的，他们都是课程的有机组成部分，是课程的主体和构建者，他们共同参与课程理解、课程开发，从而使得教学成为课程内容不断生成与丰富、课程意义不断建构与完善的过程，从而使教学智慧不断生成。

从教学实质来看，教学是师生互动的生成过程。那种单一的教师教、学生学、传授知识、接受知识的教学不是真正意义上的教学，真正的教学是教与学互动的过程，它是发展的、增值的、生成的。课程应是师生向未知方向挺进的旅程，随时随地都可能发现美丽的图景和意外的惊喜，它不是必须遵循既定路线而没有激情的行程。真正的课堂教学总是处于不断生成中，它会时不时抛出"尴尬"与"疑难"，面对如此复杂多变的教学现场、教育情景，能够创造性驾驭，具有敏锐的反应和合理的决策，是体现教学智慧的重要方面。在教学中出现新变化和突发性情况，当具体的目标、场景、任务发生改变，教师若能敏锐洞悉、灵活处理、恰当调整，这就说明了教师拥有教学智慧。"急中生智""因势利导"等这都说明了生成的精彩，这都是教学的智慧。

6. 结课

结课是课堂教学中的最后一个环节，是教师在一堂课的最后两三分钟内，对该节课教学内容的阶段性总结。一堂完美的课不仅要有有效的导入、讲授、课堂活动等，也要有合理的结课。有句谚语，"编筐编篓，重在收口；描龙画凤，难在点睛"。结课在课堂教学中的重要作用便相当于"收口"和"点睛"。但同时，课更有自己的独到之处，其还在于当堂课不仅是下堂课的基础，也是上堂课的延续，在学生习得了知识、练就了能力、感受精神美好的同时，还要使学生的情感得到升华，激发起学生继续学习、持续探究的欲望，让学生的学习永远处于快乐的探索旅行中，而不是就此搁置。一堂课的结尾也如同一场歌剧的落幕、一部名著的结局、一首名曲的余音一样，像一种艺术和创造，让人有回味无穷之感。

智慧型教师都很讲究恰到好处地"结课"，我们可以从中领略其教学智慧。他们在帮助学生厘清脉络、巩固知识、贯通前后、连接内外、活跃思维的过程中培养其能力、开发其智力、激发其兴趣、培育其智慧、养育其人格。有的是通过内容概括、归纳总结、揭示规律；有的是强调重点、突破难点，使学生形成合理而完整知识结构；有的则是提炼升华、激发兴趣；有的是留下悬念、引人遐想；有的含蓄深远、余味缭绕；有的新旧联系，铺路搭桥。他们均显示出了精湛高超的结课艺术，这就是教学智慧。一位小学语文特级教师这样结课：

师：看得出，此时此刻，同学们的心已经沸腾，还有什么话能表达我们那份心情呢？只有那一句——

生：（读）我是中国人，我爱中国！

师：放声朗诵，来表达你此时的心情吧！

（学生再读）

师：下面，请大家拿起笔，再写一写这句话，并将这句话永远地镌刻在你心灵的深处。（师生共同写这句话，教师用红笔）

生：（一个个凝神静气地、庄严地、神圣地、含着热泪写这句话）

师：想读就读吧！

生：我是中国人，我爱中国！

生：我是中国人，我爱中国！

师：语气虽然不同，但感受和认识是一样的深刻！

师：（激情地）同学们，通过这堂课，相信你们一定记住了"我是中国人，我爱中国"这句话。世界上什么都可以选择，但唯独不能选择的是自己的母亲、自己的祖国。或许有一天，你身在国外，请你也别忘了今天的这堂课，更不能忘了这堂课里你记住的"我是中国人，我爱中国！"我们大家再读这句话吧！

生：（铿锵有力地）我是中国人，我爱中国！

师：读得太好了！同学们，咱们今天上的不是普通的语文课，而是一堂人生感悟课，因此，这也就称得上是——

生：难忘的一课！（教师在课题后加上感叹号，在全场掌声中结束教学）（材料来源：窦桂梅《难忘的一课》授课视频）

窦老师把文本所蕴含的情感进行了恰到好处的加工、提炼，收到了以情生情、以情促知、知情并育的效果。结课中，处处闪现诗意、充满灵性、涌动激情。可以想象，课虽然结束了，但学生们在经历了这样一次刻骨铭心的情感体验后，在那颗被点燃、升腾的心灵的深处，一定已经烙上了鲜红的"中国印"，结课中充分体现了教师的教学智慧。

（三）课后检评技能

课后检评，是指教师在上完一堂课之后对该节课教学过程的目标、内容、方法等方方面面进行检查、评价和反思或思考。课后的检评环节，一般教师容易忽视，具有教学智慧的教师善于把握这一环节，利用教学反思，提升自己对教学的理性认识，基于自我评价，对教学方案进行重建，对教学过程进行优化，这是一种有深度的以回溯为基础的理性重建，对于教师的专业成长具有重要的价值与意义。在课后检评中，还可以反思教学全程中有无相关思维和态度的"重大事件"发生，教师在回应和处理上的得失及其内在原因，以反思结果为依据进行后续教学的重建，在哪些方面应该做出改进，哪些有效经验可以继续尝试和提升，等等。课后的检评，只有反思还不够，还要把自己的反思以写作的方式记录下来，写作本身就是最好的反思方式，如写教学随笔、教学叙事、教学故事、教学的生活体验等。可以说，教学智慧的生成，离不开教师课后的反思和写作。

1. 反思

思想是智慧，反思是爱智慧。对此，黑格尔说："反思以思想的本身为内容，力求思想自觉其为思想。"[1] 斯宾诺莎认为反思是认识真理的较高级方式，把自己的认识论方法称为对认识结果的观念进行再认识，以及对于这种再认识之所得观念的再认识，理智便向知识推进，这就是反思的过程。洛克认为观念来源的途径包括两种：一是感觉，二是反省。反省是

---

[1]　［德］黑格尔：《小逻辑》，贺麟译，商务印书馆1980年版，第39页。

获得观念的心灵的反观自照，在这种反观自照中，心灵获得了不同于感官得来的观念。不去反思与探究，没有思维与思想，也就不会有智慧。有智慧的人不仅知道从始点推出结论，而且真切地知道那些始点。

优质教学需要教师的反思，教学智慧更需要教师的反思。在《礼记·学记》中这样论述，"学，然后知不足，教，然后知困"。这其中便包含着对教学的反思。对于反思性教学，舍恩认为应是教师从自己教学经验中学习的过程。这就是说，反思是对经验的反思。对此，胡森（T. Husen）则指出，反思性教学是教师凭借逻辑推理的技能、仔细推敲的判断、支持反思的态度，所进行的批判性分析的教学。① 杜威认为反思是面对问题和反映问题的一种主人翁方式，不是被简单地包扎起来供教师运用的一套技术，是对任何信念或假设形式的知识，基于其依据基础和导出的结论，所进行的主动、持续和周密思考。② 总的来说，教学不能没有反思，反思是教师主动研究解决自己教学中存在的问题，不断提高教学质量的教学方式，教学智慧生成更不能没有反思。

反思是智慧型教师成长的必经之路。反思性教学是以探究和解决教学问题为出发点，以追求教学实践的合理性为目的，教师的反思具有实践性、反观性、自我性、过程性、研究性等特点。当教师全面地反思自己的教学行为时，他便会从教学主体、教学目标、教学内容、教学方法等方面获得体验，从而使自己变得更加成熟。思维引导行为，思维决定结果。在教学中反思和探究，在反思和探究中教学，是教师实现专业发展的有效途径。佐藤学说"反思性实践家"多角度地、综合地检讨教师的教学设计及其同儿童的关联与沟通，追求的是提高教师在实践情境中所生成的洞察、省思和判断力，也就是提高"实践性学识"③。教师基于日常教学基础上的反思，会促进教学智慧的不断提升，这是教师走向卓越和优异的催化剂，也是智慧型教师成长的必经之路。个体经验作为教学智慧生成的重要来源素材，关键就在于如何进行有效梳理，经验的有效梳理仍要依靠反思。一位齐鲁教学名师是这样进行反思的：

---

① 朱旭东：《教师专业发展理论研究》，北京师范大学出版社 2011 年版，第 181—182 页。
② ［美］约翰·杜威：《我们怎样思维·经验与教育》，姜文闵译，人民教育出版社 1991 年版，第 6 页。
③ ［日］佐藤学：《课程与教师》，钟启泉译，教育科学出版社 2003 年版，第 381 页。

今天，去清华附小听课。

上午，主要是西苑中心三位老师的课。第一节是《企盼世界和平的孩子》，第二节是《普罗米修斯的故事》，第三节是《我是什么》。因为听课以后还要评课，所以在听课的时候，就进行思考。究竟怎样说能够帮助这些老师，这是我要思考的。边听边写自己的思路。

听完课以后，窦桂梅老师要我先评课。我原来评课从不曾紧张过，今天还是略有紧张感，因为这些课都是参加比赛的。我还是评吧。我原来一直本着评课对老师负责的态度，要给老师实质性的帮助。但是这次，我想如果不解决思想上的问题，只作技术性的指导是不能解决根源的问题的。所以，我在评课时先从课堂教学中教师何为谈起，谈到老师对文本的解读，对学生学习的引导，对学生学习水平提高的作用。又对个别具体的地方谈了我的认识。我说完，窦老师做了细致的引导。窦老师的教学思想以及她的细心、耐心让我学到很多。通过上午的课，我对教师作用，对语文教学的方式有了更多思考，为我将要写的一篇文章积累了丰富的素材。

一天下来，我又不是原来的我了。我现在觉得对语文教学有了整体的认识——无论干什么都不应该是只说不干。没有学生参与的学习是无效的学习。教师和学生在教学的场所中不但同时在场，而且要真正相遇，这样才会发生有效的教学。（材料来源：李怀源博客，ht-tp：//lihuaiyuan. blog）

李老师是一位惯于反思、善于反思的教师，在他的博客里记录了大量的成长反思日记。从上述案例中可以看出，这"沉甸甸的一天"里，展现了他反思的过程与结果，表现了反思的习惯与意识。李老师是山东省教学名师，对语文"阅读教学"进行了多年的理论与实践研究，已经结出了丰硕的智慧果实，这些都源于他经常性的反思。

2. 写作

写作是人类精神生活与实践活动的重要组成部分，它是以语言文字为媒介进行文化交流的行为，是人类各个领域不可或缺的信息记录与传播方式。作为人类凝聚思想，表达情感，加工与传递知识的基本手段，写作也是为满足个体社会活动实践的需要而产生的，它是人类的一种有目的的社会实践活动的记录，也可以说，凡是为了一定目的，运用书面语言表达一定思想内涵的实践，都是可以称为写作。

写作是一种生命的存在方式。有研究指出，"从操作层面讲，写作是写作者本人为实现写作功能而运用思维操作技术和书面语言符号，对表达内容进行语境化展开的修辞性精神创造行为；从本体论层面讲，或者从终极的本质意义上看，亦即生命、人性、存在的意义，写作是人类运用书面语言文字，所进行的创生生命生存自由秩序的行为与活动。"①写作行为本身的深层本质在于寻求生命生存的依托、家园、故土，中国古代圣贤的"立言不朽"和"发愤著书"就在于此。可以说，写作表层上的意义是一种表情达意、交流信息的行为，深层上的意义是一种生命生存的形式、途径，是对生命秩序的创生行为，因而又具有一种哲学性与生命性。

课上教师教学智慧的生成与课下教师的写作有直接关系。写作技能的运用是在课堂外，但是与课堂上的教学技能相比，对于教师教学素质的提升，其重要性并不减。教师写作的价值在于教师写作过程本身，而不仅仅是最后形成的作品，写作是教师思考、感悟教学生活的方式，是教师的一种教育生活状态，并非是纯粹的为创作而创作。写作本身是一种很好的思考方式，教师通过写作，能够睁开眼睛，敞开心灵，激扬生命，思考自己周围的事件和人物，理性地审视自我的生存状态，这样，也容易保持一颗敏锐的心，悉心体察身边的人和事，凝集感悟，汇成思想。

教学智慧的生成，需要教师勤于写作，只有写作才能启发原发性思考。教师的写作可以围绕平日的点滴小事、课堂上的问题、教学改革的课题进行，也可以围绕自己感兴趣的教学问题进行系统思考。写出来的成果可以是自己珍藏或者与他人分享的随笔，可以是发表的研究论文，也可以是著作等。可以在笔记本上写，也可以在博客上写。大量的实践证明，智慧型教师都有一个良好的写作习惯。教师的写作水平和能力可以从某种程度上体现教师有无教学智慧。这与他们从事语文学科教学而奠定的写作基础是分不开的。对于写作，一位小学特级教师这样说：

---

① 马正平：《高等写作学引论》，中国人民大学出版社 2011 年版，第 5 页。

　　每天我都会抽出时间坐在微机旁，我喜欢听键盘哗哗的响声，若不记录一下今天的课怎样，今天发生的有意义的事，今天让我难忘的事，就觉得不够踏实，好像这一天就没有过。有的时候出差在外，或者有些事情不能坐下来写，我就挤时间用手机备忘录来记录，有时候也记在日记本里，以后再把这些文字重新通过微机进行梳理。这些年，记录教学中、生活中的所思、所想、所为几乎没有间断过。（材料来源：德开小学教师访谈）

　　教师只有边学习、边实践、边思考、边总结，才能成为一位研究型、学者型、专家型教师，亦即智慧型教师，这一切均离不开教师课后的写作。

四　情意性要素

　　情意，在这里泛指人的情感、动机、意志、态度、人格、情绪、道德、伦理、审美等素质、品质或品性。教师是教学智慧生成的主体，人非草木，孰能无情，教师是具有情意的个体。情意性要素不直接参与人的认知、思维等过程，但对整个过程起到促进、抑制或制约作用，完善、良好的情意品质对教学智慧的生成具有启动、引导、维持、调节、强化等积极作用。因此，情意性要素是教师教学智慧的重要构成，而且，还为智慧的生成提供了强大动力，是智慧发展的维持系统。

　　从智慧生成的角度看，智慧是向善的，指向人的幸福。哲学家亚里士多德认为，"智慧必定是努斯与科学的结合，必定是关于高等的题材的、具首位的科学。"[①] 这里的"努斯"是指一种目的性思考——推理，一方面与科学的理论的思考、推理不同，另一方面与技术的思考、推理不同，因为，它总是带着对于人的那个目的（善）的某种把握或洞察来思考和推理。努斯是科学据以推出的始点，努斯的思考活动不针对不变事物，而针对有极大变化的事物，即人的生活。因此，智慧是向善的，指向人美好而幸福的生活。

---

　　① ［古希腊］亚里士多德：《尼各马可伦理学》，廖申白译，商务印书馆2003年版，第175页。

智慧的生成离不开人的情意性品质。在心理学关于智慧的一系列研究中，Ardelt 认为智慧是一种认知、反思与情感相整合的人格特质；Webster 认为智慧属于一种多维度整体结构，包括情绪管理、生活经验、经验开放、回忆与反思、幽默五个方面；Hall 认为智慧包括情绪管理、价值判断能力、同情心、道德推理、谦逊、耐心、利他、处理不确定性等多个不同的维度。[①] 智慧的生成终究离不开人，离不开人的情感、情绪、态度等。正如黑格尔说："我们可以断然声称，假如没有热情，世界上的一切伟大事业都不会成功。"[②] 无论是人的成功，还是人智慧的生成，均离不开人的情意品性。

智慧与人格存在较高关联。在心理学关于智慧与人格的研究中，心理学家 Ardelt 认为仁慈、爱心、开明、深度、谦虚、低调都是智慧者所拥有的典型人格特质；Staudinger，Dörner 和 Mickler 都指出，智慧地思考与包容、开放的心态等有关，而后者恰恰是五大人格中"经验开放"维度所包括的内容；Baltes 和 Glück 在一项实验中，被问到面临生活问题，不是他们将要做什么而是一个智慧者将如何反应时，发现有三项资源的整合能够增进智慧：晶体智力（使用知识的能力）、生活经验、自我管理和对成长开放的人格特质，并为此直接提出了智慧是"为达到某种智慧结果的人格特质"。柏林智慧范式测量的基本生活实际的专家知识系统体现了智力与人格成功配合的结果。[③] 实践中也发现，具有智慧的人的性格往往具有某种典型性，如个性、开放、乐观等。

对于学生的成长，情意是很重要的方面。教学的对象是学生，学生首先是人，然后才是学习者，学生是有情意的学习者，学生的情意也需要优良的环境呵护发展。"教育是充满着情感和爱的事业，现代教育的要求不仅要培养具有健全理性的人，还要培养具有健康情感的人，人的精神世界是由理性和非理性两种因素组成的完整统一体，学生不单单是学习活动的承担者，还是活生生的、具有多方精神需求、有情感的个体。"[④] 从情意

---

① 陈浩彬等：《智慧：结构、类型、测量及与相关变量的关系》，《心理科学进展》2013 年第 1 期。

② 冒从虎等：《欧洲哲学通史（下卷）》，南开大学出版社 2011 年版，第 314 页。

③ 陈浩彬等：《智慧：结构、类型、测量及与相关变量的关系》，《心理科学进展》2013 年第 1 期。

④ 田慧生：《情境教学——情境教育的时代特征与意义》，《课程·教材·教法》1999 年第 7 期。

与认知、知识、技能的关系看，积极健康的情意会促进学生认知的发展，知识的习得和技能的掌握。"知之者不如好之者，好之者不如乐之者。"教师教学的目的便在于培养学生的"乐知"精神。

教师的专业发展不仅是教学"专业"的发展，更是教师"生命"的发展，追寻智慧应成为教师的安身立命之基，追求教学智慧应成为教师不断提升精神境界的方式，实现生命的审美。"自我实现需要"与"审美需要"在马斯洛需要层次中居于最高位置。人具有对真、善、美的事物的内在要求，如希望事物有秩序、有结构、顺自然、循真理等。① 自我实现是完满人性的充分体现，人能够发挥自己的潜能、创造力，实现目标，体现自身的价值。

由此可以看出，情意对于智慧的生成以及教师和学生的发展而言，均起到重要作用。对于教学智慧的生成，情意性要素不仅是一种很重要的智慧成分，它还可以在很高的程度上维持人对于智慧的追求，并不断加深对教育教学的认识和整体把握。教师的情意品质作为教学智慧生成的重要成分与动力基础，主要表现为教师的职业情感、人格特质、伦理情怀和审美情趣。

（一）职业情感

情感是个体对外界刺激产生肯定、否定或其他与之类似的心理反应，如：喜欢、爱慕、高兴、厌恶、愤怒、悲伤、恐惧等。② 职业情感，是对职业的情感，即个体从事某职业的心理体验，以及由此而产生的外部情绪表现，如热爱、喜悦、幸福、厌恶、憎恶等。教师的职业情感，就是教师本人对自己所从事的教师职业的情感，具体来说，是教师在其教育教学活动中对教师职业价值的认同，对教育工作是否满足自己的需要而产生的内心体验，并由此而产生的外显表现情绪，如敬业爱生、职业倦怠等。

情感作为动机系统的一个基本成分，作为人的一种心理状态，能够深入人的行为中，左右人的行为。消极的情感抑制人的行为，积极的情感促进人的行为，激励人的内部心理状态，提高活动效率。心理学研究发现，

---

① 张承芬：《教育心理学》，山东教育出版社 2000 年版，第 325 页。

② 中国社会科学院语言研究所词典编辑室：《现代汉语词典》（第 7 版），商务印书馆 2018 年版，第 1068 页。

智商可用来预测一个人的学业成就，情商则可用来预测一个人能否取得职业成就或生活成功，情商更多反映的是个体社会适应性，情感智力和素养是决定一个人将来事业能否成功的关键所在。教师的职业情感将主导着教师的个人成长历程与教育教学的发展路向，实践证明，具有教学智慧的教师始终保持一种良好的职业情感状态。

热爱教育教学、热爱学生是教师情感的本质体现和首要前提，若缺乏深藏于心底的这份爱，没有真挚的情感作支柱，师生教学活动、教师成长、学生发展都会缺少灵魂依托。奥修说："生命中最伟大的奇迹就是爱，同时它也是最伟大的奥秘，比生命本身来得更伟大，因为爱就是生命赖以存在最重要的本质。"① 真挚的情感使得教师教学由被动走向主动，使教育充满力量，让教学充满魅力。智慧不但属于认识范畴，而且还属于情感范畴，假若仅从认识范畴来考察智慧，这种智慧是片面的、不健康的、残缺不全的。智慧是不能抛弃情感的，教学智慧的生成，有赖于教师的职业情感，主要体现为敬业与爱生。

1. 敬业

敬业是对待自己工作所具有的一种严肃、尊敬的态度和状态。敬业的教师尊崇自己的职业，认真负责、一丝不苟、忠于职守，以一颗虔敬之心对待职业，他们对教育教学无限忠诚，在工作中能够勇挑重担、乐于奉献、身体力行，他们一般会把自己的工作当成一种精神享受和人生体验。梁启超说："在教育界立身的人，应该以教育为唯一的趣味，更不消说了。一个人若是在教育上不感有趣味，我劝他立刻改行。"② 敬业的教师在工作中所表现出的自信、勤奋和创新，主动地将自己所具有的教育教学资源毫无保留地投入教育教学，并进入一种乐此不疲、孜孜以求、永不懈怠的精神境界和情感状态。

教师对自己所从事的教育教学价值的内在认同与真正情感上的接受，会直接影响其智慧水平。教学智慧的生成，取决于教师对职业的情感投入，情感投入的标准就是敬业，没有教师虔诚的敬业态度，就不可能有教学智慧的高水平、好状态和高境界。任何一项事业的成功，离不开人对它的敬畏，敬畏是智慧的开端，只有敬畏，心才能始终跟着所从事的职业，

---

① ［印度］奥修：《道德经心释》，谦达那译，陕西师范大学出版社 2007 年版，第 4 页。
② 梁启超：《饮冰室文集》，上海中华书局 1936 年版，第 15—16 页。

有了心，才会有悟性，只用脑，而不用心，不可能有悟性，也产生不了智慧。大量的教学实践证明，智慧型的教师都具有非同寻常的敬业精神。一位小学语文特级教师这样描述：

> 伴着冉冉升起的朝阳，闻着淡淡的月季花清香，我吟诵着唐诗宋词，美文佳篇。我字正腔圆地读，我激情澎湃地诵，我入情入境地吟。我的办公桌上、枕头边上出现了古今中外的文学名著、教育名著。伴着教学名著，我逐渐登上教育的山峦，我在山顶结识苏霍姆林斯基，拜访巴班斯基，和人民教育家陶行知对话，与语文教育大师叶圣陶交流。中秋佳节，校园内人去园空，我独坐桌前，徜徉在教育的海洋里。（材料来源：教育部师范教育司组编《孙双金与情智教育》）

2. 爱生

爱生是教师对学生的一种情感，也称为师爱。师爱是师德的核心，即"师魂"。[①] 对于爱与教育的关系，夏丏尊先生在《爱的教育》译者序言中有一个精辟的比喻："教育改革好比挖池塘，有人说挖方的好，有人说挖圆的好，这实际上只是在形式上换来换去，而对于池塘之所以为池塘的要素——水，却无人在意，那么，教育上的水是指什么？就是爱，就是情，假若教育没有了情和爱，池塘就成了无水的池，任你方形也罢，圆形也罢，总还是一个空虚。"[②] 对此，苏霍姆林斯基指出，"要成为孩子的真正教育者，就要把自己的心奉献给他们。"[③] 他把儿童幼小的心灵比作清晨玫瑰花上颤颤欲滴的露珠，教师要精心地呵护它，因为稍不注意就会伤及孩子幼小的心灵。可以说，教师最必不可少的，甚至几乎是最重要的品质，就是要热爱学生。

爱生不但是教育的基本条件，更是教学智慧生成的核心要义。我国古代儒家思想提倡仁、义、礼、智、信，把"仁"置于首位，仁者爱人，这也是中国教育鼻祖孔子教育思想的核心，孔子以仁爱之心、仁爱之行恩泽于自己的学生。"人类要有真正的爱，人的心也能无限地、饶恕一切地

---

① 林崇德：《教育的智慧——写给中小学教师》，北京师范大学出版社 2012 年版，第 27 页。
② ［意］埃·德·阿米琪斯：《爱的教育》，夏丏尊译，译林出版社 1998 年版，第 1 页。
③ ［苏联］苏霍姆林斯基：《把整个心灵献给孩子》，唐其慈、毕淑之译，天津人民出版社 1999 年版，第 9 页。

爱着，而且相信人类的爱也可以赋有神爱的性质，爱同样也是什么奇迹也干得出来的。"① 对学生的关爱是教师从事教学工作的基本条件。教师要深刻理解，爱生不是一种本能的、直觉的、自然的情绪反应，它要依靠教师的深度自觉，通过理性培养起普遍性的爱，因为爱生，不是爱一两个学生，而是爱所有的学生，对学生的普遍关心。爱生是教育教学的一个前提条件，如果缺乏这种情感，对教学的理性认识无论多么深刻，教师也不会有真正意义上的教学智慧。

智慧是真善美的合金，教师教学智慧的生成，是教师求真、求善、求美的结果。爱生是教师最大的善，是教学智慧生成的重要前提。奥修说："爱不是一种情绪，也不是一种感觉，爱是最美妙的能量，一切能量的最基层就是爱，它以很多方式展现出来。"② 教师内心深处的"爱生"情愫与表现出的"爱生"艺术，是教师智慧的体现。一位山东省优秀教师讲述了他的"爱生"故事：

> 班里那个大家公认的"淘气王"，有几天没有见了，他的父母帮他请假，说他家里有事，也没有说有什么事，几天来，我的心里一直对他放心不下，我给他补课有效果吗？他在家里干什么呢？父母不让他上学了吗？他是不是又惹事了？带着诸多疑惑，晚上我去了他家，看到他正坐在桌子旁哭泣，我急忙走过去，他看到了我，扑在我的怀里，哭得更厉害了，我为他擦去眼泪，安慰他。从与他的谈话中得知，父母不愿让他上学了。我告诉他的妈妈，这学期他已经开始变了，变得不像以前了，爱学习了，懂事了，每天我都给他补课，怎么能就不上学了呢？我与他的父母交流了一个晚上，最后他的父母同意让这个"淘气王"又回到班里。（材料来源：德州一中教师访谈）

（二）人格特质

人格是构成个体的思想、情感及行为特有的统合模式，它是区别于他人稳定而统一的心理品质，它决定了个人的心理与行为特征，它也表现为个人的精神结构及其要素。对于一个人人格的形成，它是基于遗传、成

---

① 冒从虎等：《欧洲哲学通史（下卷）》，南开大学出版社 2011 年版，第 381 页。
② ［印度］奥修：《道德经心释》，谦达那译，陕西师范大学出版社 2007 年版，第 4 页。

熟、环境、教育等多种先天与后天因素，在其交互作用下形成的一个复杂的结构系统，表现出了相对的稳定性、独一无二性、统合性等特点。① 人格是由多种元素构成的一个有机整体，受自我意识控制，具有内在一致性。人格也具有相对稳定性，随着生理的逐步成熟、环境的改变、教育的影响，人格也可以发生变化。人格决定了一个人的生活习惯与方式，甚至会决定一个人的命运。泰戈尔说："具有无穷价值的，是人格的内在完善性，而此种价值，乃是精神上的自由。"② 优秀的人格会成就美好的人生。

教师的优秀人格能够促进教育教学的有效开展，对于教学智慧的生成更是必不可少。苏霍姆林斯基曾经指出，"学校好比一件精致的乐器，它只有奏出一种和谐的旋律，才能使之影响到每一个学生的心灵，但是，如果想奏出和谐的旋律，就一定要把乐器的音调准，那么，这件乐器就是要靠教师的人格来调音。"③ 具有人格魅力的教师能够与学生进行有效沟通，能够获得学生广泛的情感认同，赢得学生的敬佩与信赖，这种自然的、非权力的影响力对学生的激励作用是长久的、巨大的，激发学生的热情、感化学生的精神、引领学生的成长。在教学中，教师对己、对事、对人的积极态度，个人独特的风格，这种人格魅力能够很好地保证教学活动的顺利展开，推动教学智慧的生成，促进学生学习效果的优化。

智慧型教师往往具有某些相似的人格特质。与一般教师相比，智慧型教师往往具有某些一致的心理倾向性，他们能够始终坚持自己的教育教学信念，排除干扰与杂念，能够始终保持一种平和的、愉悦的工作心境，具有稳定而持久的职业动力，抱有坚定的理想和信念，对教育教学有事业心与上进心，具有较高的水平，追求高成就，并能通过不懈努力，去创造教学生活的奇迹。总的来看，教学智慧的生成，需要教师具备的人格特质主要有积极、坚持、开放、幽默与个性。

1. 积极

具有积极人格的人，能够充分发挥自己的能力，充分挖掘自己的潜力，在生活中主动追求幸福，并时时体验到幸福，同时，具有积极人格的人都拥有积极的心态，保持一种正向的心理态度或状态，个体形成了对待

---

① 彭聃龄：《普通心理学》，北京师范大学出版社 2001 年版，第 426 页。

② ［印度］泰戈尔：《泰戈尔论文集》，蔡仲章译，台北志文出版社 1984 年版，第 163 页。

③ ［苏联］霍姆林斯基：《给教师的一百条建议》，周蕖等译，天津人民出版社 1982 年版，第 159 页。

自身、他人或事物的积极、正向、稳定的心理倾向，是一种优良的、健康的、建设性的心理准备状态。美国宾夕法尼亚大学教授马丁·塞利格曼（Martin E. P. Seligman）正式提出了积极心理学的概念，他认为，积极心理学的力量，就在于能够帮助人们发现并利用自己的内在资源，从而提升个人素质，提高生活品质。人本主义心理学的研究也表明，人性是乐观的，人能够而且一定能超越其生物本性与周围环境特征，也相信人自身有扩展、发展、丰富和完善自我的潜力，并且这些潜力皆能实现，从而成就健康的人格。具有积极人格特质的人身上蕴藏着的是正能量，以一种乐观、健康的心态去面对生活。

积极的人格特质是人事业成功的重要基础。心理学家舒尔兹认为，"心理学中的一个新方向、新领域、新力量就是要认识人的人格成长和变化的能力，即人的成长潜力。"① 人格在人的发展中的作用不可忽视，积极的人格特征是人发展的重要基础，积极的心态对一个人的活动的成功起着决定性的作用。成功学家拿破仑·希尔经过数十年的探索和研究，在其被誉为"造就政坛雄杰，铸成百万富翁"的巨著《创富学》一书中，总结出了成功学的十七条"黄金定律"，第一条便是积极的心态，指出积极的心态是成功的心理法宝。具有积极心态的人，往往表现出较强的进取心，个体积极主动完成自己或他人制定的目标任务，坚韧不拔、追求卓越。教师同样需要有一种积极的心态。教师若没有积极健康的心态，很难做好这样一项复杂的工作，更不用说教学智慧的生成了。

具有教学智慧的教师往往具有积极的人格特质。智慧型教师对待学生、同事总保持一种积极、健康的交往方式，以积极心态面对工作中的挫折和挑战。他们善于从正面去想，努力去做，在教育教学中，面对这样那样的问题和困难，以积极的姿态去面对，而不是消极应付，甚至退缩。可以说，积极心态是一种理性的心态和强制性的心态相互优化的产物。智慧型教师能够在教育教学中始终用最积极的思维和最乐观的精神，用最有效的经验支配和控制教学生活，遇事乐观、豁达、开朗，表现出了自信、谨慎、忍耐等品格。教师教学智慧的养成，是一个充满挑战和艰辛的过程，孕育智慧不是一帆风顺的，在追求真理的道路上，需要以一种积极的心态，方能迈出坚实的步伐，才会慢慢靠近彼岸。小学语文特级教师李吉林

---

① ［英］舒尔兹：《现代心理学史》，叶浩生译，江苏教育出版社 2004 年版，第 56 页。

叙写了她的成长故事：

> 在那个惶恐不安的日子，在看不到星星和月亮的夜晚，在灯下，我默默地读着鲁迅先生的杂文，以期汲取人生力量。心里常默念的有三句话：第一句是普希金的："心憧憬着未来。"第二句是高尔基的："我从小就是在与周围环境不断斗争中长大的。"第三句就是毛泽东的："人是要有一点精神的。"这十年是漫长的十年，三千多个日日夜夜惶惶不可终日，我没有低过头，没有抛弃过自我。（材料来源：华东师范大学出版社出版的《16位教育家的智慧档案》）

李老师表现出了积极的人格特征，她对待自身、他人以及所从事的事业均保持着一种正向、乐观、建设性的良性心理状态。在教育教学生活中发挥了自己的能力和潜力，主动追求幸福、体验幸福。可以说，李老师教学智慧的不断生成，与她的"积极"人格特质密不可分。

2. 坚持

坚持，是个体坚决保持住或进行下去的一种品质。它与源于佛教用语的"执着"意思相近，但执着本身有负面意思，有深陷不能自拔之意，有时指一种不健康的心理状态，本文取其褒义。拥有"坚持"性格的人，能够围绕着自己的信念、理想不懈努力。事实上，生命就是一种坚持，生命的成长需要坚持。坚持会化为一种神奇，就像小草破土而出带来的茵茵绿意，雀儿冲破樊笼带来的勃勃生机。教育教学生活不免琐屑、繁重、枯燥、清贫，教师只有自己内心深处对教育教学坚持，师生的生命才能呈现出生机和活力，实实在在地过一种属于"真正人"的生活，创造奇迹，生成智慧。

教学智慧正是在教师的坚持中生成的。教师的教育教学生活，虽然表面上看起来不需要惊天动地的言行，但事实上，这关乎学生生命个体的成长，是一项关系国家未来发展的奠基性事业，在奋斗的旅途中有挫折、艰辛，也有来自外界的各种不良诱惑，教师能否"安贫乐道"，贵在一种坚持。皓首穷经仍无皇皇大作，历尽失败仍远离成功，人们有时很容易放弃自己的追求。在失败和逆境面前，坚持使得生命充实了，对事业能够坚持的教师才能收获智慧的果实。教师教学智慧，也正是在教师的坚持中生成的，需要教师的专一，专一于教师职业；需要教师的专心，专心于教学实践；需要教师的执着，执着于教学研究。一位中学特级教师讲述了他的成长故事：

> 我一直坚信，冤案早晚会被平反，要经得起考验。由于我表现好，1959年右派的帽子首先被摘掉，并被留在校图书馆工作。在图书馆劳动的一年里，我还有一个意外的收获：学会了治学的窍门。我学会了如何尽快地把无序的书山、书海编成有序的图书目录，以便很快就能查找到需要的书，非常科学——概括起来，就是如何找序、理序、用序，这成为我以后教学法研究的捷径。（材料来源：教育部师范教育司组编《张思中与十六字外语教学法》）

张老师在逆境面前表现出了一种异常的坚持精神，正是凭借着对生活和事业的执着追求，才有了教学智慧的生成。进一步说，教师即使在顺境面前，也要坚持。

3. 开放

所谓开放，是指解除封锁、禁令、限制，或者是思想开通、解放，开放也包含通达、敞开、接纳、谦虚、灵活、舒展等义。开放，可以说是一种人格、心态，也是一种修养、气度和胸怀，具有开放胸怀的人，常常不固执僵化、不故步自封、不因循守旧。拥有开放的心态往往是人走向成功的保障。比尔·盖茨经常告诫员工们，客户的批评比赚钱更重要，从批评中可以很好地汲取失败的教训，将其转化为成功的动力。实践证明，在一个组织里，最成功的人就是拥有开放心态的人，他们的进步最快，人际关系也最好，发展也最好。

开放的心态，是学习的前提，也是沟通的基础。具有开放人格的教师表现为对职业和周围世界都怀有强烈的兴趣，他们喜欢钻研和探索，热爱创新，不墨守成规，能正确地对待他人的意见，而且喜欢和别人交流和分享，他们也敢于承担责任，接受挑战，具有极强的适应力，乐意接受新思想和新经验，敢于面对否定和挫折，不畏惧失败，不画地为牢，不故步自封。教师需要与世界接轨，与时代接轨，与生活接轨，这是保障有效教学的重要条件之一。

教学智慧的生成，更需要教师拥有开放的心态。《吕氏春秋·尽数》中提到，"流水不腐，户枢不蠹，通而不塞，流而不浊，活而不淤，动而不臃，川流不息，恶臭不生，户枢常转，蚁蛀不入，运动不止，其本乃固"。这就是说，事物只有在开放、运动、变化中才能保持长久的生命力。教师环境的相对封闭性、教学工作的个人性等特点，都会使得教师们疏于交流与互动，视域狭窄，思维固化，内向保守，形成狭隘的自我中心主义和文化独尊意识，表现出求同、保守、安分守己、过于顺从、被动等不良倾向。教学智慧的生成，需要教师的学习、探索、实践、创造，需要教师与学生的合作、交流、对话。实践也证明，智慧型教师一般都拥有一个开放的心态。一位中学语文特级教师这样讲述：

> 自以为是易，自以为非难，要达到自以为是与自以为非的统一更难。人，只要能像鸟儿那样不断脱毛，在否定之否定中螺旋式递进，就可以羽翼丰满，飞得高远。反对意见中，往往有合理因素，应当用心品悟，赞扬声里，也许充斥着溢美之词，听之不可飘然欲飞。（材料来源：教育部师范教育司组编《洪宗礼与母语教学》）

洪老师勇于面对否定、挫折，乐于接受新思想、新事物，时刻保持与周围环境的信息畅通，悦纳自己与他人，多元并蓄、有容乃大，教师的这种开放精神，是一种境界，也是一种修养，更是一种智慧。

4. 幽默

幽默，是指有趣而意味深长，它是人类自觉或不自觉打破思维的惯性，运用诙谐的语言、表情和动作等，令人忍俊不禁、耐人寻味、给人带来欢乐和愉悦的一种品性。教师在具体的教学情境中，结合具体的教学内容，打破常规思维惯性，运用诙谐的语言、表情和动作，带来课堂气氛的活跃，使学生在喜闻乐见中获得对知识的理解。幽默的教师更具人情味，亲和力强，课堂上常常传出学生的笑声。"幽默是具有幽默感的人为着特定的目的而创造的可引人发笑的作品。"[①] 幽默的课堂气氛应成为理想的教学状态，幽默感，也常常与教师的性格密切相关。

教学智慧常常表现为教师能够制造一种幽默的课堂气氛。教师只有具备宽容同情、豁达乐观的处世待人态度，对生活具备较高的感悟能力，才会敏锐地发现生活中可爱与可笑的一面，才可能有幽默的谈吐，才可能理

---

① 谭达人：《言语幽默》，生活·读书·新知三联书店1997年版，第5页。

解幽默。没有幽默感的教师犹如一尊冷冰冰的雕像，只能让学生敬而远之。科普作家高士其说，笑有笑的哲学，笑有笑的教育学，笑是爱的伴侣，笑是美的姐妹，笑是善的良友。萧伯纳在《鳏夫的房产》中说："笑话之中也有不少真理哪。"[1] 幽默不是目的，目的是让学生在快乐的笑声中愉悦成长。教师的教学智慧，往往表现为教师对课堂教学的驾驭能力；表现在对学生学习兴趣的关注上；表现为以生为本，呈现出一种幽默风趣的课堂气氛。一位小学语文特级教师讲述了他的课堂"幽默"故事：

> 在童话课文《小稻秧脱险记》中，杂草被喷雾器大夫用化学除草剂喷洒过之后，便有气无力地说："完了，我们都喘不过气来了。"可一位小朋友读这句话时，既有"力"，又有"气"，声音很大，于是，我开起了玩笑说："要么就是你的抗药性强，要么就是这化学除草剂是假冒伪劣产品，我再给你喷洒一下。"接着，又朝他做了个喷洒动作，结果，引得全班哈哈大笑，这位小朋友再读时，耷拉着脑袋，真是有气无力了，我表扬说："你读懂了。"笑声又起。（材料来源：教育部师范教育司组编《于永正与五重教学》）

于老师这种幽默的语言与行为，能使学生学中有乐，乐中求知，知中明理，在他的课堂上常常会传出学生的笑声。教师需要积累经典幽默故事，具备随机应变能力，具有求异思维、创新思维，培养乐观精神、练达态度，积累深厚的综合学养，厚积薄发，从而来培养幽默感。

5. 个性

个性，是指人的独特性，由于不同的生理遗传、外部环境、生活阅历、家庭背景等先天与后天因素，会使人在性格、气质、兴趣、爱好等各个方面都存在差异，这些差异使人特点鲜明，具有自己的独一无二性。

教师没有教学个性就没有创新，没有创新就没有智慧的生成。教师个性是教师在课堂教学、研究、管理、组织中长期表现出来的心理倾向与行为方式。教师个性鲜明，有利于教学方式创新，促进专业向个性化、差异化方向发展。因为具有创新意识的教师通常喜欢张扬个性、不拘一格、求新求异，并且敢于打破传统、突破常规。学校如果片面强调单一化的管理

---

① 纹绮：《萧伯纳妙语录》，甘肃人民出版社1991年版，第252页。

方式，就会导致千人一面，这是教师个性缺失的表现，它严重束缚着教师的创新，从而也影响着教师教学智慧的生成。

个性张扬是主体性的最好体现，教学智慧的生成需要教师的主体性，"人，若没有个性的主体性，那就是虚假的主体性，无论是个体还是群体，个性的形成才使主体成为一个现实、完整、发展与真正的主体，个性是在社会化过程中生成的，是主体通过自我建构，形成的全面、充分而自由的主体"①。具有个性的教师，往往表现出与其他教师不一样的风格特点，正是因为他在教学中勇于发挥自己的主体性。

教学智慧的重要特点是个性化，这与教师性格中的个性有直接关系。对此，乌申斯基说，固然，许多事情和工作有赖于学校一般规章制度，但是，最重要的事情永远取决于跟学生面对面的教师个性，正如乌申斯基的一句名言，"教师个性对学生心灵的影响，所形成的这种教育力量，是无论靠教科书，还是靠道德说教或者奖惩制度都是无法取代的"。教师个性是形成教学智慧的重要性格特质。一位齐鲁教学名师这样讲述：

> 我做校长，并兼任数学课，每天心里想的都是数学课和做校长的那些事。有的教师对我说，其他做校长的应酬很多，听说你不喜欢参与这些事，你与其他校长不一样。我说我不想和其他人一样，我有自己的样子，我总喜欢去琢磨数学课堂，喜欢与学生一起交流，喜欢对教育教学有自己的见解和看法，有自己的想法和做法，哪怕是那么一点、一丝，都是很快乐的，心灵是富足的。有时也喜欢与朋友一起交流，只是在一起谈的更多的是教育，而不是其他。（材料来源：德州二中教师访谈）

李校长能够坚守自己的个性，彰显主体性，拥有自己的独特风格，他探索的"自学尝试—互动点拨—反思提高"教学模式效果显著，积累了丰富的教学智慧。

（三）伦理情怀

伦理，即人们在处理相互关系时所应恪守的道理和规则。"伦理"一

---

① 裴娣娜：《主体教育理论研究的范畴及其基本问题》，《教育研究》2004 年第 6 期。

词在古代文献中最早见于秦汉之际的《礼记·乐记》中，"乐着，通伦理也"。此处的"伦理"，即有规则、规律之意。许慎在《说文解字》上注解："伦，从人，辈也，明道也；理，从玉，治玉也。"伦即人伦，即人与人之间的关系；理，即道理规则。人永远是万物的尺度，一个社会，一种文化，都会有其内在的伦理精神。

伦理精神是教育生存和发展的一个根基性问题。教育是人类社会生活中的一种重要实践活动，是一种文化自我更新和传承的重要方式，一个社会与文化的伦理精神自然会在其教育实践活动中流淌。教师的伦理是教师在处理教学中的各种问题、社会关系时所应恪守的道理和规则，即教师在对待学生、事件时所应拥有的公平、公正、正义、民主、仁慈、尊重、责任、良心等教育情怀和素养。

伦理情怀是教育基本的人文条件。"道德善良的人希望理性和伦理原则在理性存在者组成的共同体中居于支配地位，它的目的就是在一切理性存在者中促进呵护职责的信念。"① 有了崇善、向善的伦理精神，教育情境中才会不断滋生出人道主义、正义性等伦理原则，才会建立富于伦理精神的制度规范，才会有体现民主、自由、正义、平等的伦理行为。苏霍姆林斯基认为，"人的精神生活，即内心精神世界是否丰富，这取决于其与周围世界的实际关系是否丰富多样，还取决于与自然界、他人的相互作用的内容与性质。"② 人精神生活富足与否，与健康的伦理关系有关，从某种意义上可以说，教育就是伦理关系的营造，一株禾苗，只有在优质的土壤里才会茁壮成长。人的生命，也只有在充满了伦理关怀的关系中才能健康发展。

伦理精神的回归，使教育教学获得了应有的神圣与尊严。"教育是一种十分细致的精神活动。"③ 它直面人的生命，通过人的生命，为了人的生命，是体现生命关怀、精神启迪的一种活动。教师不能只关注学生对知识、技能的掌握状况，还应注重学生伦理世界的建构。教师不仅传授知识，更传递道德信息，伦理色彩也是教学活动的"底色"。教育教学不仅

---

① ［德］费希特：《伦理学体系》，梁志学等译，商务印书馆 2007 年版，第 300—301 页。

② ［苏联］苏霍姆林斯基著，蔡汀等编：《苏霍姆林斯基选集（第一卷）》，教育科学出版社 2001 年版，第 315 页。

③ ［苏联］苏霍姆林斯基：《帕夫雷什中学》，赵玮等译，教育科学出版社 1983 年版，第 9 页。

仅是一项技术活动，更是一种伦理活动，教师必须具有"伦理的眼光"，学会通过伦理的透视镜来审视教学活动。

智慧型教师往往拥有伦理情怀，能够自觉地运用伦理眼光审视日常的教学活动，发现其中蕴含的伦理问题，并给予合理解决，他们尤其重视责任、民主与良心。

1. 责任

在现代汉语中，责任有三种含义，一是人担当起某种职务与职责；二是人分内应该做的事；三是人做不好分内应做的事，因此而应该承担的过失。作为伦理学的基本范畴，责任是对义务的认识和对认识到的义务的实践。人生活于社会中，担当着多重角色，因而也应担当起应该担当的责任，诸如社会责任、国家责任、岗位责任、家庭责任等。康德认为，"责任是因为尊重规律而产生的行为必要性，责任是一切道德价值的源泉，合乎责任原则的行为虽不一定善良，但违反责任原则的行为一定都是恶邪的。"① 承担责任是尊重事物发展规律的体现，是一种善良的品质。生活在社会中的每一个人，都应该履行好自己的责任。责任意识是人们应培养的一种重要的个性品质，是从事一切工作的首要前提，责任是人生存和发展的基本条件。

教育是教师的一份责任。我国古代形成的"师道"概念，其中便包含着深刻的伦理意蕴。清代教育家与思想家王夫之早在阐述为师之道时，便将教师的责任划入了伦理范畴，他指出，"师弟子者，以道相交而为人伦之一，故言必正言，行必正行，教必正教，相扶以正。"② 伊劳特（Eraut）认为，教师责任包括对服务对象的道德承诺，自我监督的专业责任与定期回顾个人实践有效性的责任；扩展个人知识库，反思个人经验与发展个人专长的责任；贡献于个人工作之组织的服务质量的专业与合同式责任；反思与讨论专业之于整个社会之改变的责任。③ 可以说，教师的责任是广泛的，包括对个人的责任、对他人的责任、对学校的责任、对社会的责任以及对教育的责任。没有教师的责任担当，就没有教育教学。

教师的责任感和责任心是教学智慧生成的前提。康德提出了关于

---

① ［德］康德：《道德形而上原理》，苗力田译，上海世纪出版集团 2007 年版，第 7 页。
② 孙培青：《中国教育史》，华东师范大学出版社 2009 年版，第 288 页。
③ 卢乃桂等：《教育改革背景下的教师专业性与教师责任》，《教师教育研究》2013 年第 1 期。

"责任"的三个命题：一是行为的道德价值并不取决于行为是否合乎责任，而取决于它是否出于责任；二是一个出于责任的行为，其道德价值不取决于它所要实现的意图，而在于它所被规定的准则；三是责任就是因为尊重规律而产生的行为必要性。[①] 来自教师深层的责任感和责任心是做好教育的前提。教师是"在学校中履行教育教学职责，根据一定的社会要求，有计划、有组织地对学生进行思想品德培养、传授知识技能、发展能力的教育活动，使之成为合格的社会成员的专业人员"[②]。教师只有怀抱对学生和自己的责任，对教育和国家的责任，才会去追寻教学智慧。实践证明，那些形成自己独特教学智慧的中小学教师，无一不是出于对责任的担当。一位齐鲁教学名师提到"担当责任"时说：

> 一个学生的失败，对一个教师来说，可能算不上什么，但对于一个家庭来说，就是百分之百的失败，我深深感受到了教师责任的重大，作为一名教师，应有的责任感就是要对每一位学生负责，也要担负起民族振兴的责任和社会发展的责任。（材料来源：德州学院附属小学教师访谈）

2. 民主

民主，其概念有着十分复杂的内涵，在不同的语境中有着不同的用法。这里讲的民主是一种"生活态度"的民主，即"开放、宽容、平等、尊重"等个性品质。民主是一个交往共同体的根本特征，它不仅仅是一种政治制度，也是一种生活方式。杜威说："民主主义不仅是一种政府的形式；它首先是一种联合生活的方式，是一种共同交流经验的方式。"[③] 人与人之间能够和睦相处、自由平等、尊重宽容、和平协商等，这体现于人的生活态度和细节中。民主是一种理性的共同商讨而合作生活的方式，民主的生活方式意味着平等的社会权利和知识经验的充分交流，因此，民主也是一种内在的修养。

教育与教学在本质上应体现民主性。一个民主不良的社会无论是对

---

① ［美］约翰·罗尔斯：《道德哲学讲义》，张国清译，中国社会科学出版社2003年版，第251页。

② 顾明远：《中国教育大百科全书（第一卷）》，上海教育出版社2012年版，第571页。

③ ［美］杜威：《民主主义与教育》，王承绪译，人民教育出版社1980年版，第92页。

内，还是对外，都会设置重重障碍，限制经验交流与自由交往。在充满民主的社会里，社会成员均能享受同等条件与共同利益，也会以各种形式的联合生活进行相互影响，使制度得到灵活调整。在这种民主社会里，也必须有一种教育，是民主的教育，使每位成员都有对于社会关系和社会控制的个人兴趣，都有能促进社会变化而不致引起社会混乱的心理习惯。① 民主的教育要求平等地尊重学生的自由发展，创造各种条件和机会，使学生发展自己的兴趣和潜能。教学是民主的，教师为学生提供更多的社会支持，即个人与他人互动而获得情感、自尊、赞赏、归属、认同及安全的基本需求，让学生觉得受到关心、尊重与协助。②

教学活动的开展需要民主保障。教学民主拒绝的是强制和干预，强调的是自愿性原则和自发性兴趣。教学民主会给予全体学生以平等、宽容、支持的机会和条件获得知识、发展兴趣、实现理想，提供造就人格的时间和空间。在学校教学活动中，民主的课堂教学方式，将会使得知识和信息充分共享和交流，学生的理智充分运用和发展，人格得到尊重和保护，学生的精神得到滋养和呵护，学生的生命得到唤醒与启迪。只有在民主的氛围里，师生的个性才会得到捍卫和保护，师生健康的人格才会形成。使教与学的双边活动符合民主的精神，建立教学的民主化，没有民主，就不会有师生活力充溢的课堂。

教学智慧的生成需要教学民主。保罗·弗莱雷（Paulo Freire）在《被压迫者的教育学》中说："假若没有了对话，也就失去了交流，没有了交流，也就丢失了真正的教育，真正的教育不是通过甲方为了乙方（A for B），也不是通过甲方关于乙方（A about B），而是通过甲方与乙方一起（A with B），以世界作为中介而进行下去的——这个世界给甲乙双方留下了印象并提出了挑战，产生各种关于这个世界的观点或者想法。"③ 教师应该成为一名顾问，一位交换意见的参加者，一位帮助发现矛盾论点而不是拿出现成真理的人，讨论、激励、鼓舞，在这样一个民主的教学氛围里，学生智慧成长，教师智慧发展。李镇西结合教学在谈民主教育时说，教师可以说《分马》中的郭全海是"崇高""无私"，学生也有权利

---

① ［美］杜威：《民主主义与教育》，王承绪译，人民教育出版社1980年版，第105页。
② 金生鈜：《我们为什么需要教育民主》，《教育学报》2005年第6期。
③ ［巴西］保罗·弗莱雷：《被压迫者的教育学》，顾建新等译，华东师范大学出版社2001年版，第41—42页。

说:"他不应该这样做,这样做不是太迁就自私的王老太太吗?"教师还可以说《荔枝蜜》以"做梦变成小蜜蜂"结尾是"含蓄""巧妙",学生更有权利说:"这太做作,读起来好别扭!"① 民主的课堂气氛,是教学智慧所为,同时也会促进教学智慧生成。

3. 良心

良心,"本指人天生的善良之心地,后多指内心对是非、善恶的正确认识,特别是与自己行为有关的"②。良心是人之为人的根本,没有良心便无法形成最基本的人格,人性中的核心要素是良心。

人与人、个人与社会之间均以良心为基础和底线。孟子在《告子上》第十三章,论述了人欲桐梓之生而养之,引导人养其"身"。养其"身"主要指的是养人之良心,而非仅仅是物质身体。在第十四章,更明确地说明了在人之身兼有所养的情况下,重在养其大体,大体也是良心的另一种说法。马克思指出,良心是人的道德责任心的最直接的、心灵上的神经。③ 良心是隐藏在人们内心深处人类特有的一种意识活动,它是自己同自己相处的这种最深奥的内部孤独。④ 人与人之间、个人与社会之间终究是以良心为基础和底线,并以良心来连接与织就的,良心既是道德的根据,也是道德的情感,同时还具有道德的规范,因此是三者的结合体。

教师良心是职业道德的底线。教师良心是教师在教育实践中对社会向教师提出的道德义务的高度自觉意识和情感体认,是自觉履行各种教育职责的使命感、责任感和对自己的教育行为进行道德调控和评价的能力,因此可以说,教师良心是道德认知、道德情感和道德意志在教师个体意识中的有机统一。教师良心是职业道德的底线,是教育职业对教师的最基本的道德要求,教师与学生、教师与教育的道德关系也是以教师良心为基础和底线,并靠教师良心来维系的。教师的职业良心体现于教师恪尽职守、工作自觉、心灵专一、爱护学生、研究教学等,其中体现了教师对道德原则和规范的深刻认识和理解,蕴含了教师教书育人,热爱学生的深厚情感。

---

① 教育部师范教育司:《李镇西与语文民主教育》,北京师范大学出版社 2006 年版,第 48 页。

② 中国社会科学院语言研究所词典编辑室:《现代汉语词典》(第 7 版),商务印书馆 2018 年版,第 814 页。

③ [苏] A. H. 季塔连科:《马克思主义伦理学》,愚生等译,上海译文出版社 1981 年版,第 123 页。

④ [德] 黑格尔:《法哲学原理》,范扬等译,商务印书馆 1961 年版,第 139 页。

教师良心是教学智慧生成的重要保障。"教学是一种'良心买卖'"，这是在教师中经常听到的一句话。教师的职业良心是教师精神人格的保护神，是教师积极进取、辛勤耕耘的重要精神支柱。同时，作为一种道德自律机制能够对教师进行调控，对教育工作的质量起促进作用。一个不热爱教学生活的教师，不可能对教育有深刻理解，也不可能对学生有深厚情感，也无法深刻认识到教学的本真世界。教学智慧的生成，要求教师必须在心底葆有一颗良心。对于教师的良心，一位小学语文特级教师有过这样的经历：

> 在这偏僻的地方，有20多个"野孩子"，见豆偷豆，见蔗毁蔗，见到我就谩骂。我忘记了自己是在"管制"中，不顾"不准乱说乱动"的禁令，设法亲近他们，讲故事，编有趣的教材，把豆园变成了课堂。就这样，孩子变了，爱读书、不爱打闹和毁坏庄稼了，教好"野孩子"的消息，在周围乡村传开了，我却因此"罪加一等"。（材料来源：教育部师范教育司组编《丁有宽与读写导练》）

丁老师的良心支配、监督并调节着他的动机和行为，把外在的道德律令化为了内心的自觉与坚守，最终成长为了一名智慧型教师。

（四）审美情趣

审美是"领会事物或艺术品的美"[1]。或者说，审美是对美的感知、感受、欣赏并结合情感、想象、意念、愿望、期待等各种心理因素共同参与对美的理解、判断，从而使审美主体的精神境界受到美的洗涤、净化后产生身心愉悦并最终生成审美经验的过程。阿多诺认为，趣味是判断对象及有愉悦与否带来的观念的能力，不带有功利性，这样一种愉悦感的对象被称为美。[2] "审美主体与客体保持一定的心理距离，脱离于日常生活，超然于功利现实，与日常生活、功利现实保持一种无关的态度。"[3] 真正

---

[1]　中国社会科学院语言研究所词典编辑室：《现代汉语词典》（第7版），商务印书馆2018年版，第1164页。

[2]　［德］格尔哈特·施威蓬豪依赛尔：《阿多诺》，鲁路译，中国人民大学出版社2010年版，第153页。

[3]　李泽厚：《美学三书》，天津社会科学院出版社2003年版，第474页。

的审美是超越功利的，来自心灵深处的愉悦使生命充满了朝气与活力。

人通过审美能为世界和人生做根本辩护。根据马克思的"美是人的本质力量对象化"的论点，凡是劳动创造的对象（包括艺术作品），以其感性形式表现出人的力量和智慧，体现出社会的理想和进步，从而激起人们愉悦的内心情感体验，这就是美的，美产生于劳动，审美价值后于实用价值。① 尼采说："只有作为一种审美现象，人生和世界才显得是有充足理由的。"② 人是需要审美的，通过审美可以为世界辩护，通过审美可以为人生进行辩护。

教师的审美情趣是教学艺术的呼唤。教学中有艺术，艺术的特质是美，艺术创造，就是美的创造。教学活动在本质上不是机械地、教条地、单一地传授知识与接受知识，它事实上是一种能动的、极富创造性的、生成性的生命活动。对于教学活动的认识，杜威提出，教师所实施的教学活动，乃是有弹性、意向的工作，因此，教学活动深具美与善的含蕴。③ 如果教师懂得了美的素质是怎样进入人的生活的，若他再能够有意识地进行完善、扩展这种美的体验方法，该教师也就踏上了教学艺术之路。所谓艺术性的东西，就是把技能和感情以一种特殊的方式结合起来，使创造的成品被赋予一种美。教师所拥有的审美情趣对教学美的创造起着关键作用，具有审美情趣的教师会以一种艺术的方式看待教学，总能以审美的态度对待学生，对待自己，对待教学过程的各个要素，这会渗透到教学过程的各个环节中，优化教学效果。

教师的审美情趣是教学智慧生成的必备素养。教师的审美，往小处说，是一种情趣，一种态度；往大处说，是一种生活方式，是一种精神境界。如果教师拥有了深厚与坚实的专业知识，掌握了先进与科学的教育理念，积累了厚实的文化修养，在此基础上，教师会怀着深深的职业情感、人文情怀，以审美的眼光去看待教学，此时此刻，教师便会充分挖掘教学中形形色色美的因素进行智慧的启迪、文化的渗透、情感的陶冶、人格的陶养，在学生获得知识并形成素养的同时，完善自身，同时艺术地展现自己的教学生活，师生共创美好人生。课堂教学的过程既有语言因素，也有

---

① ［德］马克思：《1844 年经济学哲学手稿》，中央编译局译，人民出版社 2000 年版，第146 页。

② ［德］尼采：《悲剧的诞生》，周国平译，译林出版社 2014 年版，第 23 页。

③ 单文经：《教学引论》，上海科技教育出版社 2003 年版，第 16 页。

非语言因素，要求教师讲解有声有色，既要语言准确、生动、鲜明，富有节奏感，又要恰如其分地辅之以表情、动作与姿态。同时，教师身上所表现出的服饰美、语言美、人格美，教学过程中表现出的节奏美、创造美、快乐美等都会提升学生学习的有效性。

教学智慧是求真、求善、求美的合金。教学智慧的形成，要求教师有一颗教学的"爱美"之心，其审美情趣具体表现为热爱生命、坚守信仰、追求艺术。

1. 热爱生命

热爱生命，是好好珍爱生命，力争实现生命的意义与价值。生命属于人只有一次，人最可贵的是生命，热爱生命是每个人的终极追求。"夫天下至重也，而不以害其身，又况他物乎。"庄子高扬个体生命价值，认为在世界万物中，个体生命是一种最宝贵的存在，其本身的价值高于一切。蒙田认为，生命来自自然的恩赐，它是优越无比的，他比别人更关心生活，所以他说，"我比别人多享受到了一倍的生活"。一个人关注自己的生活程度越深，得到生活的回报越多。享受生活要讲究方法，热爱生命就要关心我们的生活，尤其是精神生活。"归根到底，生命是根本的尺度。"①

人可以过一种神圣而有意义的生活。梭罗说，人类无疑是有力量，而且有意识地去提高自己生命质量的，也就是说，人是可以使自己生活得富有诗意而又神圣的。热爱生命就要着眼于现实，热爱眼前的这一个现实的生命，生命对于每个人都很宝贵，它的宝贵之处就体现于生命的不可重复性，不管是什么样的人，无论是贫穷还是富裕，健康还是残疾，发达抑或蹇劣，都只能拥有一次生命，人不能选择自己的命运，只能珍惜目前这唯一的现实生命，尽力抓住有限时光，使生命更加充实。

生命的自我实现是人的终极追求。马斯洛的"需要层次说"中的顶级层次是"自我实现的需要"，具体来说，是指一个人有充分发挥自己潜力和才能的需要，力求实现自认为所能之事，如发挥个人的潜在能力、创造力等，实现了某种目标，从而体现了自身存在的价值，自我实现是完满人性的充分体现，是人的终极追求，它的实现会使人产生一种高峰体

---

① ［德］尼采：《悲剧的诞生》，周国平译，译林出版社 2014 年版，第 33 页。

验。① 人生的自我实现是人高层次的追求，也是一种审美境界。

热爱生命必然追求教学智慧，追求教学智慧也必然热爱生命。有很多奇迹的创造无不是人敬畏生命、热爱生活的体现。教师的双肩上，一边担着自己的生命，一边担着学生的生命，教学活动是教师和学生的生命成长的乐园。教学活动的合理性的诉求应以教师是否热爱生命来考量。教师教学智慧状态有不同层次，从初级的追求状态、中级的突发情境的应对能力，再到高级的教学智慧生活方式，以热爱师生生命为出发点，能够成全师生生命的幸福与美好愿景。"每一个人，早在童年时期，特别是少年时期和青年早期，就应当获得自己的精神生活完满的幸福，享受劳动和创造的欢乐。"② 教学生活是教师生活的重要组成部分，追求教学智慧的教师总是用心创造、享受属于他们的教学生活，就是在教学之外也表现出乐此不疲的生活态度，处处以积极乐观的生活方式表达对生命的一份执着与热爱。在对"国宝老师"霍懋征先生的专访中有这样的描写片段：

> 按响门铃，听到"汪汪"的犬吠，跟着霍懋征一同出来的是两只胖胖的"京巴"。她说："除了这两只'京巴'，旁边的屋子里还有3只'博美'，外面阳台上养了4只鹦鹉，这鱼缸里还有金鱼。怎么样，我是名副其实的'陆海空三军司令'吧。"作为85岁的老人，霍懋征的嗓门显得格外洪亮。（材料来源：http：//www. people. com）

霍老虽已经是85岁高龄的老人，但从上面的描述可见，她是多么热爱生命。教师只有热爱自己的教学生活，才能把心投入其中，迸发出对智慧的追寻，智慧不是一时一刻的想法，而是终生永恒的追求，是需要人用一生去追寻的，大写的人，只有双脚站在他所热爱的土地上辛勤耕耘，头上才可能有智慧之光的闪现。

2. 坚守信仰

信仰，《辞海》中解释为"对某种宗教或主义极度信服或尊重，并以之为行动的准则"③。它是支撑一个人精神世界的力量之源，表现为个体

---

① 张承芬：《教育心理学》，山东教育出版社 2006 年版，第 325 页。
② ［苏联］苏霍姆林斯基著，蔡汀等编：《苏霍姆林斯基选集》（第一卷），教育科学出版社 2001 年版，第 94 页。
③ 辞海编辑委员会：《辞海》，上海辞书出版社 1989 年版，第 280 页。

的一种特殊的、非常强烈的心理态度或精神状态。教育信仰，指的是教师对教育活动在个体和社会发展过程中的价值及其实现方式的无限信服与尊重，并以之作为教育活动的根本准则。

信仰是人类精神生活的内在要求。克尔凯郭尔说："信仰是奇迹，没有人能将信仰置之度外；联系人类生活的纽带是激情，信仰就是激情。"[①] 信仰是人类精神世界里的一种超越性力量，是人心灵的内在要求，在生活过程中，正是有了信仰，个体尽管遭遇重重艰难与种种束缚，仍然会保持对待生活的坚强勇气和信心，因而会更能激发自身的内在进取精神，将生命投入到生活的激流中，挑战生活、把握生活、热爱生活、创造生活与享受生活。

信仰必须以一定的精神观念为基础。别林斯基说："人类的发展是没有止境的，人类永远不会对自己说，站着，够了，再也没有地方可以向前走了。"[②] 瑞典诗人托马斯·特朗斯特罗姆说，人总要相信些什么，才不会度日时，跌入未知的黑洞里。这都说明了信仰对人的作用，人不能没有信仰，人活着，总要相信一些东西，坚持一些东西，不然的话，人们便生活在这样那样的无聊的抱怨中。有的人每天虽忙忙碌碌，却不知道为什么活着，物质生活丰富了，但是却找不到精神寄托，以一定的精神观念为基础和寄托的信仰，就是对当下浮躁生活的反拨。

教育是需要信仰来成就的事业。雅斯贝尔斯指出，教育是需要信仰的事业，没有教师的信仰就不成其为教育，而只是教学技术而已。我国文学大师朱自清也认为，教育者须对教育有信仰心，应努力成为以教育为信仰的人。弗莱雷说："教师的努力必须充满着对人及人的创造力的深信不疑。"[③] 这就是一种信仰，一种对学生的信仰，有了这样的信仰，教师才可能成为学生的合作伙伴，培养激发学生的创造力，而不是一味地灌输、驯化、发号施令。教育信仰主要体现的是教育的精神状态、思想追求、理想境界与潜在动力。没有对教育的信仰，教师的教育教学生活虽忙碌但缺乏寄托，没有自己的精神支柱。没有建立在一定教育信仰基础上坚定的教

---

① ［澳大利亚］康拉德·保罗·李斯曼：《克尔凯郭尔》，王彤译，中国人民大学出版社2010年版，第75页。

② 冒从虎等：《欧洲哲学通史》，南开大学出版社1985年版，第410页。

③ ［巴西］保罗·弗莱雷：《被压迫者的教育学》，顾建新等译，华东师范大学出版社2001年版，第75页。

育信念、教学理想，在教育教学中，教师就会失去深厚而又源源不断的动力，在面对矛盾困境时，教师缺乏判断和抉择的最终依据，也阻碍了对教学生活意义与价值的探寻。

教学智慧的生成，需要教师坚守信仰。教师应怀有教育信仰，并且需要用一生去坚守。一个教师必须有信仰，一个好的教师更需要信仰，而且是坚定不移的信仰，没有信仰，就没有教育家，就没有名师，也没有教学智慧的生成。真正怀有教育信仰的教师，不仅有目标、有理想、有追求，而且能在现实与理想之间找到改善现实的理想路径与实现理想的现实路径。教育是一项神圣的事业，若没有信仰，何谈神圣？特别是当今社会，功利之心蔓延，浮躁之风盛行，人们普遍缺乏信仰的精神支持。教学智慧的生成，需要教师坚守信仰，保持坚定的精神状态，激发内发的潜在动力。有教育信仰的教师，精神上是高贵的，人性上是美好的，生活上是理性的。智慧型教师的培育，要求教师怀有教育信仰，使其成为教师的人生寄托和精神支柱；依靠信仰，使教育教学走向智慧；坚守信仰，方能成就教育事业和人生。

3. 追求艺术

艺术，这里是指"富有创造性的方式、方法"①。艺术是主体对客体的一种把握方式，有其自身的特殊性。② 教学艺术是对教学活动的感觉、直觉、整体的把握方式，是主体用内在的尺度创造性地把握教学活动，具有鲜明的个体性、情感性。教学艺术不但具有与一般艺术相似的功能，如愉悦身心等，也具有相似的特点，如情感性、形象性与创造性等，而且更是一门复杂的、高超的、特殊的培养人才的艺术，具有自己的独特之处，教学艺术能够激发动机、引起兴趣、提高效率、开发智力、培养能力、净化心灵、愉悦师生身心等。

教学不仅是科学的，也是艺术的。教学是教师和学生之间的自由交往过程，教学是一种科学的存在，也是一种艺术化的存在，不但需要科学精神，还要有艺术审美。尼采说："用艺术家的眼光考察科学，用人生的眼光考察艺术。"③ 在师生共同进行的教学活动中，教师和学生之间、学生

---

① 中国社会科学院语言研究所词典编辑室：《现代汉语词典》（第7版），商务印书馆2018年版，第1551页。

② 李定仁等：《教学论研究二十年：1979—1999》，人民教育出版社2001年版，第354页。

③ ［德］尼采：《悲剧的诞生》，周国平译，译林出版社2014年版，第207页。

与学生之间认知、情感和价值观念等都存在冲突，它是一种富有创造性的活动，需要教师的教学艺术，教学不仅仅是有科学规律可循的活动。在教学情境中，当教师与学生的主体性、创造性、个性都充分发挥出来的时候，教学从某种意义上就成为一种艺术鉴赏和艺术创造的过程。

对于教学的艺术性，毕生从事小学教材教法研究与实验的俞子夷提出，"教师教学生，若没有科学的根据，好比盲人骑瞎马，实在危险矣，但是只知道科学的根据而缺乏艺术手腕处理一切，却又不能对付千姿百态、千变万化的学生，所以，教学法一方面要以科学为基础，一方面又要用艺术做方术，教学法不仅是一种学，也是一种术。"① 对此，马卡连柯说："只有学会用 15 种乃至 20 种音调来说'到这里来'的时候，只有学会在脸色、姿态和声音的运用上做出 20 种风格韵调的时候，我才变成了一个真正拥有表达技巧的人。"马卡连柯说的"表达技巧"，就是言语的艺术，即表达的艺术。可以说，没有哪种职业能比做教师的更需要讲究表达艺术的了。"人们创造了艺术，又用艺术的精华来塑造人们的审美观点和审美情感，在审美过程中再进一步创造艺术，用客观的美塑造人的心灵美，再将人的心灵美转化为客观的美，主客观的关系就是在这样的转化过程中发展着。"②

教学艺术是教学智慧生成的灵魂所在。第斯多惠说，教学艺术的本质不在于传授的本领，而在于唤醒、激励与鼓舞。马克思也指出，假若你想得到艺术的享受，那你就必须做一个有艺术修养的人，假若你想去感化别人的话，那你就必须做一个能鼓舞和推动别人的人。③ 学生需要激励，而激励要讲究艺术。小学特级教师于永正说："说话的艺术、朗读的艺术、表演的艺术、书法的艺术，还有绘画的艺术哪里来？一句话：来自于老师的艺术修养，艺术修养会对一个人的情操、品格、气质、言谈举止以及审美眼光产生重大影响，这是毋庸置疑的，一个具有一定艺术修养的人，一张口、一出手、一投足就会自然地流露出来。没有一定的艺术修养，连一篇课文都难读好，哪里还谈什么教学艺术呢？"④ 教师教学需要艺术性，

① 董远骞：《中国教学论史》，人民教育出版社 1998 年版，第 146 页。

② 黄济：《教育哲学通论》，山西教育出版社 2004 年版，第 564 页。

③ ［德］马克思：《1844 年经济学哲学手稿》，中央编译局译，人民出版社 2000 年版，第 146 页。

④ 于永正：《教学艺术来自老师的艺术修养》，《中国教育报》2005 年 5 月 27 日。

教学智慧的养成，更离不开教学艺术。对于教学艺术，一位初中语文特级教师这样写道：

> 我的梦想，是把语文课改造成一门真正的艺术。
>
> 它应该是以引导中小学生鉴赏汉语语言文字之美、提高运用汉语语言文字的素质为核心。
>
> 它应当辅以音乐，或激昂慷慨。
>
> 它应当有幽默，机智穿插，笑声中达情会意。
>
> 它应当有朗诵，或男生，或女生，或齐诵，或抑扬，或急缓，把"平面"的文字，变成"立体"的交响。
>
> 它应当有书法，有图画，有线条，有色彩，传神写照。
>
> 课堂是舞台，师生既是角色，也是观众，共同演绎一幕"综合的课堂艺术"。（材料来源：教育部师范教育司组编《韩军与新语文教育》）

实践证明，智慧型教师都追求并形成了自己独特的教学艺术风格。从韩老师叙述的字里行间，可以感受到他对教学艺术的追求、感悟与陶醉。

第五章

教学智慧生成的环境因素

克里斯托夫·武尔夫说："教育梦想中的乌托邦释放出巨大的能量，有时甚至会葬送儿童和年轻人绚丽的生活，为了这些理想的实现，多少青少年饱受痛苦，美梦变成了噩梦。"[①] 教育对人的影响是巨大的，优质的教育需要优秀的教师，优秀教师应该是智慧型教师，具备学习、处世、生活、育人的智慧，能够在各个方面给学生以帮助和指导。优秀教师的成长不是自然而然的，智慧型教师的成长，不但自身需要具备一定的素质能力，还要求有一个适宜教师"智慧"成长的环境。因此，研究教学智慧生成，不仅要研究其生成的内部要素，还要研究教学智慧生成的外部环境。

为了搞清楚环境与教学智慧生成的关系，首先要分析环境的概念，环境与人的发展关系，环境与教师发展的关系。环境，在《现代汉语词典》中的解释为"周围的地方，周围的情况和条件"[②]。人的任何活动都与环境的影响密不可分，人类的生存、生活和发展都离不开环境。对于人与环境的关系，在《墨子·所染》中有："染于苍则苍，染于黄则黄，所入者变，其色亦变，五入必而已则为五色矣，故染不可不慎也。"在《荀子·解蔽》中有："蓬生麻中，不扶而直，白沙在涅与之俱黑。"来自于我国古代的这两则比喻，形象、生动地论述了人与环境的关系。环境对人发展是有影响的，存在于周围环境中的任何事物都可以作用于人的感官，人便会吸纳与储存信息，以引起心智的活动和行为的变化。

---

① ［德］克里斯托夫·武尔夫：《教育人类学》，张志坤译，教育科学出版社1972年版，第24页。

② 中国社会科学院语言研究所词典编辑室：《现代汉语词典》（第7版），商务印书馆2018年版，第568页。

　　一般来说，环境是指人生活于其中，并能影响人及活动的一切外部条件的综合，此种外部条件的综合，既包括人在社会中的条件和社会关系，也包括人赖以生存的自然条件。从哲学语境看，环境是指主体周围的一切条件和情况。① 真正给人的身心发展以巨大影响的还是社会环境，它是人类社会所特有的，它是指人生活于其中的各种社会条件、社会意识形态、社会关系等因素；自然环境也是人类生存和发展的基础。无论是社会环境，还是自然环境，都是人发展所必需的，正如马克思、恩格斯所说："在实践中人不能脱离环境而生活，必须接受为自己准备好的环境，并受它的影响和制约。"②

　　从心理学研究看，格式塔心理学家勒温（K. Lewin）曾经提出了著名的公式 $B = f(P, E)$，认为个体行为是人格和环境的函数。③ 西蒙（H. A. Simon）进一步指出，环境就是有机体的生活空间，是与有机体的感觉器官、要求和活动相互依存的。目前心理学家们特别强调环境和行为的相互影响，即行为和产生行为的前后环境之间的关系。这里的行为既包括外显行为，也包括内隐行为，还包括思维、情感、意志等，而环境则是自然环境和社会环境的总和。可见，在人发展的过程中，环境因素的影响作用很重要。

　　对影响个体发展的环境问题，尤·布朗芬布伦纳（U. Bronfenbrenner，1979）提出了社会生态学理论，精辟地剖析了两者的关系，该理论指出，环境是包含有机体本身以外的、影响人的发展的与受人的发展影响的任何条件和事件，具体而言，个体生长发展的环境可以分为微观系统、中间系统、外部系统和宏观系统。尤·布朗芬布伦纳也提出了"发展是人与环境的复合函数"，即 $D = f(PE)$，其中 D 指 Development（发展）；P 是指 People（人）；E 是指 Environment（环境）。④

　　对教学智慧生成的内部要素，研究者借助系统论思想进行了研究，对教学智慧的外部环境的考察，也深受系统论思想的启发。系统论认为，一

---

　　① 李秉德：《教学论》，人民教育出版社 2001 年版，第 266—267 页。
　　② 中共中央马克思恩格斯列宁斯大林著作编译局：《马克思恩格斯全集》（第三卷），人民出版社 1972 年版，第 24 页。
　　③ 俞国良：《环境心理学》，人民教育出版社 2000 年版，第 2—3 页。
　　④ U. Bronfenbrenner, *The Ecology of Human Development: Experiments by Nature and Design*, Harvard University Press, 1979, p. 13.

切事物乃至整个世界都是系统统一体。牛顿的《论宇宙系统》一书就把包括太阳在内的宇宙作为一个互相联系的大系统来研究；达尔文用相互联系的观点、系统的观点来看待、分析、研究整个生物界；马克思、恩格斯继承、发展了古代和近代人类的系统思想，认为一切事物乃至整个世界，都是由无数相互联系的事物和过程所形成的统一整体，马克思主义理论是现代系统论的重要来源，系统概念首先是在马克思主义的经典著作中总结上升为明确的理论。由此观之，教学智慧生成的环境因素也可以以"系统"方式进行研究。

系统论还认为，系统结构总是处于一定环境中的系统结构，环境是结构必不可少的条件，对结构的协调与失调起着重要作用。根据普利高津的耗散结构理论，"系统结构与环境的关系大致可以分为三类：第一种是孤立系统，系统结构和外界没有任何物质和能量的交换，随着时间的推移越来越无序，越来越混乱；第二种是封闭系统，系统结构与外界仅有能量交换，而无物质交换，系统内表现为无序，或者是一种死的秩序；第三种是开放系统，此类系统的结构与外界既有能量交换，又有信息和物质交换，演化发展产生出各种包括生命现象、社会运动和思维活动等在内的复杂的运动形态。"① 一个开放性的系统结构，为社会、经济、思维的有序性、协调性提供了一个理论的保证和合理的解释。教学智慧的生成也总是处于一种特定的环境中，并不断地向环境敞开，进行着信息与能量的交流。

教师在特定的环境中生活和活动，其成长也必然受到其所处环境的影响。教师成长的重要标志是教学智慧的生成。教学智慧，犹如种子萌发，其内部要素所构成的整体，犹如一粒饱满的种子，这粒种子无论多么饱满，若没有适宜的温度、湿度等环境条件，也不会萌发。同样的道理，智慧生成的内部要素无论多么完善，若没有适宜的外部环境条件，智慧也不会最终获得发展。智慧的生长与发展只能在富有智慧的教育环境条件下才能实现，只有智慧的环境才能培养出有智慧的教师。

教学智慧生成的主体是教师，那么，以教师为主体，以课堂教学为中心进行考察，基于环境与人的关系等相关理论、社会生态学理论、系统理论等，则可以得出，影响教学智慧生成的环境因素由内到外，或者说由近

---

① 吴今培：《系统科学发展概论》，清华大学出版社2010年版，第267页。

及远，也可以说是从直接到间接，分为课堂环境因素、学校环境因素和社会环境因素。

一　课堂环境因素

任何教学活动都是在一定的教学环境中进行的，因此，教学环境是教学活动的一个基本因素。李秉德先生说："如果说教师和学生是教学活动的主角，那么教学环境就好比是他们活动的舞台。"[1]　教学环境是对教学的发生和发展产生制约和控制作用的多维空间和多元因素的环境系统。[2]教学环境有广义和狭义之分，这里是指狭义上的教学环境，具体是指教学活动的场所、教学设施、班风、校风、师生人际关系等。

课堂教学环境，是课堂内各种因素的集合，具体是指师生活动的空间、教学设施、班风、人际关系、课堂生活质量、班级气氛等。关于教学环境的分类，有研究指出，整体的教学环境由物质环境和社会心理环境构成。[3]　那么，课堂教学环境也应该包括课堂的物质环境和社会心理环境，这就是影响教学智慧生成的课堂环境因素。

课堂的物质环境包括时空环境、设施环境和自然环境。时空环境是时间的分配与安排、空间组合形式及空间密度，如班级规模和座位的编排方式等；设施环境是指教学场所内的通风、照明、温湿度、色彩、声音、课桌椅、各种教学仪器和设备等，教学设施通过自身的完善程度制约和影响着教学活动的内容和水平；自然环境是指教学场所的地理位置、气候条件和自然景观。教学智慧的生成中，教师的认知能力是很重要的一种要素，它的发展会受情绪、情感的影响，而且，教师情意品质也是教学智慧的重要构成。课堂教学的物质环境因素，可以直接影响教师的身心活动，一方面它们可以引起教师在生理上的不同感觉，另一方面使教师在心理上产生情绪，形成情感，从而影响教师智慧的发展。

课堂的社会心理环境，包括人际环境、组织环境和情感环境。人际环境，即课堂内部的各种人际关系，主要是指师生关系、生生关系，这些因

---

[1]　李秉德：《教学论》，人民教育出版社 2001 年版，第 266 页。
[2]　顾明远：《中国教育大百科全书（第一卷）》，上海教育出版社 2012 年版，第 626 页。
[3]　田慧生：《教学环境论》，江西教育出版社 1996 年版，第 158 页。

素可以影响人的认知、情绪和行为，从而影响教学活动效果达成的有效性。组织环境，即课堂内各种正式组织与非正式组织及其活动、团体规范和心理气氛，如班风，班风是班级全体成员在长期交往、生活、学习中所形成的一种共同的心理倾向性。① 班风一旦形成，便会对班级及学生产生一种无形的约束力，影响学生在课堂上的学习活动。情感环境，即课堂中的合作、竞争期望等形成的课堂气氛。毫无疑问，课堂所独有的这些社会心理环境影响着教师教学智慧的生成。

课堂教学环境与教师的成长，特别是对教学智慧的生成，有着不可忽视的作用。有研究指出，教学活动实施成功与否和教学环境的优劣息息相关，不同类型的教学环境常常会把教学活动引向不同的水平和境界，从而产生不同的教学效果。② 课堂，作为教学智慧生成的重要场所，教师一定会受其中多种因素的影响，其中包括社会心理环境与物质环境，具体表现为师生关系、课堂气氛和教室环境。并且实践证明，对于教学智慧的生成，课堂教学环境中的"典型情境"也起关键作用。

（一）典型情境

课堂教学中与教师教学智慧生成有直接关系的"此情""此境""此时""此地""此事"，均属于典型情境。在课堂教学中，教师常常会遇到意外情况，或者学生突然提出违背常理、常规和常情的问题，教师又缺乏足够的准备；或教师的知识储备、思维方法、教学能力难以解决学生的此类问题，教师又不得不做出较迅速的、敏感的、正确的应对，以打破教学的僵局。教师在处理这类突发情境、疑难情境、生成情境等时所表现出的聪明才智，体现了对教学活动本质的把握，表现了深刻洞悉、敏锐反应、机智应对、善于创造、正确解决教学问题的综合能力。以上这类对典型情境的处理就有赖于教师的教学智慧，能够激发教学智慧的生成。因此，在课堂环境因素中，"典型情境"成为影响教学智慧生成的重要因素之一。一位中学教师讲述了这样一个故事：

有一名学生，在学习"第二宇宙速度"概念时突然站了起来，

① 顾明远：《中国教育大百科全书（第一卷）》，上海教育出版社 2012 年版，第 627 页。
② 田慧生：《教学环境论》，《教育研究》1995 年第 6 期。

并提出了一个问题，这个问题涉及第二宇宙速度的定义，而那时我对概念定义不够清楚，无法回答这个问题，我想，教材还能出错吗？在进行初步分析思考后，我认为学生提出的矛盾不无道理。我接下来便系统地学习了《形式逻辑》，通过学习，我纠正了第二宇宙速度的定义。更为重要的是，通过学习提升了能力，完善了思维，可以说，正是学生问题，让我掌握了一门思维科学，也改变了我的教材观，促进了我的成长。（材料来源：毕景涛：《成长中的关键事件》，《中国教师报》2014 年 4 月 16 日）

学生在课堂上偶然提出的一个问题促使这位教师读书、查阅、思考，提升了思维能力，养成了反思和研究的习惯，从而促进了教学智慧的生成。

（二）课堂气氛

课堂气氛，是指班级全体学生在课堂教学过程中所拥有的一种情绪情感状态。班级是教师从事课堂教学的场所，班级的课堂气氛源于班风、学风和学生的求知态度等因素。前面已经提到，班风是班级全体学生在长期交往中所形成的一种共同心理倾向性，学风属于班风的一部分，是班级在学习方面形成的一种心理倾向。班风、学风是一种心理气氛，这是无形的环境因素，具有不可忽视的教育力量。涂尔干说："我们永远不要看不见一个事实：班级是一个小社会。"[①] 学生在其中相互影响、彼此联系。良好的班风、学风会使得教师乐教，收获一种幸福而愉悦的教学生活，其累积效应会促进教师更加热爱自己的教学生活，唤起教学的热情和激情。教师对教学生活的情感绝不仅仅来自于教师单向度的无条件的爱，良好的班风和学风也会激发、吸引、唤起教师的热情，教师对教学生活的热爱是教学智慧生成的根源性动力。

具有良好班风、学风的班级往往表现出优良的课堂教学气氛。一般来说，课堂教学气氛包括支持型、防卫型两种。支持型的课堂气氛是积极的课堂教学气氛，它有利于师生之间的信息交流和情感沟通，也有利于教师

---

① ［英］乔伊·帕尔默：《教育究竟是什么——100 位思想家论教育》，任钟印译，北京大学出版社 2008 年版，第 211 页。

及时、准确地掌握学生的学习状况，在这种支持型的课堂气氛中，学生所表现出的旺盛的求知欲望，也可以激发教师的教学热情，激发教师教学的创造力，生成教学智慧。

学生旺盛的求知态度，是良好课堂气氛的重要特征。学生旺盛的求知欲，有些是来自任课教师的启发，也有的来自于学生本身的素质，也有的与一个班集体特点和班主任的管理等因素有关。有过教学实践体验的教师都知道，求知欲强的班级与求知欲一般的班级相比，前者更能让教师教学保持愉快的心境，有利于教师的创造，也能够进一步激发教师教学素质的提升。并且，求知欲强的学生一般都会表现出较强的好奇心，善于思考，喜欢提问，在课堂上也会提出突如其来、令人意想不到的问题，启发教师教学智慧的生成。

（三）师生关系

师生关系是教育教学中最基本、最重要、最关键的人际关系。师生关系的和谐与否直接影响到教学的效果，它是教育教学工作中一个关键的问题。教师应从课堂主宰者转变为引领者、促进者和导引者，作为学生发展的引路人和潜能的开发者，从对抗、强制走向对话、和谐，构建民主和谐的师生关系。

如果没有良好的师生关系，就很难有高质量的教学。教师与学生是教学活动的主体，既要充分发挥教师的主体性，又要发挥学生的主体性，使师生共处一个"视界融合"的境域，保持一种主体间性，或者交互主体性。洛克说："教师不可把自己当成惊吓鸟儿的稻草人一样，使学生见了自己的面就害怕。你要他的心理接受你的教导，或者增加知识，你就应该使它保持一种安闲澄静的气性。"[①] 和谐的师生关系是师生共同作为教学活动的主体，达到的一种相互融洽、完美融合的最佳状态。

师生关系是在对话中确立的，对话是师生间最基本的沟通方式。"通过对话，教师的学生（students of the teacher）、学生的教师（teacher of the students）等字眼都不复存在，新的术语随之诞生：教师式的学生（teacher-student）、学生式的教师（student-teacher），教师不再是所谓的授业者，

---

① ［英］洛克：《教育漫话》，傅任敢译，教育科学出版社 1999 年版，第 142 页。

在与学生的对话中，他们合作起来共同成长。"① 师生关系会影响到教学智慧的生成，和谐的师生关系既是正常教学的重要保障，也是教学智慧生成的基本保障，构建和谐的师生关系也是教学智慧的重要体现。实践证明，智慧型教师特别善于构建民主和谐、亦生亦友的师生关系。一位小学数学特级教师讲述了他的体验故事：

> 在课堂教学中，我经常会对学生提出发自内心的表扬和鼓励，蹲下身子走下讲台与学生交流合作，摸摸学生的头，为他们竖起大拇指；我常真诚地送给学生"再想想看，老师和同学们都相信你一定能行""你的想法真的太伟大了，坚持下去前程似锦"等许多沁人心脾的话语。课外，我也会与他们谈心，给他们讲些有趣的问题。我知道在学生的眼里，有一段时间我是他们的大哥哥。到现在，包括在网上，我真诚地回复各地学生的邮件，我大抵就是个他们还比较喜欢的、比较亲切又很幽默的叔叔了。（材料来源：教育部师范教育司组编《黄爱华与智慧课堂》）

黄老师真诚地对待学生及他们的每一件事情，学生们亲切地称呼他为"大哥哥""叔叔"，师生无间，这是教学智慧的体现，同时，又为教学智慧生成发展提供了良好环境。

（四）教室环境

教室环境，指的是狭义的物理环境，具体包括班级规模、教室装饰和座位编排。这也是影响教学智慧生成的一个不可忽视的因素。

首先是班级规模，也称班额，系指教师所任教的一个特定班级或一个教学团体的学生人数。卡亨（Leonard S. Cahen）认为，在规模较小的班级中，教师常常表现得更愉快和更活跃。② 环境心理学的研究表明，班级人数过多，规模过大，密度过大会分散教师的注意力。③ 也有研究表明，班级人数过多易导致教师的课堂霸权和控制。实践证明，班级规模过大，

---

① ［巴西］保罗·弗莱雷：《被压迫者教育学》，顾建新等译，华东师范大学出版社2001年版，第31页。

② 李秉德：《教学论》，人民教育出版社2001年版，第273页。

③ 俞国良：《环境心理学》，人民教育出版社2000年版，第220—223页。

会对教师产生心理压力，从而影响教师身心健康。班级规模不但对教师产生直接影响，还会通过影响学生而间接影响教师。当学生班级人数过多，规模过大，学生的个人活动空间便会受到他人挤占，学生的课堂行为也会随着发生一系列变化。[①] 的确，班级规模过大，会影响学生的课堂参与机会，部分学生会被"边缘化"，成为游离于课堂教学之外的"边缘人"，这样学生学习的主动性会降低，课堂上的师生交流机会会减少，教学方法的选择会受到限制，使教学实践陷入困境。总之，班级学生规模过大，会使教师产生教学扭曲，进而使得教学智慧失去存在与生成的空间。

其次是教室装饰。在教室环境布置上所表现出的装饰美，也能够激发并活跃教师的审美情趣、丰富审美想象、愉悦审美情感，还能进一步提升教师感受美、鉴赏美、创造美的能力。宽敞、明亮、洁净的教室会让教师感到舒适、惬意。生机盎然的花草表现出的蓬勃向上的生命活力，会给教师带来愉悦的感受。另外，教室内布置得和谐、有序也会对教师的心理产生积极影响。这些都会促进教师教学智慧的生成。

最后是学生的座位编排。我国传统的教室里，课桌整齐排列，面对讲台，教师的活动空间多局限于讲台。据研究，开放式教室的座位编排与传统式教室相比，相对灵活和自由，教师更负责任，更具有创造性，从而也促进了教学智慧的生成。

二　学校环境因素

学校是教师工作和生活的重要场所。不同的学校，有着不同的学校环境。学校环境以强有力、但又很微妙的方式在影响着教师们的思维方式与行为方式。任何一所学校都有其自身的特征和特质，当你走在校园里，进入班级里，与教师交谈，与校长交流，都会感到这所学校的独特之处。研究者曾经去过不少实验学校，有的学校有书香气息，有的教师敬业态度好，有的教师表现出了职业倦怠感，等等。学校环境会对教师成长产生影响，对教学智慧的生成也是一种重要的影响因素，具体体现为校长领导、教学管理、同侪关系与校园文化。

[①] 田慧生：《教学环境论》，《教育研究》1995 年第 6 期。

（一）校长领导

校长是学校教育的灵魂所在，校长的管理理念、教育理念，甚至一言一行都影响着学校，影响着学校的师生员工。我国中小学一般施行"校长负责制"，这就从行政层面强调、强化了校长的领导核心地位。智慧型的校长才可能带领出有智慧的学校。国外有研究指出，优秀校长应该是有远见的、有雄心的、有理想的、有抱负的，他们表现出了诚实、勇敢、正直、有爱心、有合作精神，他们也可信赖、善于鼓舞人、心胸开阔、有智慧、有创造力、果断、独立、自我控制力强，等等。好校长具有优秀的品格、扎实的学识、先进的管理理念、超强的综合素质能力，一句话来说，一个好校长就是一所好学校。对于教师的成长，教学智慧的生成，校长的指导和引领作用至关重要。一位特级教师这样评价他的校长：

> 我的校长是那种有激情、有远见的卓越领导者。他像一团火，会点燃你的梦想，会感染着你去把教育视为生命的全部追求与无上荣誉。在他的手下工作，你会有欧里庇得斯的那种感受：崇高的荣誉存在于一切事物中；你会变成西方人赞美的那种拥有过伟大激情的人们。他是学物理的，却更具有诗人的气质，永不停歇地追逐着他的教育梦想。他应该能够办出大气派、大境界的教育，他的远见可以让你一下子走出庸琐的俗务，仰望崇高，面朝辽阔。（材料来源：教育部师范教育司组编《唐江澎与体悟教学》）

学校教育的品质如何，校长的教育素质非常关键。真正高境界、高水平、高品质的教育，不管教什么、以什么方式与方法去教，教育教学追求的终极目标都应该在于，塑造学生的生命，为每一位学生的幸福人生奠定基础、积淀素养。这既是教育教学的最高目标与追求，又是教学智慧的集中体现。对教学智慧的追求，不能仅限于教学的某一点、某一方面、某一环节，必须在教育教学的整体中全面展现，也就是说，教学智慧还要内化、渗透到教育目的、教育价值、教学目标、教学过程、教育环境、教育教学管理在内的学校教育教学活动的所有方面。[①] 校长的教育管理，要渗

---

① 田慧生：《提升教育品质，呼唤智慧型校长》，《中国教育报》2012 年 1 月 3 日。

透教育智慧、教学智慧、管理智慧等智慧理念。尤其重要的是，校长要拥有先进的教育教学理念，以教育为人生的教师，没有养成对教育的理念，以教学为生活的教师，没有养成对教学的理念，是无论如何也经营驾驭不了自己的教育教学生活的，更何况校长还要引领学校整体的教育生活、引领教师教学智慧的培养呢！

校长管理、领导的核心是教育、课程与教学。"如果校长对于与课程相关的知识有较深度与广度的认识，那么校长的领导者角色即能有较佳表现。"① 如果不精通教育的相关知识，甚至不懂，校长就没有真正的话语权，就无法真正领导课程教学。可以说，优秀校长应当拥有自己独到的教育教学思想、观念与见解，对教育教学中最基本问题有自己的认识和判断，这是最起码的底线和标准。一位优秀的校长总是习惯于不断思考与探究，不断对教育教学中出现的各种新现象和新问题进行研究，在教育教学方面有自己的信念、信仰和理想，他们尽可能地去认识与把握教育教学规律。可见，优秀的校长领导是教育教学工作取得成功的最根本保障。

教师教学智慧的养成，需要对教育教学规律的洞悉，校长若没有先进的教育教学理念，对教师教学真理的追求便失去了导引作用。苏霍姆林斯基说："集体如同一种非常灵敏的乐器，只有在调好音调的情况下，它才能奏出影响每个受教育者心灵所必需的、具有教育意义的音乐。"② 校长的作用就是要调好音、定好调。在教师成长的道路上，在教师智慧积累的过程中，校长需要为教师调音、定调。不了解教师的特点，不掌握教学的基本规律，便不能指导教师的专业成长，无法有效保证学生的健康成长，相应的，校长对教学智慧的生成缺乏理念性认识，也无法引领教师教学智慧的生成。

对于教师成长和教学智慧的生成，校长如要真正发挥自己的影响力，除了利用好职务赋予的权力因素之外，校长所拥有的非权力因素也具有重要而独特的作用，可以说，在诸多非权力因素中，校长的人格魅力无疑是非常重要的因素。人格是个人内在心理与精神气质的综合体现，它是基于

---

① ［美］格拉索恩：《校长的课程领导》，单文经译，华东师范大学出版社2003年版，第3页。

② ［苏联］苏霍姆林斯基著，蔡汀编：《苏霍姆林斯基选集》（第一卷），教育科学出版社2001年版，第773页。

校长的性格、情感、智慧、气质等因素在长期管理活动中形成和发展起来的，它往往表现出独特的吸引力、影响力、感染力和号召力。校长所具有的人格魅力虽然属于非权力性影响力，但这是最为持久、最有力量的影响因素，同时对权力性因素起到了增值、放大、扩充和弥补作用。同时，它也会成为教师探索研究教育教学规律的动力源，使教师保持一种勇于探索、甘于奉献、乐于追求的精神，这是教师教学智慧生成所必需的。王老师这样描述他的校长：

> 我的校长很有人格魅力，他不像个做官的，工作中与我们打成一片。他总是为教师们着想，想着大家的生活，尽可能地为我们创造条件。他很有学识，有思想，有远见。与他谈话，一般都是谈教育教学的事情。有时我们老师们在一起交流，都觉得在这样的校长领导下工作，很舒心，总想在教学工作中做得更加出色一些。（材料来源：德州二中教师访谈）

（二）教学管理

广义上的学校教学管理包括微观和宏观两个层次，这里是指微观层次的教学管理，指学校教学管理者按照教学和管理活动的基本规律，对教与学双方交往活动进行决策与计划、组织与实施、指挥与协调、监督与检查以及控制与评价，使其达到既定目标的活动或过程。教学管理是学校管理者在国家教育政策的指导下，对学校教学实施的内部管理。一般来说，学校为了进行科学管理，均设置了组织机构、制定了相应的规章制度，来保证教学工作的顺利实施。事实上，学校的教学及相关工作都是依靠人来完成的，"人的因素"对于教学工作的组织与实施是非常重要的。因此，如何发挥管理者的效能与有效调动教师的积极性是全面实现教学管理与学校其他工作目标的关键。实践证明，教师教学的积极性与教学管理方式密切相关。"全部人类历史的第一个前提无疑是有生命的个人的存在。"[1] 学校的教学管理方式只有以尊重教师的人格、自主性和创造性为前提，才能得

---

[1] 中共中央马克思恩格斯列宁斯大林著作编译局：《马克思恩格斯选集》（第一卷），人民出版社1995年版，第67页。

到教师的肯定和认可。学校管理者在分享与行使权力时，一方面要积极推动学校发展，另一方面，也应当使教师感受到校内支持，使教师的潜能得以发展，让教师的身心得以投入。

在我国现行的各级教育管理体制中，存在的管理统一、内容划一、评价单一等问题，已经导致了对教师知情权、参与权的严重限制，从而窒息了教育教学创新的活力，抑制了师生创新能力的发展，也束缚了学校管理者的创新精神。同时，在教学管理中也存在官本位的思想，这就使得学校无法摆脱教育行政部门对学校管理的过多干涉，教学无法摆脱行政的管理，学校总是将行政部门的要求置于首位，将学生成长和发展的要求置于次而又次的位置，教师也无法摆脱学校教学管理的过多干涉，无法将自己的发展和学生的发展放在首位，造成了被动与迎合，无法发挥教学的主体性、主动性。

教师评价也是学校教学管理的重要环节。教师评价是对教师教学工作现实的或潜在的价值做出判断的活动和过程。目前，学校的教师教学评价体系存在诸多不完善之处，有的学校用学生的考试成绩或升学率直接作为评价教师的标准，教师教学的目的不是为了学生发展与成长，而是为了赢得领导、社会与家长的认可，有的还为了职位升迁，甚至为了微薄的奖金，拼命加班加点，搞题海战术，太多的"为了"的外在功利化因素限制了自己的成长，教师没有教学智慧可言，教师成了知识输入与输出的工具，学生机械识记考试的知识点，也不需要教师的教学智慧，这严重影响了学生的健康发展。

教师的"大锅饭"和"铁饭碗"也使得教师的进取心不强，总觉得干与不干，干多与干少，干好与干坏一个样，在对教学工作的评价上也区别不大，导致了教师的教学热情不够高，精力不够专一，这也是教学智慧缺失的因素之一。《基础教育课程改革纲要（试行）》指出，建立促进教师教学能力不断提高的评价体系，强调教师对自己教学行为的分析与反思，建立以教师自评为主，校长、教师、学生、家长共同参与的评价制度，使教师从多种渠道获得信息，不断提高教学水平。也就有说，合理的教师评价体系应该有利于促进教师的专业成长，如果学校缺乏科学合理的教师评价体系，教学智慧生成的主体作用便不能得到充分发挥，智慧生成的软环境便得不到保障。

没有科学的教学管理运行机制作保障，教师难以有自己真正的专业发展，学生也就难以健康成长起来。我国中小学的教学名师表面上看起来不少，但是与数字庞大的学校数量和教师人数相比，仍然是远远不够的。再进一步分析就会发现，那些智慧生成接近巅峰的教学名师都带有成长的"自发性"和"自然性"。"一花独放不是春，万紫千红春满园。"科学合理的教学管理体制才能催开教学智慧的"百花园"。只有科学的教学管理体制才能够真正促进教师的专业成长，提高教师专业发展的自觉性，使教师的教学智慧在一个生态、健康的教学管理体制下不断生成。

（三）同侪关系

同侪，是指工作的同事、同人。教师同侪关系是教师在日常工作和生活中，特别是在教学、科学研究、学习提升以及教育教学改革的实践与探索等活动中所形成的信任、公开、支持与合作的关系。[①] 教师成长不能全然依靠自己，事实上，教师同侪之间的互助关系是促进其专业发展的重要途径，教师同侪之间的同帮互助是教师专业发展的重要向度，也是教学智慧生成的有效路径。教师同侪关系主要表现为学术关系和人际关系。

教师同侪的学术关系表现为教师与教师在教学、研究、学习及其他专业活动等业务学术方面的合作。随着基础教育课程与教学改革的不断深入，教师合作已成为大家关注的焦点，教师的研究、学习与教学合作方式已经成为教师专业成长的重要方式。积极的、健康的教师同侪学术关系可以为教师提供专业成长支持，有利于教师接受新理念、新思想、新方法和新资源，以便在变动、挑战和逆境中发展，同时，还可以提供更好的方法解决教学中的问题，帮助教师做出明智的决策。而且，这样也可以降低工作强度，提高工作效率，从而使教师在积极互助的专业成长环境中实现教学智慧的发展。

在基础教育课程改革的重要背景下，教师单兵作战的工作方式已经出现了诸多不适应，在某种程度上，已经严重地影响了教育教学改革的进程。面对日益发展的社会与教育改革的新形势，教师只有以全新的心态与方式予以应对，才能促进教学改革的发展。"在教育改革进程中，我们期望教师文化能够从离散的文化、巴尔干式文化、人为合作文化发展到自然

---

① ［日］佐藤学：《课程与教师》，钟启泉译，教育科学出版社2003年版，第248页。

合作文化状态。"① 教育教学只有在这样的"合作文化"背景下进行，才能顺利而有效。对教师之间的合作，马卡连柯认为，在学校里，无论哪位教师都不能单独地进行工作，不能进行个人冒险，不能要求个人负责，教师应当成为集体中的一员，他还指出，凡是教师没有很好地结合在一个集体里的学校，凡是集体没有统一的教学工作计划，没有统一的步调，没有一致的正确对待学生的方法，这个学校就不可能有任何的教育与教学过程。② 教师不但要依靠合作来提升自己的专业化水平，而且，教师团队的支持、协作也有利于教学智慧生成。

教师同侪的人际关系是指在一定的教师社会群体背景中，在其交往的基础上形成的个人之间、个人与群体之间、群体与群体之间比较稳定的心理联系状态。教师只有生活与工作在良好的人际关系环境中，才有利于他们的心理健康，有助于他们健康的人格发展。也就是说，愉快和谐的工作环境能够提高教师教学工作的积极性和身心投入程度。同时，人际关系如何，也将会影响教师同侪之间的学术关系，影响教师专业发展的协作能力。教师群体只有在感情上保持和谐，工作上才能合作。实践证明，和谐的教师人际关系有利于营造愉快的教学工作氛围，会提高教师从事教学的热情，提升教学效果。而教师教学智慧的生成，同样需要一个和谐愉悦的教师人际关系。德州实验小学的刘老师这样讲述：

> 我所在的语文教研组，有一位教师年龄较大，她和那几个年轻的教师比较要好，好像对我别有成见，总对我冷眼相待。为此，我曾背后哭过，不想和她们计较是非，可是我常常感到很郁闷，在家里动不动就与家人耍脾气。这影响到了我上课的热情，我变得非常敏感、多疑和自卑，在一定程度上影响了我的教学效果，心思不能投入到教学中。（材料来源：德州实验小学教师访谈）

---

① 赵中建：《学校文化》，华东师范大学出版社 2005 年版，第 397 页。哈格里夫斯指出，离散的文化，教师通过独立的方式从自己的教育教学中学会教学，同事之间很少帮助；巴尔干式文化，教师成立以一个相互竞争的团体；人为合作文化，通过正规、特定程序成立的教师联合发展团队；自然合作文化是指教师公开地接受别人观察、也观察他人，相互学习，共同发展。

② ［苏联］马卡连柯：《普通学校的苏维埃教育问题——马卡连柯全集（卷五）》，人民教育出版社 1956 年版，第 172—173 页。

（四）校园文化

校园文化，是指存在于学校校园内部的文化，它是在学校教育、教学、管理等基础上产生的一种特殊文化，它意味着，这种文化是在校园特定环境中产生的，是基于"教"与"学"的社会实践，是校长、管理者、教师、学生以及其他相关人员共同创造生成的，并且是需要遵守的价值规范、行为准则以及精神风貌的综合体现。从校园文化包含的内容来看，校园文化形态可以分为物质文化和精神文化。良好的校园文化，不但包括优良的校园物质文化环境，也包括优秀的校园精神文化。校园文化对教师教学智慧的养成会起到促进作用，可以说，校园文化环境是教学智慧生长的无形或者隐形土壤。

校园文化会使工作与生活在其中的每位教师都会不知不觉地、自然而然地接受熏陶和感染。因此，身处同一所学校里的教师，往往表现出了相似的精神状态、文化素养和工作方式。经过长期实践积累、成员之间相互感染、制度管理等因素的交互作用，使得学校教师拥有了特有的共同气质和风度。学校文化氛围是一所学校历经长时期形成的特色，它可以被学校全体人员亲身体验到，并且对诱发和形成学校人员的某些规范和行为具有一定的影响力，对教师具有较强的同化和规范作用。对一所学校来说，校园文化一旦形成，它便会保持相对稳定性，对教师形成一种无形的约束力，使教师依照某些方式持身处世。良好的校园文化可以通过陶冶、濡染等方式汇成教育力量，为教师成长提供优质的精神支持，即激发动力、陶冶情操、规范行为、促进发展。校园文化对教师成长的引领作用不可漠视，实践证明，教师都渴望拥有一种积极进取的学校文化生态。对此，天衢东路小学的崔老师这样说：

> 我理想中校园文化氛围应该是学习型的、相互尊重的、民主和谐的、充满人文关怀的、轻松无压力感的、管理规范的、积极向上的，学生爱学、教师乐教。在这样的氛围中，我觉得是有奋斗激情的。每天总是找不到方向的感觉，很累，没有成就感，教师与教师之间你你我我，有的不比业务，只比其他，很让人担心。（材料来源：德州市天衢东路小学教师访谈）

三 社会环境因素

社会环境是指人类生存及活动范围内的社会物质与精神条件的总和，因此，社会环境包括物质环境和精神环境。其中，精神环境是指政治环境、文化环境、经济环境、制度环境、舆论环境等。教师是社会的人，同样要受到社会大环境的影响。教师的健康成长，离不开良好的社会环境，特别是良好的精神环境。具体到教师教学智慧的发展，社会环境中的影响因素主要表现为教师所经历的教育事件，国家教育政策导向，国家教育制度影响，社会环境中的教育氛围。

（一）教育事件

教育事件，是指在教师成长过程中起关键、重要作用的教育事件，它们是"关键事件"或者"重要事件"，这类教育事件，不是一般的教育事件，它们会对教师的教育观念、教学理念、专业态度、教学行为等产生重要影响，从而影响着教学智慧的生成。

关键事件法（Critical Incidents Technique，简称 CIT），它源自工业心理学和组织心理学，与关键事件一脉相承。沃克（Walke，R.）在研究教师职业时提出了关键事件的概念，他认为，关键事件是指教师个人工作生活中的重要事件，教师要围绕该事件做出某种关键性决策，它促使教师对可能导致教师特定发展方向的某种行为做出选择。教师专业成长总要受过去经历和经验的影响，其中的重要事件或关键事件，会对教师专业发展起"关键"作用。教师专业不断成长的过程，也是教学智慧不断生成的过程，教育事件会促使教师对教育信念和行为进行反思、重组和改变，从而促进教学智慧的生成。

教育事件具有多种不同类型。不仅仅来自于学校，还来自于除学校之外的家庭、社会或其他场合，因此，教育事件包括学校事件、家庭事件、社会事件和其他事件。教育事件不仅包括在教师入职后发生的，还包括在教师入职前发生的，由此，教育事件还包括职前事件、职后事件。根据对教师成长的不同影响，还可以分为启发性事件、激励性事件和反思性事件。启发性事件是指能够对教师教育教学观念、教育教学行为等有所启示的事件；反思性事件是指能够引起教师对自己教育教学观念、教育教学实践等有所反思的事件；激励性事件是指能够对教师教育教学有所激励的事件。这些不同类型的多种教育事件能够启发教学智慧的生成。

教育事件具有各样形态。教育事件的具体样态可以是教师参加过的一次专业培训、听过的一次学术讲座、观摩过的一堂公开课，也可以是参加过的一次优质课比赛、课题申请、论文的写作与发表等，还可以是与"关键人物"的交往事件，如一次交流、一次对话、一次指点、一次帮助等，关键人物的作用归根到底还是由他们"所制造的事件"来影响教师的，因此关键人物实质上也是关键事件。这些事件在促进教师专业成长的同时，也促进了教学智慧的生成。对于教育事件，一位小学数学特级教师这样讲：

> 在那段难以忘怀的日子里，我每天几乎都是待在办公室，包括晚上，不断调整教案：如何激发兴趣、如何营造氛围、如何突破重难点、如何进行引导等，乃至导入语、过渡语和结束语，每写一次都有所不同，每一次都有进步，每一次都更趋向完善，真正经历了一个不断琢磨、推敲、试讲、否定的过程。我终于获得了本次大赛一等奖第一名。应该说就从这次开始吧，我的教学得到了同行们的认可，我探索的脚步迈出了深圳，走向了更大的舞台。（材料来源：教育部师范教育司组编《黄爱华与智慧课堂》）

（二）教育政策

教育政策是国家各级行政部门，尤其教育行政部门，所做的关于教育问题的决定。教育政策属于一种公共政策，它在本质上是政党、政府和其他有关组织解决教育问题的一种政治行为，也是教育利益和权利分配的相关规定，它具有价值性、导向性、指导性、规范性等特点。[1] 我国教育政策的表现形式通常有教育路线、方针、原则、法律、行政法规、规范性文件及规章等，其中教育行政法规、规范性文件及规章是教育政策体系的主体内容，是对教育工作进行直接指导的具体规范。教育政策不但指导着教育活动的各个领域，而且还可以渗透到社会的其他领域，发挥着广泛的作

---

[1]　顾明远：《中国教育大百科全书（第一卷）》，上海教育出版社 2012 年版，第 1027—1029 页。

用。对于教师发展成长来说，一个国家的教育政策是较为重要的宏观环境影响因素，既为教师发展成长提供了精神保障，也提供了相应的物质保障，同时还赋予教师基本的权利和义务，体现了国家和社会对教师的总体要求。① 教育政策影响着教师的成长，也会间接地影响教学智慧的生成。

在教师专业成长中，教育政策通过具体实施教师考核、教师奖惩、职务评审和聘任、教师培养培训或者其他相关政策，来激励、鼓舞与促进教师的发展。同时，教育政策通过体现国家和政府的教育观念来影响公众的看法、认识或思想意识，为教师发展成长创设了良好的社会氛围。而且，教育政策通过对教师的行为进行约束、限定，为教师的发展予以规范和引导。可以说，教育政策是教师基本生活、工作、学习、研究、成长的软环境，直接影响着教师的生存和发展，从而也影响着教学智慧的生成。

（三）教育制度

制度，在《现代汉语词典》中被解释为"要求人们共同遵守的办事规程或行动准则"②。任何组织都是由一定的制度维系运作的。根据新制度政治学、新制度经济学和新制度社会学的研究，制度被认为是约束和规范个人行为、组织行为一系列制度安排的总称。组织生存与运作，就必须有制度化的安排，教育领域也不例外，需要教育制度来维系。教育制度是指在国家国体、政体以及制度环境下，所确立的基础教育方针、政策、体制、组织以及运行规则的总和。在《教育大辞典》中，教育体制等同于教育管理体制，认为教育体制是国家组织和管理教育的形式、方法和制度的总称，教育体制是教育制度的载体，是教育制度系统化的综合，具体是指一个国家管理教育的方式和规则，主要包括办学体制、管理体制、投资体制、招生就业体制、学校内部管理体制和教学体制等多个方面。

本研究所说的教育制度主要是与教师成长、教学智慧生成紧密相关的三种制度，即：人才选拔制度、教学管理制度和教师评价制度。在人才选拔制度中，高考历来就是全社会最敏感、最重大且关注度最高的社会事件。我国的基础教育受高考"指挥棒"导向，致使教学目标单一、片面，

---

① 赵昌木：《教师成长论》，甘肃教育出版社 2004 年版，第 40—41 页。
② 中国社会科学院语言研究所词典编辑室：《现代汉语词典》（第 7 版），商务印书馆 2018 年版，第 1689 页。

教师采用"填鸭式""满堂灌""题海战术"等教学方式。在高考分数的驱动下，一切都显得苍白无力。学校、老师亦步亦趋，唯高考之命是从，一切为了高考。学校为了使自己在激烈的竞争中立于不败之地，不断强化应试教育已有的一套具体做法，许多具有高考优势的学校已经探索出了"高分"教学模式，媒体不断地报道高考的"梦工场"，借此，推波助澜。这种变味的教育使一切都沦落为应试的工具，何谈教学智慧！

教学管理有广义和狭义之分，这里取广义，广义上的学校教学管理包括微观和宏观两个层次，这里是指宏观层次，教学管理即指教育行政机关对各级各类学校和其他教育机构教学的组织、管理与指导。这些教学管理制度，总体上表现为规范性的约束力量，在形式上表现为教育行政管理部门的领导体制以及制定的规章制度。机械划一的管理制度，只会导致教师被动地工作，阻碍其教学上的创造性和个性化，影响教学智慧的生成。

教师评价制度是教育评价制度的一个重要组成部分，教师评价制度是在教师评价过程中，评价者和教师都必须共同遵守的有关教师评价的法律、条例及相关政策之规定。作为教师评价体系的评价目的，指导思想，评价的内容，对评价指标体系中方法、工具的有关说明等，一般是由学校以外的教育相关部门提供的。不合理的教师评价制度会降低教师工作的积极性和主动性，影响教学活动的良性发展，阻碍教师个体对职业幸福的追寻，制约教学智慧的生成。

（四）教育氛围

社会大环境中的教育氛围，是指社会中尊重教师、尊重知识、尊重人才、热爱学习、重视家庭教育、关心孩子成长、倡导终身学习等所表现出的崇尚教育而形成的一种氛围。社会中的教育氛围是教师成长的重要环境，对教学智慧的生成起间接作用。崇尚教育是社会文明进步的重要标志，是尊重生命、尊重智慧、尊重人才的具体体现。科教兴国，提升中华民族整体素质已成为我国的迫切任务。全社会只有在尊重教育方面达成共识、形成合力，形成以教育为核心辐射全局的良性机制，发挥教育推动社会的积极作用，才能让教育真正成为全社会的财富，这才是理想的教育氛围。

只有大力发展教育，提升我国国民素质，才能不断为我国各行各业提供智力支持，推动我国经济社会的持续发展，提高我国综合国力。只有在真正尊重教育的前提下，优秀的人才才会被吸引到教师队伍中，进而提升教师的整体素质。现实的基础教育，尤其是小学教育，有很多学校男教师的比例普遍较低。目前教师职业仍不是高素质人才青睐的岗位。一个民族的兴旺，需要教育先行。只有尊师重教成为主流价值观，更有助于激发教师的发展活力，使教师向高素质发展，向智慧型教师迈进。

第六章

教学智慧生成的机制

机制，在《现代汉语词典》中共有四种解释，其一，指机器的构造和工作原理；其二，指机体的构造、功能与彼此关系；其三，指某些自然现象的物理与化学规律；其四，泛指一个工作系统的组织或部分之间的相互作用的过程和方式。[①] 可见，机制多指机器、生物机体、自然现象的结构组成与部分相互关系，但现在也已被广泛应用于社会、人文、教育等领域内有关现象的研究，指的是其内部组织和运行变化的规律。本研究认为，教学智慧生成的机制就是指教学智慧生成的要素组成、因素构成、系统结构及其相互关系。

研究教学智慧的生成机制，在已经弄清教学智慧生成的要素组成、影响因素的基础上，重点要探究教学智慧生成的系统结构及相互关系，这同样还会涉及系统论思想。

在我国明末清初思想家方以智的著作中包含了许多深刻的系统论思想，他提出了"宙即在宇中，宇即在宙中"的见解；中国古代哲学的系统论思想，主张"天人合一"，将万事万物的发展变化，都看作相互联系、平衡、有序、和谐运动的结果，从系统的整体性观念出发，主张知行合一、心物合一、体用合一、天人合一，同时，也认为事物绝不可能孤立存在，强调事物与事物之间存在着相互作用与相互关联，将一个事物与其所处的外部环境一起看成一个紧密联系的系统整体；在《易经》中，两极阴阳交感，五行相克与相生，导致了事物的变化与发展，形成系统的动态平衡，和谐与平衡是事物运行的正常状态和终极目标，

---

① 中国社会科学院语言研究所辞典编辑室：《现代汉语词典》（第7版），商务印书馆2018年版，第600页。

也是事物生成与发展的基本条件。由此得到启示，教学智慧生成，其内部要素与环境条件之间是一个紧密联系的系统整体，其中，内部要素之间、外部环境之间、内部要素与外部环境之间的和谐与平衡是其生成的基本条件。

西方系统论认为，系统是元素的集合，但元素并不是毫无联系地、机械地堆积在一起的，而是诸元素有机的结合，因这种有机结合，会产生一定的功能。犹如一堆集成电路组件不会表现出什么功能，但是如果把它们巧妙地连接起来构成计算机的硬件系统，那就可能代替一部分人脑的功能。组成系统的各要素之间存在着一定的联系。而且，任何系统都是有层次的。对一个复杂系统来说，既有纵向的等级层次，又有横向的多侧面层次，还有纵横交错、立体网络状的交叉层次。系统具有层次性，就既成的系统来说，是由于系统具有相对性，一个具体物质系统，既由其下一层次的诸要素（子系统）构成，同时又是更高一层次系统的一个要素（子系统）。由此得到启示，从教学来看，教学智慧是其中一部分，即一个子系统，但就教学智慧自身而言，它又是一个由多个要素构成的独立系统，有其内部结构，表现出了多层次性，各要素之间、各因素之间、各要素与因素之间的有机结合，才会促进教学智慧的生成。

系统论以其思维方式的变革改变了传统的机械分析思维方式，开启并形成了系统性、综合性、结构性思维方式，为人类理性认识客观世界提供了独特的科学视角。结构是指系统内部相对稳定的组织形式，可以说，世界上不存在无结构的系统，也不存在无系统的结构，用结构的观点来看待事物系统整体，注重的是事物内部各要素及其整体的各种联系。世界上一切事物总是以一定的结构存在、运动和变化着的，一切事物的功能也总是通过一定的结构来实现。从中得到启示，教学智慧是以结构的形式存在的，教学智慧的属性和功能也是通过一定的结构来实现的。

智慧是认识与实践的统一；是真理性认识与价值合理性选择的统一；智慧是普遍性与特殊性的统一；智慧是能力、品质和境界的统一。[①] 智慧是综合的，由多个要素构成，受多种因素影响，同样，教学智慧也是综合

---

① 肖群忠：《智慧、道德与哲学》，《北京大学学报（哲学社会科学版）》2012 年第 1 期。

的，多类要素与多种因素究竟是一种什么样的系统？具有什么样的结构？基于系统论的观点来探究教学智慧的生成，教学智慧是由多种内部要素和外部因素构成的一种系统整体，它具有自己独特的结构，也有其生成的内在机制。其中，内部要素本身构成了相对的系统，具有一定的结构。本研究对教学智慧生成机制的探讨，分别从横向结构、纵向结构与整体结构三个方面进行具体分析。横向结构着重分析构成教学智慧诸要素之间的关系；纵向结构着重分析教学智慧生成的阶段；整体结构着重分析教学智慧的内部要素、外部环境因素之间关系。

一　横向结构分析

横向结构是指系统的横断面，或者截面。横向结构分析是对同一时期数据资料进行横剖研究，探讨某一事物或者现象等在特定时期内各因素相关程度、关系与变化。教学智慧系统的横向结构是指其内部要素在同一时期所表现出的相互关系。若以教学智慧为核心或者原点考察，那么，其构成的认知性要素、知识性要素、技能性要素、情意性要素则作为第一层级结构，以此类推，各类要素的组成则作为第二层级结构，各种成分包含的具体的次级成分就作为第三层级结构。本研究分别基于以上三个不同层面对其横向结构进行分析。

（一）第一层级结构

在第一层级结构中，认知性要素、知识性要素、技能性要素、情意性要素各自的地位和作用是不同的。其中，认知性要素是生成教学智慧的"关键"要素，处于核心地位；知识性要素是生成教学智慧的"基础"要素，处于重要地位；技能性要素是生成教学智慧的"媒介"要素，处于重要地位；情意性要素是生成教学智慧的"动力"要素，起引领、催化、促进等作用。

在生成教学智慧的过程中，第一层级结构的各类要素，虽然各自的作用和地位是不同的，但是，它们之间只有形成一个相互协调的运作系统模式，才会指向教学智慧的生成，缺少了任何一个方面的发展，教学智慧的生成都会受到阻碍。各类要素两两之间表现为相互促进、互相协调、共同发展的关系，一方的发展会带动另一方的发展。同时，各个要素的整合协调发展促进了教学智慧的生成，反过来，教学智慧的生成也会促进各类要素的再发展。其结构如图 6 - 1 所示。

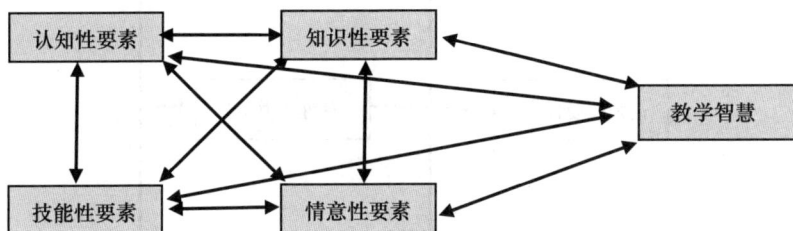

图 6 - 1 教学智慧第一层级结构

（二）第二层级结构

1. 认知性要素层级结构

在第二层级结构中，教学智慧生成的认知性要素主要包括教师的感性能力、知性能力和理性能力。

教师认知能力中的各种能力其作用不同，对于教学智慧生成的功能也不同。其中，教师的感性能力是认知能力形成的基础，一切观念总是先从感知开始，也可以说，教师的感性能力是教学智慧生成的基础；教师的知性能力是认知能力形成的关键，也可以说，教师的知性能力是教学智慧生成的关键，这是因为，教师的创造力离不开知性能力中的直觉思维力与整体思维力；教师的理性能力是认知能力的核心，也可以说，教师的理性能力是教学智慧生成的核心能力，教学智慧的生成便反映了高度的理性认知能力。

感性能力、知性能力、理性能力三者之间相互影响、相互制约、相互促进、相互联系，三者缺一不可，只有一种或者两种的发展，教师认知能力是残缺的，都会导致教学智慧生成受阻，只有三者之间彼此协调发展才有教师认知能力的发展，从而有效促进教学智慧的生成。其结构如图 6 - 2 所示。

2. 知识性要素层级结构

教学智慧生成的知识性要素包括教师的本体性知识、实践性知识、条件性知识和支持性知识。

首先，分析一下知识性要素中各个构成成分的作用与地位。其中，本

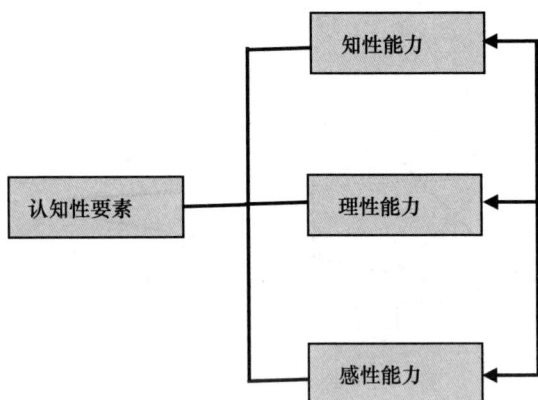

图 6-2 第二层级认知性要素结构

体性知识是教师教学的核心知识，也可以说，它是教学智慧生成的核心；实践性知识是教师教学的关键性知识，也可以说，它是教学智慧生成的关键；条件性知识是教师教学的前提性知识，也可以说，它是教学智慧生成的前提或条件；支持性知识是教师教学的支持性知识，也可以说，它对教学智慧生成起"支持"作用。

其次，分析一下知识类要素中的各个构成成分之间的相互关系。其中，本体性知识、实践性知识、条件性知识和支持性知识这四者共同构成了教师的知识系统，它们两两之间相互影响、相互促进、和谐发展，构建、形成一个优质的教师知识结构，从而促进教学智慧的生成。其结构如图 6-3 所示。

3. 技能性要素层级结构

教学智慧生成的技能性要素包括教师的课前设计技能、课中教学技能、课后检评技能。

首先，分析一下技能性要素中的各个构成成分的作用与地位。课前设计技能是教师教学的基础性技能，这是教学智慧生成的基础维；课中教学技能是教师教学的核心技能，这是教学智慧生成的核心维；课后检评技能是教师教学的关键技能，它是教学智慧生成的关键维。可以说，对教学智慧的生成，一定不能忽视课前和课后技能，它们是至关重要的。

其次，分析一下技能类要素中的各个构成成分之间的相互关系。课前

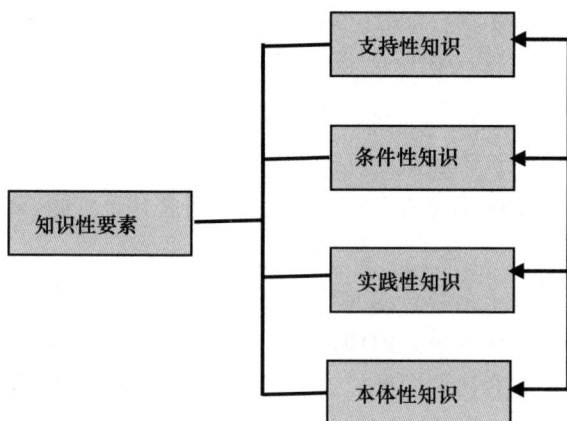

图 6 - 3　第二层级知识性要素结构

设计技能、课中教学技能、课后检评技能是相互联系、相互影响、相互承接的。三者缺一不可，它们共同构成了教师教学的技能系统，其优良与否直接关乎教学智慧的生成。其结构如图 6 - 4 所示。

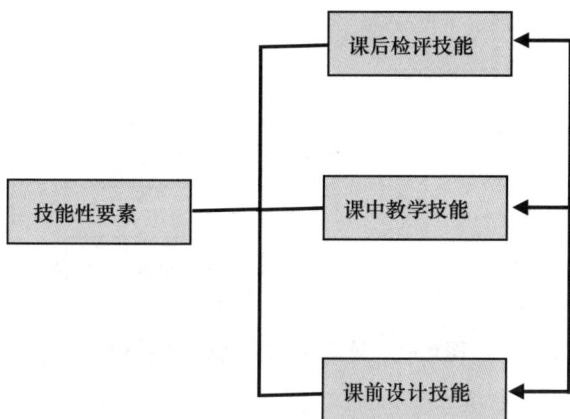

图 6 - 4　第二层级技能性要素结构

4. 情意性要素层级结构

教学智慧生成的情意性要素包括教师的职业情感、性格特质、伦理情怀、审美情趣。

首先，分析一下情意性要素中各个构成成分的作用与地位。教师的职业情感是教师教学中情意性要素的核心，在这个层面上讲，它是教学智慧生成的核心；性格特质是教师教学中情意性要素的关键，在这个层面上讲，它是教学智慧生成的关键；伦理情怀是教师教学中重要的情意性要素，不可缺少，在这个层面上讲，它在教学智慧生成中起重要作用；审美情趣也是教师教学中重要的情意性要素，无可替代，它能够促进教学智慧的生成。

其次，分析一下情意性要素中的各个构成成分之间的相互关系。其中，职业情感、性格特质、伦理情怀、审美情趣四者两两之间相互促进、相互联系，只有整合协调发展，才能构筑一个健全优质的情意要素系统，从而促进教学智慧的生成。而且，性格特质是属于教师个人的品性，会直接影响教师的职业情感、伦理情怀、审美情趣的发展。其结构如图6-5所示。

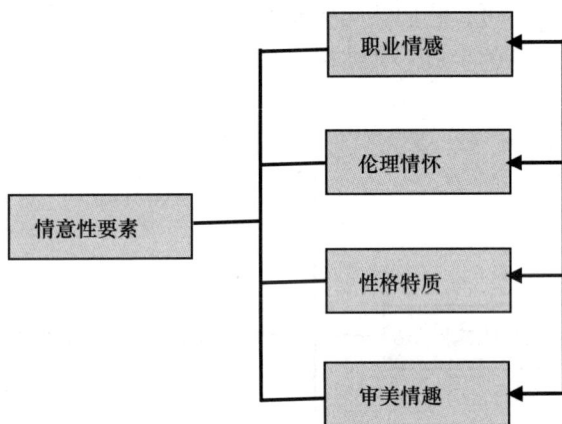

图6-5 第二层级情意性要素结构

（三）第三层级结构

第三层级结构，是在第一层级结构、第二层级结构基础上具体分类。

一是认知性要素，主要包括敏感力、注意力、察觉力、整体感知力、直觉思维力、抽象思维力、反省思维力、元认知思维力。敏感力、注意力和察觉力三者属于感性能力；整体感知力和直觉思维力属于知性能力；抽象思维力、反省思维力与元认知思维力属于理性能力。这八种认知能力各自具有不同的作用，共同指向教学智慧的生成。

　　二是知识性要素，主要包括学科基础知识、学科前沿知识、教育信念、人际知识、自我知识、情境知识、策略知识、批判知识、教育学、教育哲学、心理学、综合学养。其中，对于本体性知识来说，需要教师掌握厚实的学科基础知识和必要的学科前沿知识；教育信念、人际知识、自我知识、情境知识、策略知识、批判知识则构成了教师的实践性知识；教育学、教育哲学、心理学是教师的条件性知识；综合学养是教师的支持性知识。诸多知识素养之间，互相无可替代，共同指向教学智慧的生成。

　　三是技能性要素，主要包括解读、预设、导课、组织、讲解、提问、生成、结课、反思、写作。其中，课前的设计技能主要体现于解读和预设两个环节；课中教学技能包括导课、组织、讲解、提问、生成、结课等方面；课后检评技能是反思和写作。诸多技能素质之间相互联系，共同指向教学智慧的生成。

　　四是情意性要素，主要包括敬业、爱生、积极、坚持、开放、幽默、个性、责任、民主、良心、热爱生活、坚守信仰、追求艺术。教师的职业情感表现为敬业与爱生，这是教师教学智慧生成的源泉；教师表现出的积极、坚持、开放、幽默、个性会使教师收获教学智慧；教师表现出的责任、民主、良心的伦理情怀是教学智慧生成的沃土；教师所表现出的热爱生活、坚守信仰、追求艺术更有助于使教师走向教学智慧。诸多情意品质之间相互促进，共同指向教学智慧的生成。其构成要素如表 6-1 所示：

表 6-1　　　　　　　　　　　教学智慧第三层级构成要素

第一层级	第二层级	第三层级
认知性要素	感性能力	敏感力
		注意力
		察觉力
	知性能力	整体感知力
		直觉思维力
	理性能力	抽象思维力
		反省思维力
		元认知思维力

续表

第一层级	第二层级	第三层级
知识性要素	本体性知识	学科基础知识
		学科前沿知识
	实践性知识	教育信念
		人际知识
		自我知识
		情境知识
		策略知识
		批判知识
	条件性知识	教育学
		教育哲学
		心理学
	支持性知识	综合学养
技能性要素	课前设计技能	解读
		预设
	课中教学技能	导课
		组织
		讲解
		提问
		生成
		结课
	课后检评技能	反思
		写作
情意性要素	职业情感	敬业
		爱生
	性格特质	积极
		坚持
		开放
		幽默
		个性
	伦理情怀	责任
		民主
		良心
	审美情趣	热爱生活
		坚守信仰
		追求艺术

二　纵向结构分析

纵向结构，也可以称为垂直结构，纵向分析是对某一事物或者现象从与整体比较的层面来研究其发展状况。教学智慧的纵向结构分析是对其某一时期的宏观把握，与整体或总体相比较，得出教学智慧发展的水平、层次或者状态。通过纵向分析可以了解教学智慧总体发展的程度。

对于教学智慧生成的纵向结构分析，本研究也依据了教师专业发展阶段理论。关于教师专业化发展阶段，福勒（F. Fuller）认为，教师专业成长须关注自身、关注教学任务，最后是关注到学生的学习以及自身对学生的影响等，这样的发展阶段是递进的；伯顿（Burden）提出了教师专业发展的生存阶段、适应阶段、成熟阶段；菲斯勒（Fessler）提出了动态的教学生涯循环论（The teacher career cycle）；斯帖菲（Steffy）依据人文心理学派自我实现的理论，建立了教师生涯阶段模式；美国田纳西州（Tennesse）建立了教师生涯阶梯制；休伯曼（Huberman, M.）把教师职业生涯过程归纳为入职期（career entry）、稳定期（stabilization phase）、实验和重估期（experimentation and reassessment）、平静和保守期（serenity and conservatism）、退出教职期（disengagement）。[①]总之，教师专业成长表现出了阶段性特征。教学智慧的生成既是教师专业成长的核心内容，也是重要标志，教学智慧的生成，遵循教师专业成长的一般规律和特点，因此表现出其特有的阶段样态。

总体来看，教学智慧的生成是一个动态循环、螺旋式上升的过程，它经历着产生、发展、成熟的形成过程。纵观教学智慧系统整体，从教学智慧发展的纵向历程来研究其纵向结构，根据其发展的层次或者水平，大致可以分为三个标志性阶段：教学智慧生成的自发状态（初级阶段）、自觉状态（中级阶段）和自由状态（高级阶段）。

（一）自发状态

自发，在《现代汉语词典》中解释为，由自己产生，不受外力影响

---

① 刘捷：《专业化：挑战21世纪的教师》，教育科学出版社2002年版，第127页。

的，是不自觉的，它是人们未认识、未掌握客观规律时的一种状态。① 教学智慧生成的自发状态是指教师在教学过程中，没有真正地掌握教育教学的客观规律，没有教学智慧生成的意识时，偶尔有教学智慧生成的一种状态，可称为教学智慧生成的自发状态。从教学智慧生成历程来看，教学智慧生成的自发状态是教学智慧生成的起点。刚入职的教师，没有教学经验积累，没有实践性知识，也可能因其本身的情意性要素等影响，在教学过程中会表现出"智慧"行为，取得较好的教学效果，这时的教学智慧是属于自发的。

教学智慧的自发状态，也是初级阶段或者萌芽状态，教学智慧往往表现为非理性因素占主导，这是因为人的灵魂是由理性和非理性两个部分组成的。初级智慧多出现在刚入职的青年教师阶段，这时的教学智慧多表现为对教师职业的理想与热爱、对学生的关心和责任、对教学活动的探究和欣赏等，更多地表现为一种职业情感、道德情操和人格特质等。在这一阶段，教学经验的积累刚刚起步，对教学的理论认识也开始与实践对话，教学实践技能更多的是对名师、老教师的学习和模仿。

在这一时期，教师在知性、理性、实践等方面的智慧开始起步，几乎表现不出来，在这一阶段，教师教学更多依靠的是教师已经潜在的素质。但是，这些素质是教师教学智慧生成所必需的。初级智慧还表现为，教师对教学中的突发问题情境缺乏从容自如的应对，明显缺乏教学机智，还不能积极地融入教学，更多地关注预成，不关注生成，缺乏即时的应对性。教师更多的是关注自己的生存，而较少去关注教学情境和学生，教学智慧处于孕育、偶有闪现阶段。

如果一位新教师刚承担教学工作，就能较巧妙地处理在教学过程中遇到的问题，可以说，在这位教师身上的教学智慧已经开始萌芽。有的老教师即使有多年的教学经历，如果是一位不善于思考、梳理、总结的教师，教学智慧也有可能从不萌发。也有的教师因性格特质等问题，不积极进取，不善于学习、读书、反思，教学智慧也不可能出现。并非所有的教师都是为"教学"而生，如果缺乏"敬业爱生"的职业情感，绝不会有教学智慧的闪烁。德州学院附属小学的李老师讲述了这样一则故事：

---

① 中国社会科学院语言研究所词典编辑室：《现代汉语词典》（第 7 版），商务印书馆 2018 年版，第 1737 页。

在一次体育教学活动中，我领着学生们模拟练习海上冲浪，我们两脚站在各自的轮胎上，听着音乐，跟着老师一起做"冲浪"动作，他们都很高兴，激情高昂，兴奋地陶醉在"冲浪"的快乐里。这时，突然听到一个学生说："不好了，我落水了。"我回头看到，一个学生从轮胎上跳下来，站在地面上不动，并看着我，我真不知说什么好，因为这是教学预设中没有想到的，过了一会儿，他自己又回到轮胎上玩起了"冲浪"。虽然这件事情已经过去好久了，但我一直因为自己"不知所措"、没有"理会"这位"落水"的同学而纠结……（材料来源：德州学院附属小学教师访谈）

这位教师刚入职一年。一方面，她教学态度认真、教学设计新颖，很好地适应了学生的心理特点，有效调动了学生学习的积极性，这表现了她处于萌芽状态的教学智慧。另一方面，从上述材料中看出，当遇到偶发问题的时候，表现出的"不知所措"，说明了教师缺乏应急处理问题的能力，不能很好地利用教学时机和有利资源，明显缺乏应有的教学智慧。可这位教师一直纠结的心态说明，她已经注意到教学的生成性，这将会为促进以后教学智慧的生成奠定基础。

（二）自觉状态

自觉，在《现代汉语词典》中解释为，自己感觉到，有所认识而觉悟，从而主动去做的一种状态。[①] 教学智慧的自觉状态是指教师自己对教育教学的规律、教学智慧及生成有所认识，并主动地去探索教育教学的规律性，积极地探索教学智慧的生成，追求教学智慧生成的一种状态。处于教学智慧生成自觉状态的教师，正行走在探索教学智慧的旅程中，以追求教学智慧为快乐，在教学过程中，重视预设的智慧，常常在精彩预设中融入智慧，在教学过程中的"生成"环节，也会有智慧行为相伴。

自觉阶段是智慧的生长阶段。智慧表现为理性与非理性因素交融，大多出现在中青年教师阶段，这时教学智慧的表现，除了具有初级阶段对教

---

① 中国社会科学院语言研究所词典编辑室：《现代汉语词典》（第7版），商务印书馆2018年版，第1737页。

师职业的理想与热爱、对学生的关心和责任外，还表现出较强的理性特点，具有较好的感性、知性、理性思维能力，积累了较为丰富的教学经验，掌握了一定的教学技能，构建了较合理的教学理念，具有较强的教学实践能力等。教师在这一阶段的教学活动依靠的是教师的理性与非理性素养，能够提出自己的教学主张，表现出了教师个性特点等。

自觉状态属于中级阶段，其智慧还表现为，教师对教学中的突发生成的问题情境能够比较从容自如地应对，表现出了较好的教学机智，能积极地融入教学，不但关注预成，也关注生成。教师的教学生活是一种积极的、乐观的、向上的状态，具有一定的创造性。在此阶段的教师，更多的是关注教学情境，教学智慧处于逐渐生成阶段。实践证明，处于中级智慧阶段成长的教师数量较多，但能够达到高级智慧阶段的教师数量就很少了。

处于这种状态的教师也积累了较为丰富的经验，开始梳理思考，凝练了一定的教学思想，具有自己的教育信仰，开始著书立说，正在以"研究"的态度对待教学。善于读书、善于学习、善于反思，教学智慧常常出现教师的教学中，教师有时也收获了教学智慧的快乐与幸福。但从教学智慧整个生成历程来看，处于教学智慧自觉状态的教师仍在辛勤地耕耘，以期待更高层次的教学智慧生成。教学智慧生成的自觉状态，是教师的中级水平的教学智慧，与自发状态相比，"理性因素"逐渐占据主导地位。有的教师在教学中虽然得到了良好的教学效果，工作充实，却明显缺乏对经验的梳理、反思、提升，教学智慧处于"中级阶段"，还没有建构一种积极、个性、创新、愉悦的教学生活方式。德州一中的张老师讲述了他的故事：

> 我是一名具有 20 年教龄的老师了，职称是中教高级教师，学校委任我做年级主任。每天都在忙碌工作，非常充实。积累了太多的教学经验，也发表过论文，教学受到学生好评。课堂上也能够游刃有余，效果很好。但是，就是觉得自己停滞不前，为什么干了这么多年就没有出版一部代表自己的思想的著作呢？为什么这么多年还没有形成自己更加自信与独特的风格？（材料来源：德州一中教师访谈）

（三）自由状态

自由，在《现代汉语词典》中解释为，把人认识事物发展的规律性，自觉地运用到实践中去，核心是自主，免于强迫，按照自己的意愿和计划去做事的一种状态。① 教学智慧生成的自由状态是教师教学中理性因素与非理性因素的"无痕"融合，理论认识与实践探索有机融合，教师正确掌握了教育教学的规律，准确把握了教学智慧及生成特点，具有较强的认知思维能力，形成了自己独特的教学理念，积累了丰富的教学经验，掌握了熟练的教学技能，构建了合理的知识结构，具有较强的教学实践能力，形成了自己的教学艺术，表现出了独特的教学风格，构建了自己的教学模式，教师对教学中的突发生成的问题情境应对从容自如，具有高水平的教学机智，表现出了卓尔不群的个性和高超的创造性，教师处处表现出了非凡的智慧。

高级教学智慧大多出现在中年与老年教师阶段，因为这些教师积累了大量的教学经验。亚里士多德在谈到智慧时说，经验、知觉、直觉等在认识中起重要作用，并进一步指出，年轻人可能在数学和几何学方面获得出色的成绩，但是，我们一般不会说这些年轻人具有实践智慧，因为实践智慧所包含的关于特殊事实的知识，只能通过经验才能获得。中国有句古话，"不听老人言，吃亏在眼前"。这就是说要重视老人以及富有经验的人的主张和意见，因为他们从经验中获取了某种洞见，能够使他们富有知觉力、直觉力，正确地认识和看待世界。

教学智慧生成的自由状态成为教师不断追求的一种理想教学方式。教师与教学相互融合，学生与教学相互融合，教学是教师愉快的生活，学习是学生快乐的生活，对教师来说，教学是一种享受，对学生来说，学习是一种快乐，教师"乐教"，学生"乐学"，在教学过程中，重视预设，更注重生成，预设中表现出教师的教学智慧，生成中也呈现出教师的教学智慧，课堂中处处洋溢着智慧。教学智慧生成的自由状态，是教师高级水平的教学智慧，与其说是一种状态，不如说是一种境界。正如多米尼克·贾尼科所说："仔细思考智慧的内涵，就会发现它是一种让人追求而非拥有的东西。"② 教师在教学中若表现出了积极、个性、创新、愉悦的生命状态，就达到了追求真善美的至高境界。小学特级教师孟老师讲道：

---

① 中国社会科学院语言研究所词典编辑室：《现代汉语词典》（第7版），商务印书馆2018年版，第1740页。

② ［法］多米尼克·贾尼科：《父亲的最后30堂哲学课》，张宪润译，湖南科学技术出版社2010年版，第110页。

我选择了教师，觉得是幸福的，也是幸运的。一天看不到我的学生们，我的心里就失落；一天不看书，我就觉得空荡荡的；一天没有上讲台，我就感到不安。不去想想、写写自己一天教师的生活，我就睡不踏实。和学生一起探究知识是快乐的，幸福的我不时地把课堂搬到郊外的果园、麦田、小河畔、树林里，与孩子们享受成长的幸福。

（材料来源：德开小学教师访谈）

综上所述，教学智慧的层次阶段划分并没有严格的界限，也不具有绝对的意义。没有教学的初级智慧，就没有教学的中级智慧和高级智慧，有了初级智慧，未必就一定有更高一级的教学智慧，教师更高层次水平教学智慧的生成，需要积极地培育。高级智慧也不是教学智慧发展的最后终点，教学智慧发展能够不断趋向峰巅，但永远不会到达巅峰。

三　整体结构分析

教学智慧生成的整体结构分析，是基于其内部要素和外部环境条件总体而言的。根据事物发展变化的内因与外因的辩证关系原理，教学智慧的生成不仅需要具备一定的内部要素，还要具备相应的外部环境。再基于系统论的原理，教学智慧生成还要形成一定的组织结构。为此，本研究尝试构建了教学智慧生成系统模型，并在此基础上，对其结构关系进行了梳理和分析。

（一）结构模型

教学智慧生成的整体结构图大致由两部分组成，其核心部分是教学智慧，其周围部分是环境因素，整体结构以"教学智慧生成系统"模型表示，教学智慧及其生成以"四棱锥"表示，环境因素以球形表示。其结构如图6-6所示。

1. 四棱锥结构

教学智慧及其生成以"四棱锥"表示，底面是四边形，表示教学智慧生成的初级阶段，也称自发阶段；四个棱分别是认知性要素、知识性要素、技能性要素、情意性要素，从底层到顶点，分别代表各类要素的动态

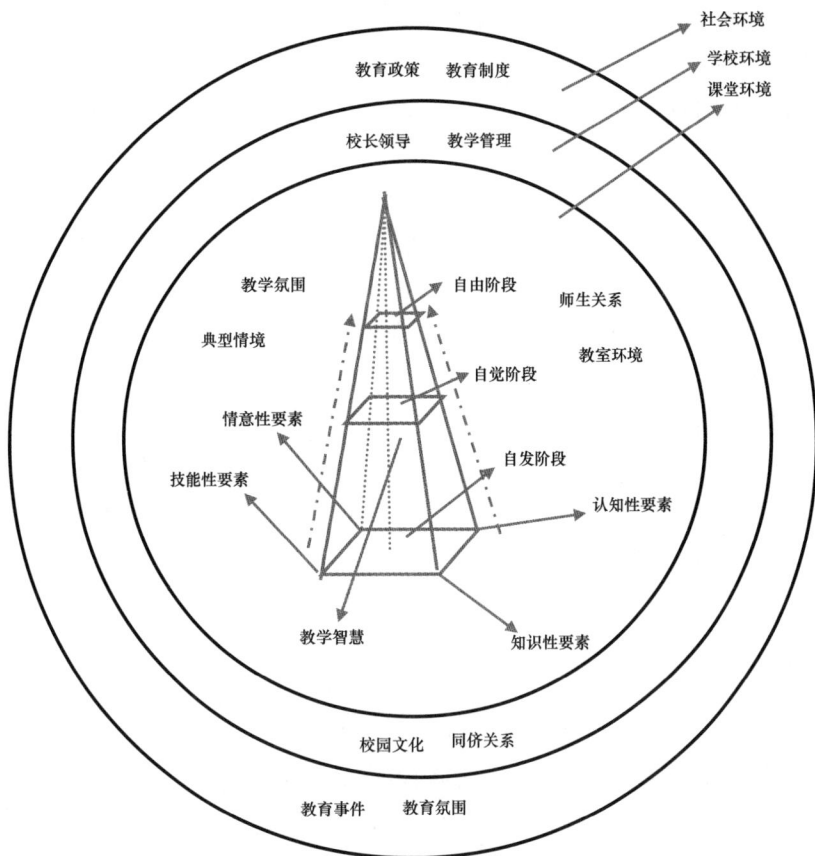

图 6-6　教学智慧生成系统模型

发展；中间的四边形截面表示教学智慧生成的自觉阶段，也称中级阶段；上面的四边形截面表示教学智慧发展的自由阶段，也称高级阶段；棱锥两边的虚线箭头表示教学智慧永远处于不断发展中，教学智慧的发展只能接近顶点，不会到达终点。

2. 球形结构

球形体由外到内分别表示社会环境、学校环境、课堂环境。它们之间的关系是包含与被包含的关系，即社会环境包含学校环境和课堂环境，学校环境包含课堂环境。其中社会环境包括教育事件、教育政策、教育制度、教育氛围；中间的球形表示学校环境，具体包括校长领导、教学管理、校园文化、同侪关系；最里边的球形表示课堂环境，具体包括典型情境、教学氛围、师生关系、教室环境。

（二）结构关系

1. 纵横相连

教师教学智慧的生成，既有横向的多要素构成，又有纵向的发展阶段，两者的结合，使得教师教学智慧的生成呈现"立体式"发展。教师教学智慧的生成，既要认识到它构成的不同要素，又要看到它不同时期的发展状态，纵横相连，以便能全面、准确地认识教学智慧的发展。

2. 内外相接

教师教学智慧的生成，首先要有自己的内部要素，这是教学智慧生成的本体；其次，还要有一定的条件作为支持，这里的条件好比土壤，土壤的肥沃与否直接影响到教学智慧的成长。反过来说，即使有再好的土壤条件，生成教学智慧的内源性要素不够健全，那也是徒劳的。因此，教师教学智慧的生成，要内外相接，才能有教学智慧的生成。

3. 多方整合

教师教学智慧的生成是一项复杂的系统工程，有多个要素、多种因素。同类要素之间、不同要素之间，同类因素之间、不同类因素之间，各种要素内部的次级要素之间、各种因素内部的次级因素之间，各要素与各因素之间，不是简单地摆放、堆积，或者相加，而应是一种整合。只有使之成为平衡、协调、统一的整体，才会有教师教学智慧的生成。

第七章

教学智慧生成的策略

人是物质性的存在，也是精神性的存在，但人存在的本质还是精神的。任何物质方面的满足，或由物质满足引起的精神活动，都不能替代人的精神的自由展开。"人心是天地之心，人有境界，人对宇宙人生真相的觉解，由此产生的宇宙态度和人生的意义，这就是的人的境界。"[①] 教师的原本生活是一种精神生活，教师精神世界的深度与广度决定了其生活质量。夸美纽斯说："伟大的教学法，就是说，教师和学生双方都没有烦恼和厌恶，而是双方都引以为最大的乐事；它是彻底地而不是肤浅地、浮华地进行教学的艺术，这种教学能导致真实的知识、文雅的道德和最深厚的虔信。"[②] 一位追求教学智慧、拥有教学智慧的教师其精神生活是富足的、其教学理念是科学合理的、教学生活是自主幸福的、教学风格是独特的、教学氛围是轻松愉悦的、教学效果是高效的。

随着哲学、心理学、认知科学、思维科学、生理学、脑科学等学科对智慧认识的不断深入，人们越来越深刻而明确地意识到，人类的智慧越来越由人类来主宰，智慧是可以培养出来的。教学智慧的生成同样是可以培养的。基于前面对教学智慧本质与特征、教学智慧价值、教学智慧缺失、教学智慧生成等相关内容的研究，本部分提出了教学智慧生成的相应策略。

一 导正教学智慧生成的价值认同

导正教学智慧生成的价值认同策略，主要是针对教学智慧生成的价

---

① 陈新汉：《哲学与智慧》，上海大学出版社2006年版，第67—68页。
② ［英］乔伊·帕尔默：《教育究竟是什么——100位思想家论教育》，任钟印译，北京大学出版社2008年版，第55页。

值、教学智慧的生成机制等提出的。教师的内在认同是教师自主构建的深层价值观，它是教师教育与教学行为的深层指令，它作为一种认知结构、符号图式或者观念系统，有力地支配着教师的感知、理解、判断和行为的选择。可以说，教师的内在认同是教师改善的基础，教师真正走向改变通常是深层的教师认同改变。教学智慧的生成，若没有教师、学校、学生甚至社会的广泛认同，就不可能实现。尤其是教师和学校作为重要主体，更要充分认识教学智慧的价值与意义。可以通过为教师提供社会支持、导引个体反思来导正教学智慧生成的价值认同。

（一）提供社会支持

学校中的社会亚文化往往潜在地存有不同的规范和期待，深深地影响着生活在其中的教师。教师也往往会根据这一特定的脚本和景观来构建自己的认同。因此，学校要为教师形成教学智慧生成的价值认同提供良好的社会支持。让教师主动地参与到一定社会文化情境中，为他们提供必要的信息资源。可以举办智慧型教师成长报告会，也可以通过与智慧型教师、专家学者等交往互动、对话倾听，以他人观点为参照，启发、质疑、检视、修正甚至颠覆自己已有的观念。教师作为流变的主体，会逐渐走向对教学智慧生成与培养的价值认同。

（二）导引个体反思

教师作为内在认同构建的主体，需要教师自发地、自主地、自觉地去反思自身，反省自己关于"教学智慧价值"的观念结构，通过与"本我""自我"进行对话、交流、省悟与体认，进行修正、查补，发展出新的内在认同，真正从长期束缚自己的不合理的教师意象、不正常的教学生活图景、不健全的教学智慧观念中走出来。教师可以通过撰写个人生活故事、采撷教学智慧花絮、叙写个人感悟等方式养成教师的反思意识、习惯和能力，逐渐养成对教学智慧价值的内在认同。

二　发展教学智慧生成的素质能力

发展教学智慧生成的素质能力策略，主要是针对教学智慧的缺失、教学智慧的生成要素、形成机制等提出的。冯契认为，"事物的发展是以内、外部的条件为转移的。而在内外部条件之中，内部的具有决定意义的条件，是事物发展的主要原因。"① 教师的素质能力是教学智慧生成的最主要原因，这是具有决定意义的条件，因此，发展教师教学智慧生成的素质能力是一种主要策略。可以围绕练就认知能力、积淀知识素养、锻造技能素质、涵养情意品质来发展教学智慧生成的素质能力。

（一）练就认知能力

教学智慧的培养，首先要练就认知能力，具体从教学的敏感力、注意力、察觉力三个方面来培养教师的感性能力；从教学的整体感知能力、直觉思维力两个方面来培养教师的知性能力；从教师的抽象思维力、批判思维力、元认知思维力三个方面来培养教学的理性能力。

第一，练就感性能力。一是教师教学敏感力的培养，主要围绕课程学科知识、教学活动中的细节来培养，教师培养其对所任教课程或者学科知识的敏感力，就要根据学科的不同特点，积累丰富的知识储备，使得教师在课堂上面对学生的提问、学生的认知冲突，能够快速地提取专业知识，如"庖丁解牛"般，游刃有余。对教学活动中细节要有足够的敏感力，注意那些不易察觉、不起眼，容易引起人们忽视的细节，从中发现教学的资源和机会，抓住教学智慧生成的重要机遇。二是教学注意力的培养，教师教学中要有目标，训练排除干扰的能力，不仅包括环境干扰，而且包括内心的干扰。三是教师察觉力的培养，教师养成对教学世界的好奇与探究，这是教师进行察觉以生成智慧的品质和思想前提，教师还要在教学中培养对本体自我和外在世界的察觉力。

第二，练就知性能力。教师教学的整体感知力和直觉思维力往往是交织在一起的，整体感知是建立在直觉思维基础上的，直觉思维也是建立在整体感知基础上的。首先，教师要重视整体感知与直觉思维意识。其次，在课堂上要重视利用即兴生成，不要预设过度，也不能过分依赖预设，切忌思维总是处于预设的束缚中；对于课堂上的偶发问题，要敢于发表自己的见解，不要认为这样会在学生面前出丑，总习惯于想好了再说，教师要有胆识和魄力；要注意教学节奏的把握，要习惯于在课堂上审时度势，而

---

① 冯契：《冯契文集第十卷：哲学讲演录·哲学通信》，华东师范大学出版社 1998 年版，第 65 页。

不要过分地依赖条条框框、本本主义。学校也要给教师直觉思维的培养创设合理的环境，不要设置过分的要求和规范，不要一味地追求教学的功利化。

第三，练就理性能力。一是抽象思维力的培养，逻辑抽象最基本的形式是概念，可称为概念思维或理性思维，教师要培养教学中的概念推理能力。在教学中，教师要将具体的感性经验和认识上升到抽象，抽去某类现象的非本质性、具体性和次要性，引出教学固有的本质属性和内在规律。二是批判思维力的培养，批判既是一种思维方法，也是一种思维品质，教师要养成批判思维的意识。在教学中要养成问题意识、研究意识，对问题能发表与众不同的见解。要为教师养成批判思维能力提供相应的民主和谐氛围，摒弃专制与保守。三是元认知思维力的培养。教师要有意识地增加思维的元认知知识，认识自己的教学思维方式和特点，可以邀请心理学专家为教师举办元认知思维的相关知识和技能培训讲座，提高教师自我教学效能感的激励活动，加强教师关于元认知调节控制能力的实践训练。

（二）积淀知识素养

教学智慧的培养，还需要教师积淀知识素养。具体从教师的学科基础、学科前沿等方面来积累本体性知识；从教育信念、人际关系、自我知识、情景知识、策略知识、批判知识等方面来积累教师的实践性知识；从教育学、教育哲学、心理学等方面来积累教师的条件性知识；通过提升综合学养来积累教师的支持性知识。

第一，积淀本体性知识。教师只有具备宽广厚实的学科知识，才有可能在教学中"取之左右逢其原"，满足学生的好奇心和求知欲。加强教师职后培训对教师本体性知识的针对性，唤醒教师本体性知识的弥补和查检意识，强化对教学中出现科学性错误的自我监控意识。充实职前教师教育学科课程的内容，如学科发展史、学科思想方法论等课程内容。教师不但要掌握显性知识，而且还要掌握默会知识，如学科数学能力、素养等。教师也要时刻关注所任教学科的学科动态和学科前沿，使本学科的知识结构跟上学科的趋势。这样，才会使得教师拥有一个优质的学科知识基础。

第二，积淀实践性知识。教师都要重视自己教学的实践性知识，如教育信念、人际关系、自我知识、情境知识、策略知识、批判知识等，学会提炼自己的教学经验。专家要走上实践一线，去帮助教师梳理教学经验，教给方法，提升能力。发挥专家与研究者的优势，帮助一线教师提升教育教学实践性知识，促进教师教育教学智慧的生成。教育行政机关部门、教师进修学校、教育研究院所与中心，以及师范大学，非常必要把深入了解和系统总结本地优秀的、智慧型的中小学教师的教学经验，作为一项经常性的重要工作和研究内容。研究他们教学中带有规律性的东西和个性化的特点，分析智慧生成的具体途径。教师要树立自主发展意识、积累专业经验、实践反思性教学，加强对实践性知识的吸收、消化与积淀。

　　第三，积淀条件性知识。教师要积累关于教育学、心理学与教育哲学的知识。对于教育学知识，教师要不断根据教育学、心理学的学科发展充实和调整知识结构。当下，教师教育哲学素养缺失严重影响着教学智慧生成。相关教育部门、学校、教师，都要切实认识到教育哲学是教学智慧生成的重要条件性知识。教师需要掌握教育哲学知识，养成哲学思考意识，形成哲学的思维习惯，使哲学思考成为教师教学的生活方式。通过阅读有关教育哲学的著作、教育哲学家的著作等，积累丰富的哲学知识，积淀厚实的教育哲学素养。而且，教师要形成自己的教育哲学思想，这就是高层次的智慧。形成个人的教育哲学非一朝一夕之功，是长期积累的结果。实践证明，教育哲学是智慧型教师成长的必修课。教师还要经常阅读优秀教师成长丛书之类的书籍，领悟其中关于教育学、心理学、教育哲学的实践之用。

　　第四，积淀支持性知识。教学智慧的养育，必须是基于综合学养的土壤。教师积淀综合学养的重要途径是终身学习，养成终身学习、终身进取的精神，生命不息，教学不止，学习不止。教师要向书本学习，向他人学习，学习专业，学习非专业，学习理论，学习实践；学习本学科的，也学习管理学、哲学、心理学、社会学、文学等其他学科的；学习直接有用的，也学习间接的，这些当下看来是无用的，实际上是终生受用的。尤为值得一提的是，教师要有足够的哲学素养，哲学是通向智慧根基的形而上的追问与应答，哲学不仅仅是一种智慧根基，而且是对待全部智慧的一种态度。

（三）锻造技能素质

　　教学智慧的培养，还要教师锻造教学的技能素质。具体从解读、预设来培养教师的课前预设技能；从导课、组织、讲解、提问、生成、结课来提升教师的课中教学技能；从反思、写作来培养教师的课后检评技能。

第一，锻造课前设计技能。对于课前设计，实施"视域融合"的文本解读策略，使读者的视野与文本的视野呈现出相互交融的状态。在文本解读过程中，教师不能因为强调文本的意义而忽视了学生解读，也不能只重视学生解读而忽视了文本的意义，更不能只强调学生的主体地位而忽略了教师的主导地位，也不要因强调教师的主导作用而忽视了学生的主体地位。教师还要广泛查阅相关资料，搜集相关信息，做到文本解读的全面性和深刻性。对学生的解读要做到对学生认知状态、心理需求、学生差异的充分了解。教师在充分解读的基础上，进行科学预设，提高预设的针对性、开放性与可变性，以预设为基础，提高课程生成的质量和水平。

第二，锻造课中教学技能。教师要重视导课和结课环节，有效发挥导课对学生学习的启发、引领作用，结课对学生学习的深化、升华作用。组织、讲解、提问是教学过程中的重要环节，做到教学组织的节奏性、讲解的生动性和提问的启发性。在教学生成环节，蕴藏着教师教学智慧生成的机遇，教师掌握教学生成策略尤为重要。教师在课前，要有适当的"空白"意识，给教学活动留下拓展、发挥的时空；在教学活动过程中，教师不要过分地依照原有的设计思路，应该根据实际情况进行适宜的超越；在教学成效上，让学生获得的不仅是预期的发展，还要有非预期的发展。避免刻意追求生成，违背生成的规律，缺乏有效引领，导致学生无所适从的不良做法。还要处理好预设与生成的关系，让预设与生成共同服务于学生的发展，预设与生成是辩证统一的，课堂教学既需要预设，也需要生成，预设与生成对于课堂教学，如鸟之两翼，缺一不可。

第三，锻造课后检评技能。一是提升反思能力。首先要让教师意识到教学反思力的重要性，唤起教师发自内心深处的渴求与向往，最后变成一种自觉与追求。也要训练教师的反思能力。发挥专家、学者的作用，深入课堂，与教师开展对话和反思交流，帮助他们学会反思。对教师的反思日记进行批阅是间接地与教师对话的一种方式，虽然批阅不一定全面、无懈可击，但提出的问题能够帮助教师从不同的角度进行思考，促使教师不断追问教学事件背后的原因和教育观念，促使教师的反思更深入。教师反思，作为一种工作习惯与生活方式，要做到节节反思、日日反思、周周反思、月月反思。

二是提升写作能力。要唤醒教师的写作意识，通过交流智慧型教师的写作案例，介绍写作对于教师人生和教学生活所带来的精彩，使教师养成教育写作的意识。要注意淡化写作的功利性，坚守写作的过程取向，让写作成为教师自然而然的生活状态和工作习惯。不要让写作成为教师的一种额外负担，一种必须完成的任务。让教师真情言说教学生活的故事，真心叙写教学活动的精彩与遗憾，从而使教师在不知不觉中提升自己教学生活品质和教师人生品位，陶养教师教学的智慧。让教师把写作作为一种生活化的常态，养成一种习惯，生命不息，笔耕不辍，在日常的、普通的教学生活中，不断地品尝到课程教学的人生乐趣，从而不断积累教学智慧。还要注意写作的教育性与思想性，不要记流水账，要对事件的教育思想性进行思考和探究。对平时司空见惯的、平平常常的教学事件进行深入思考，不断将理论与实践相结合，寻找教学规律，洞悉教学本质，丰富认识，提高教学智慧水平。

（四）涵养情意品质

教学智慧的培养，要求教师涵养情意品质。这就要求从敬业、爱生中涵养职业情感；从积极、坚持、开放、幽默、个性中涵养性格特质；从责任、民主、良心中涵养伦理情怀；从热爱生命、坚守信仰、追求艺术中涵养审美情趣。

第一，涵养职业情感。敬业与爱生是联系在一起的，爱生是敬业的表现，敬业必然爱生。教师要以高度的使命感和责任感，积极投入、执着追求自己所从事的事业。教师要以职业道德作指导，既有服务社会、造福社会、发展社会的理想，又要把教师职业活动视为自我发展、自我完善的必要手段和迫切需要，把恪尽职守作为一种精神财富。应当防止教师的职业流动与选择上的第二职业，严禁拜金主义的职业价值取向，防止单纯追求实用效益的行为，淡化疏远理想、信念和追求。教师要真正地学会去爱每一个学生，坚信每一个学生都会成才，用生命去温暖、唤醒、启迪每一个生命。

第二，涵养性格特质。性格影响着人们的世界观、价值观与人生观，从而影响其做人做事的方式和方法，也决定了人们的生活方式，正如人们常说的"性格决定命运"。性格的形成受遗传因素、后天环境以及各种生活经验的影响，它在日常生活中支持着个体的认知、情感和行为。教师只有养成一种积极、坚持、开放、幽默、个性的性格特征，才有利于教学智慧的生成。教师要立足于平凡琐碎、循环往复、周而复始的工作，朝着目标与理想，抱着一颗平常心，沉醉于书，追梦于路，始终如一地去坚持，用执着与勤奋去追逐智慧。教师要养成一种开放的心态，敞开思想与心灵，不断接纳教育新思想、教学新观念，以倾听对话的方式，让心灵更加充实与富足。培养幽默感，教师除了具备一定的应变能力，积累经典幽默故事之外，更重要的是培养一种乐观畅达精神。教师个性的培养，要唤起教师的个性意识的觉醒，营造崇尚个性的良好氛围，赋予教师一定的教学自主权，反对平均主义，摒弃压制与专制，发挥教师的独立性、自主性与创造性。

第三，涵养伦理情怀。教师的责任意识会直接影响其整体智慧水平。可以遵照责任伦理来培养教师的责任意识。只要精神尚未死亡，人就必须明白，他都有可能在某时某刻走到这样一个位置上。也就是说，不能追问承担责任的理由，它是无条件的，教师应遵照责任伦理，培养自己"无条件"的责任感。在职前学习和职后培训中，都要重视突出对教师责任伦理的培养，让教师树立崇高的教育理想，从精神生命的高度来思考教师的职业地位。教学智慧的生成必须以教学民主为保障。教师使教学民主成为一种教学思想、教学理念、教学作风和教学态度，遵循理智自由，保持教学个性。学校要为教师的教学民主提供优良的管理软环境，在师生之间构筑起一种安心的、无拘无束、彼此信赖和尊重的心理关系。人人都有良心，要察觉它，而且要切己反思、逆觉体证。教师通过"反躬自省"的修养方法，自觉地进行自我的行为约束，在内心要经常反省自己在教育教学中的言行举止。教师良心的澄明还取决于客观环境的浸润，它有赖于构建良好的社会道德环境、社会的文化价值观及其社会生活环境。

第四，涵养审美情趣。教师要具有热爱生命的情怀，保持生命意识，敬畏生命，体验生命相拥的快乐，使个体生命保持积极开放的态度，乐于与学生进行活泼丰富而富有爱心的交流，在交流中充满感动、激情和想象。康德说："美的艺术就需要想象力、知性、精神和鉴赏。"① 教育是需要信仰的事业，教师要切实地担当起教人成人的教育责任，活出自身的生命价值，必须确立起教育信仰，因为人是教育的出发点和归宿。教师教育信仰首先树立对人自身的信仰，即培养健康人、完整人的信仰。真正有效

---

① ［德］康德：《判断力批判》，李秋零译，中国人民大学出版社 2010 年版，第 143 页。

的教育只能是"爱"的教育，即要树立"爱"的信仰。教师追求教学艺术不但要讲究教学的方法与技巧，注意运用眼神、语言、动作、精神、人格等教育效力，发挥教学的过程中的各个环节与节奏的审美性，还要掌握教学的创造性、教学的个性风格和教学的审美性，对教育教学的本质具有独特的理解、发现和表达。教师应把追求教学艺术作为教学的一种状态和境界。

三　构建教学智慧生成的生态课堂

构建教学智慧生成的生态课堂策略，主要是针对教学智慧生成的外部环境——课堂环境与教学智慧生成的机制等提出的。坦斯烈（Tansley）指出，生态系统指的是整个生物群落及其所在环境的物理化学因素，它们是一个自然、成熟的系统整体，这些因素接近于平衡状态，整个系统通过这些因素的相互作用而得以维持。① 教育作为一个系统也是生态的，构成教育系统的诸多要素不仅在内部相互联系、相互作用形成一定的结构，而且，也与教育系统外的环境进行着物质、能量与信息的交换，具有多维镶嵌性。教学是一个由教师、学生、教学内容、教学方式、教学媒体、教学环境等多种因子组成的关系错综复杂的系统。按照生态学与教育生态学的观点，教学也是由多个要素构成的生态系统，只有当整个教学生态系统处于动态、和谐、平衡时，教学才可能优质、高效地实现促进学生全面进步和发展的目标。教学智慧的生成同样需要生态课堂，可以通过营建生活课堂，建立和谐课堂，构筑创新课堂，追求高效课堂来构建生态课堂。

（一）营建生活课堂

生活课堂是基于师生生活的课堂。教学智慧的养成，需要教师和学生融入他们的教学生活中。教学，作为教师的重要生命活动，既不在生活之上，也不在生活之外，而是其生活本身。教学生活作为一种为人的、人为的生命活动，它不是价值中立的活动，而是价值负载的，其价值便在于，

---

① Donald Worster, *Nature's Economy*, *A History of Ecological Ideas*, Cambridge University Press, 1994, pp. 293 – 304.

无论是现在，还是将来，师生生活是健康而美好的，师生生命是丰沛而充盈的。因此，教学即生活，教学是教师的一种存在方式、生活方式；同样，学习是学生的重要生命活动，是学生的一种存在方式、生活方式。教学生活是师生价值实现的方式，是追寻价值、创造价值、为价值所充溢的生命活动，课程是师生共同成长的轨迹。师生要真正地将自己融入教学生活中，特别是教师，要将课堂作为其实现美好生活的地方，全身心地将生命融入其中，不再是不得不去完成的教学任务，而是去享受一种有意义的教学生活。只有构建生活课堂，才会有真正教学智慧的生成。

（二）建立和谐课堂

和谐课堂是教学过程中各要素发生的相辅相成、互促互进、共生共长的课堂。它表现为师生关系的民主、融洽与平等；表现为过程的完整、生动、流畅与节奏性；表现为结果的激情、益智与悦心。教师应担当起学生学习的组织者、引导者、合作者的角色，与学生平等对话、相互倾听，参与交流、探讨分享，呈现一种平等、民主、自由、友善、尊重、理解、信任、宽容、亲情和友爱的和谐氛围。课堂上，荡漾着师生的激情，涌动着师生的灵感，呈现一种"百家争鸣"与"争奇斗艳"的共生、共振、共赢的和谐状态。教师须树立"全纳"思想，平等、公正地对待、信任、理解、爱护、帮助每一位学生。树立"以生为本"的理念，以学生为出发点，以学生为动力，以学生为目的，与学生进行平等的对话，在思维碰撞、感情交流中获得人生的感悟、激情的勃发和个性的张扬，从而实现生命潜能的发展。

（三）构筑创新课堂

创新课堂是基于师生创新的课堂。构筑创新课堂，尤其重要的是要创新课堂教学体系，要认识传统经典教学体系的弊端，超越教学的标准化、规范化、程序化、预设性、控制性，要清醒地认识到教学实践中存在的这种机械僵化、规范操作的不良局面对教学智慧的生成带来的极大不利影响。对经典教学体系的理论认识直接影响着如何进行教学实践，因此，只有重新认识教学原本的意义、本该具有的价值和固有的特点，才能走出经典的教学体系，还原教学过程的多样性、灵活性、生成性，回归教学本该具有的创造性、复杂性、特异性、开放性，重建课堂教学体系。还要注重教学内容、教学方法、教学评价等方面的创新。在这里，师生人人都是创造之人，时时都是创造之时，从而构建一个个性张扬、活力四射的创新课堂。

（四）追求高效课堂

高效课堂是指在规定的时间内，用比较少的资源投入，获得尽量大的收益，以区别于课堂教学的无效、低效甚至负效。课堂，是师生教学、学习与生活的地方，应当成为师生共同成长和发展的乐园。教师在课堂教学中，要引领学生积极主动地参与学习，高效地完成教学任务，对三维目标的达成度要高，实现课堂教学的效果、效率和效益的最大化和最优化。高效课堂是针对全体学生而非少数学生，追求实现最大限度的公平。在具体实施方面，构建高效课堂，既要有课程内容选择上的深度与广度，也要有课程组织落实上的力度与效度，还要有课程实施上的适度与密度。要做到教学的信息量大、思维含量高，情感培育要真正触及灵魂。教师要有随机应变的能力，根据教学进程中出现的新情况，及时调整课前的预设。可通过本校教研，借助课堂观察，实施科学评价来促进高效课堂的达成。

四 创设教学智慧生成的学校环境

创设教学智慧生成的学校环境策略，主要是针对教学智慧生成的外部条件——学校环境、教学智慧生成的机制等提出的。它可以通过培育智慧型校长，实施人本化管理，打造学习共同体，营造书香型校园来创设教学智慧生成的学校环境。

（一）培育智慧型校长

智慧型校长是具有智慧的校长，这是教师教学智慧培养的呼唤。做一名智慧型校长，首先要乐于学习，包括专业学习如教育管理、学科知识、专业发展等，也包括非专业学习，即除专业外的学习，目的是提升品位、开阔视野、积淀学养。其次，要勤于思考，对学校教育的诸多基本问题要不断地进行追问、探寻，如什么是教育，什么是优质的教育，对此要做一些系统的研究。还要敏于实践，善于管理与引领，正确做事，做正确的事。要勇于创新，标新立异，勇者无惧，大胆尝试，做一个充满激情、想象力与活力的校长。更要善于总结，关注经验，既要善于总结别人，更要善于总结自己，梳理、扬弃，形成自己的特色。注重反思，凝练特色，形成风格，一位智慧型校长一定要有自己的特色和风格。①

（二） 实施人本化管理

第一，实施人本化管理，要在学校中形成一种敬畏生命的文化。老子在《道德经》中讲道："故道大，天大，人亦大，域中有四大，而人居其一焉。"② 对待学生，以充分开发学生的个体潜能为己任，培养孩子完整健全的人格。对待教师，关注教师工作、生活条件的改善，促进教师工作的积极性、主动性和创造性，在学校管理中顺应教师的个人禀赋，关心教师的需求，提升教师的成长潜能。

第二，实施人本化管理，就要在学校中形成一种合作文化。老子指出："挫其锐，解其纷；和其光，同其尘，是谓玄同。"③ 这就是说要运用合作方式，而非矛盾冲突方式组织人。人本主义基于维护人的本性，防止人的异化，防止人性的变异。应该说，以人为本，并非要与自然对立起来，亦非要与社会对立起来。人、自然、社会应当是和谐的，应当而且能在以人为本的观念前提下实现这种和谐。

第三，实施人本化管理，还要形成一种包容性文化。把各种想法不同、需求各异的人群集合在自己的旗下，共同实现自己的办学理想、信念和目标，有没有对人对事的宽广胸怀，是决定能否成功的一个重要环节。教学智慧生成掩藏在"个性"之中。智慧的主体是人，智慧的本质是创造，智慧的境界是人性的光辉，没有对教师生命的敬畏与呵护，就不会有教师的教学智慧。

第四，实施人本化管理，也要为教师创设一种自由心境。追求自由是人的本性，自由是不可被剥夺、出卖或让渡的。罗素曾对自由这样论述，"我们所要追求的自由不是压制别人的权利，而是在不妨碍他人的前提下按照我们自己选择的方式进行生活和思考的权利"④。只有营造了自由、

---

① 田慧生：《提升教育品质呼唤智慧型校长》，《中国教育报》2012 年 1 月 16 日。
② 陈鼓应：《老子今注今译》，商务印书馆 2003 年版，第 169 页。
③ 同上书，第 86 页。
④ ［英］罗素：《自由之路（上）》，李国山译，文化艺术出版社 1998 年版，第 221 页。

民主的校园文化氛围，才有利于教师主动性的发挥，有助于创造力的开启。卢梭说："一个人抛弃了自由，便贬低了自己的存在，抛弃了生命，便完全消灭了自己的存在。因为任何物质财富都不能抵偿这两种东西，所以无论以任何代价抛弃生命和自由，都是既违反自然同时也是违反理性的。"① 自由是智慧之门，因为自由是获得智慧或真理必不可少的初始条件。教师的教学智慧的生成，需要有自由的心境。没有自由的心灵、自由的思想，教师的教学智慧便无从谈起。

（三）打造学习共同体

学习共同体是基于共同的目标和兴趣组织在一起的，有的是有意识的、有组织的，也有的是自发的、自组织的，能够通过合作、对话和分享性活动来最终促进教师专业发展，在共同体成员之间形成了相互影响、相互促进的人际联系。构建以共享、合作、提升为核心的教师学习共同体，为其提供了一个稳定的支持性环境，通过集体学习和交流互助，使教师超越"自治性孤立"的教学状态，教学能力、教学效能得以提升，教学生活质量得到优化，教师教学的精神世界会更加充实。学习共同体的组成人员可以包括教师、专家、学校领导、学科教研员等，可以都是教师，也可以以教师为主，辅以其他群体成员，但主要为教师的专业成长服务。教师可以是同学科的教师、跨学科的教师、同年级组的教师、跨年级的教师，甚至还可以由跨学校、跨区域的教师组成。通过学习共同体，分享个体经历过的典型教育事件、外显与缄默的教师个体实践知识等。教育行政部门、学校要为教师共同体建设提供多样化、创造性平台。

（四）营造书香型校园

第一，营造书香型校园，要形成良好的读书氛围。苏霍姆林斯基认为，"一所学校可能什么都齐全，但如果没有为了人的全面发展和丰富精神生活而必备的书籍，或者如果大家不喜欢书籍，对书籍冷淡，那么这就不能称其为学校。一所学校也可能缺少很多东西，在许多方面都很

---

① ［法］卢梭：《论人类不平等的起源和基础》，李常山译，商务印书馆 1994 年版，第 137 页。

简陋，但只要有书，有为我们经常敞开世界之窗的书，这就足以称得上是学校了。"① 学校里要有书，教师更要读书。朱永新提出并推行"新教育实验"，旨在"让每一个新教育共同体成员过一种幸福完整的教育生活"，将"营造书香校园"作为"六大行动"之首。学校要创设浓郁的阅读环境与氛围，推荐优秀的阅读书目，开展形式多样的阅读方式，培养阅读兴趣与良好的习惯，使阅读成为伴随教师终身的生活方式，还可以通过环境营造、活动推进、课程建设、评价激励、项目开发等形式为教师构建一个书香环境，使教师教学智慧的生成达到"问渠那得清如许，为有源头活水来"的一种美好生态。

第二，营造书香型校园，要形成宁静的校园氛围。王阳明说："立志用功，如种树然。方其根芽，犹未有干；及其有干，尚未有枝。枝而后叶，叶而后花、实。初种根时，只管栽培灌溉，勿作花想，勿作实想。悬想何益？但不忘栽培之功，怕没有枝叶花实？"② 这就是说，做事要放平心态，减少功利性。同理，教育行政部门及学校要淡化从事教学工作、教学改革与教学科研的功利性，还教育教学以本来面目，让教师置身于宁静的教学环境中。教学不是职业，而是教师的一种生活方式，教学改革和科研是促进教学更好的手段，而不是目的。应该给教师提供一个宁静的、适合思考的环境，要尽可能减少对教师的外在强迫，减轻来自各种功利性任务的过度压力，让教师在归于宁静的过程中自由生发教学智慧。

第三，营造书香型校园，要形成教师本真的研究意识。研究意识的养成对于教师来说至关重要。苏霍姆林斯基曾说，如果你想让教师的劳动给教师带来乐趣，使天天上课不至于变成一种单调乏味的义务，那你就应该引导每一位教师走上从事研究这条幸福的大道上来。新课程改革对教师也提出了要求，教师应该成为研究者。教师所从事的研究直接与教学实践相关，是为了实践、在实践中、通过实践的研究。切忌为了研究而研究，研究的目的不是为了贴标签，也不是为了外在名利，那种"轰轰烈烈"的形式化的伪研究反而会抑制智慧的生成。教师教学需要的是本真研究，真

---

① ［苏联］苏霍姆林斯基：《帕夫雷什中学》，赵玮等译，教育科学出版社 2001 年版，第 67 页。

② （明）王阳明：《王阳明全集》，线装书局 2012 年版，第 89 页。

正的研究才会使教师走向智慧。

五　优化教学智慧生成的社会环境

优化教学智慧生成的社会环境策略，主要是针对教学智慧生成的外部条件——社会环境、教学智慧生成的机制等提出的。可以通过完善教育政策制度、发挥专家引领作用、提升公民教育素养来优化教学智慧生成的社会环境。

（一）完善教育政策制度

第一，教育行政部门要发挥教育政策对教师专业发展的规范与引领作用，促进教学智慧的生成。这就要优化教育政策，有效发挥教育政策对教师的行为约束、限定和引导作用，切不可过度约束和限定，防止成为教师成长的羁绊。发挥其引导的有效性，使教师真正地从内心深处热爱教师职业，全身心地投入教育教学中。有效发挥教育政策对教师成长的目标、思想、观念和行为的引导作用，使教师成为智慧型教师、研究型教师。有效利用教育政策为教师创设良好的社会环境，形成重视知识、重视人才、重视教育、重视教师的社会风尚，真正使教师职业成为令人尊重、令人向往的职业。教育政策保证其合法性与合理性，以获得教师对政策的理解、接受、认同和支持。

第二，完善教育制度体系，为智慧的生成创造一个良性的环境。制度环境是影响教育行为的非常重要的环境变量，对教育发展起着重要的影响作用。在一个充斥着专制色彩和话语霸权的环境中，绝不可能结出智慧的果实。优化教育制度体系，首先要还原其本然的伦理属性。教育制度是构建和谐社会、和谐校园、和谐生活的基础，具有"本然的伦理属性"。要做到以人为本，统筹兼顾和妥善处理教育领域中各要素之间的关系，使之和谐共存、协调有序、彼此尊重，各尽其责、各展其能、互相配合、彼此支持、良性互动，减少内耗和不必要的摩擦。优化教育制度体系，还要从生态学的视角去建设教育制度体系，即建设具有良好生态的教育制度体系，调动教师教学的积极性，协调好各种资源要素，促进教师教育教学的健康发展。

（二）发挥专家引领作用

第一，要发挥专家的"关键人物"作用。关键人物对教师专业成长、教学能力提升会产生重要影响，对教师发展的影响或为显性的语言点拨，或为隐性的潜移默化，或为充分肯定，或为适当矫正，在教师成长的道路上会产生极其深远的影响。其中作为关键人物的"专家"，他们可以是来自于高校的专家、科研院所的研究者，也可以是中小学的名师或者是其他相关领域的专家，一定要充分发挥好"关键人物"在教师教学智慧培育中的重要作用。教育主管部门、学校要充分挖掘智慧型教师典范，发挥其引领作用。学校要积极为教师成长创设进修、学习、观摩的机会，与专家、同人交流，开阔教师的视野。

第二，发挥专家在"关键事件"中的作用。关键事件在教师职业生涯的各个阶段普遍存在，如一次公开课、一次讲课比赛等。关键事件能够强化当事者的原有认知或引起当事者原有认知冲突，通常会引发教师认知和行为的改变，增强教师的自我角色认知与职业认同，丰富教师的实践知识，提高教师的专业判断能力，对教师的专业发展产生决定性的影响。要挖掘关键事件的成长资源，发挥好专家的有效引导作用。学校应该探索建立基于关键事件的自我反思、专家指导的教师专业发展模式，来促进教师教学智慧的生成。

（三）提升公民教育素养

公民教育素养是教师成长的社会土壤。公民的教育素养高低不仅反映了社会对教育的重视程度，也反映了社会的文明程度，它会影响教育事业的发展、教育教学的质量、人才培养的质量。可以通过班级、学校、网络等形式建立家长学校，也可通过社区向公民普及教育相关知识等方式，切实提高公民的教育素养。

对于教学智慧生成的策略，还有几点需要说明。首先，要协调、权衡与整合教学智慧生成的系统内外各要素和因素，不要以为只有内部要素是重要的，而不顾及外部环境条件的影响；也不要一味地只强调外部条件，而不去关注内部素质的提升，只有做到两者的整合协调运作，才能共同促进教学智慧的生成。其次，对于教学智慧生成的培养，还要关注生成的阶段样态，沿循智慧发展的"自发—自觉—自由"规律，要尊重自发，不要忽视智慧自发积累，这是智慧生成的起点；重视培育教师智慧的自觉，这是智慧生成的关键；要崇尚自由，这是智慧生成的最高境界。再次，使教师认识到自身素质存在的薄弱之处，有针对性地进行培养。最后，还需要进一步指出，对于教师，培育教学智慧，既是过程，也是结果，但过程更重于结果，智慧的培养永远在路上。

结　语

追寻智慧的教学生活

多米尼克·贾尼科说："不妨在心灵的秘密花园里撒下几颗智慧的种子；一旦开花结果，你的一生将受用无穷。"① 人应该过一种有智慧的生活，人的生活里需要智慧。人生活的目的就在于个性的自由发展，智慧便来自于真正的人的解放。那些伟大的心灵勇敢地直面混沌无解问题的整个世界，在不能承受之重压之下，生命之存在得以绽放，这就是智慧的诞生。

萨瓦特尔认为，"智慧即把知识与人生选择和我们能够选择的价值观联系起来，确立如何根据我们已知的东西更好地生活。"② 冯友兰指出，"圣人由于对万物自然本性有理解，他的心就再也不受世界变化的影响，用这种方法，他就不依赖外界事物，因而他的幸福也不受外界事物的限制，他可以说是已经得到了绝对幸福。"③ 人只有去追求一种有智慧的生活，才能慢慢体会人生的价值与意义，去享受人生的幸福与美好。

教育的根本价值在于对生命的唤醒与启迪，是对已经失去或者正在沉睡的生命本质的追索和寻求。教育绝非单纯的文化传承、知识传递、技能训练，教育之为教育，正在于它是对人心灵的唤醒，教育不仅仅是一种知识型生存方式，更是一种智慧型生存方式，这才是教育的核心所在。教育教学的主体，他们首先是人，然后才是教师和学生，师生对生命意义的领悟，实现生命的升华是其作为人生活的最高价值所在。

---

① ［法］多米尼克·贾尼科：《父亲的最后30堂哲学课》，张宪润译，湖南科学技术出版社2010年版，第111页。

② ［西班牙］费尔南多·萨瓦特尔：《哲学的邀请：人生的追问》，林经纬译，北京大学出版社2007年版，第3页。

③ 冯友兰：《中国哲学简史》，北京大学出版社2010年版，第93页。

　　在人生中，师生的一次次课堂教学，是其生命意义的重要组成部分，可以被看作是一段段重要的生命之旅。对于教师，课堂教学是其专业生活的基本构成部分，它的质量，会直接影响教师的职业感受、职业态度、专业水平与生命价值。对于学生，课堂教学也是其学习生活的基本构成部分，它的质量，会直接影响学生当前及今后的发展和成长。培养教学智慧，要成为教师的一种生命状态和生活方式，在追寻智慧中还原课堂生活本有的精彩与美丽，师生生命从而呈现出生机勃勃、充盈丰沛与绚烂多姿，精神高涨地向着无限辽阔的远景前行。